加賀藩年寄 前田土佐守家

開館20周年記念論集

前田土佐守家資料館 編

刊行にあたって

前田土佐守家《とさのかみけ》資料館は令和四年（二〇二二）四月に開館二〇周年を迎えました。開館以来、古文書の魅力を伝えつつ、前田土佐守家のみならず加賀藩の歴史や文化について広く知ってもらうための歴史博物館として、展示・古文書講座・ワークショップなど様々な活動を行ってきました。とりわけ博物館活動の要である展示については、八〇回をこえる企画展を開催するとともに展示解説「起居録《ききょろく》」を発行してきました。

このたび刊行の運びとなった開館二〇周年記念論集『加賀藩年寄 前田土佐守家』は、二〇年来の史料調査とその成果にもとづく、学芸員・気鋭の研究者あわせて四人の論考を収めた論文集です。当館のような小規模館では、人手も予算も時間にも余裕がなく、企画展開催後に調査結果を深めて論考としてまとめることは、これまでなかなか叶いませんでしたが、開館二〇年という節目に学芸員増員が重なる幸運と、外部研究者の方のご協力を賜り、刊行に至りました。なお、論集といいつつも、図版・表を多く盛り込んでおりますので、一般の方にも入門の一冊として利用しやすくなっております。

本書が前田土佐守家のみならず、加賀藩研究に広く活用していただけるものと確信しております。

最後に、本書の刊行にあたり、ご協力いただいた関係各位に対し、厚く御礼申し上げます。

令和五年五月

前田土佐守家資料館

もくじ

前田土佐守家系図

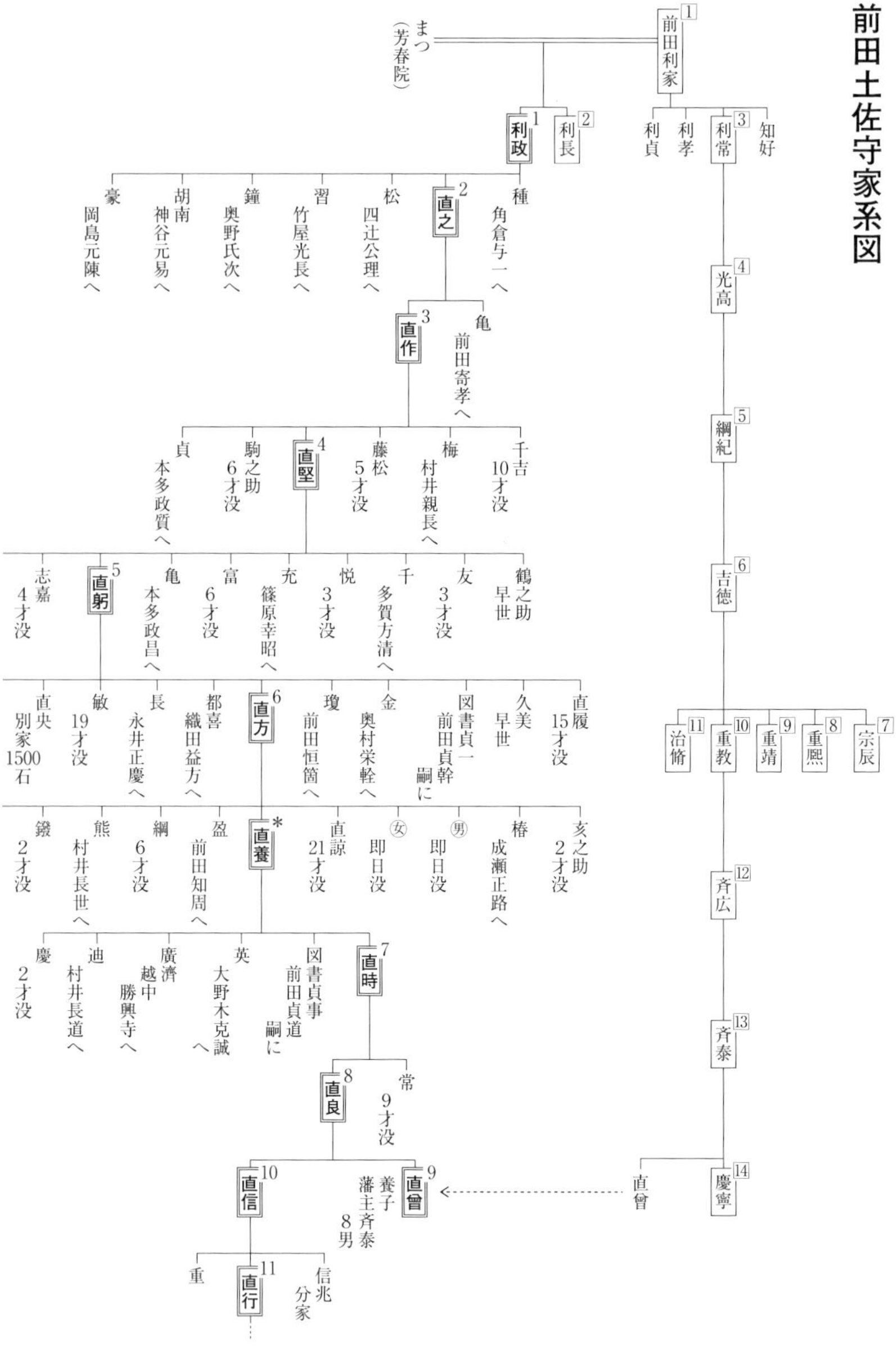
1 前田利家
まつ（芳春院）
知好
3 利常
利孝
利貞
2 利長
1 利政
種 角倉与一へ
2 直之
松 四辻公理へ
習 竹屋光長へ
鐘 奥野氏次へ
胡南 神谷元易へ
豪 岡島元陳へ
4 光高
亀 前田寄孝へ
3 直作
5 綱紀
千吉 10才没
梅 村井親長へ
藤松 5才没
4 直堅
駒之助 6才没
貞 本多政質へ
6 吉徳
鶴之助 早世
友 3才没
千 多賀方清へ
悦 3才没
充 篠原幸昭へ
富 6才没
亀 本多政昌へ
5 直躬
志嘉 4才没
7 宗辰
8 重煕
9 重靖
10 重教
11 治脩
直履 15才没
久美 早世
図書貞一 前田貞幹嗣に
金 奥村栄輊へ
瓊 前田恒箇へ
6 直方
都喜 織田益方へ
長 永井正慶へ
敏 19才没
直央 別家1500石
亥之助 2才没
椿 成瀬正路へ
男 即日没
女 即日没
直諒 21才没
* 直養
盈 前田知周へ
綱 6才没
熊 村井長世へ
鐙 2才没
12 斉広
7 直時
図書貞事 前田貞道嗣に
英 大野木克誠へ
廣濟 越中勝興寺へ
迪 村井長道へ
慶 2才没
13 斉泰
常 9才没
8 直良
14 慶寧
直會
9 直會
養子 藩主斉泰8男
10 直信
信兆 分家
11 直行
重

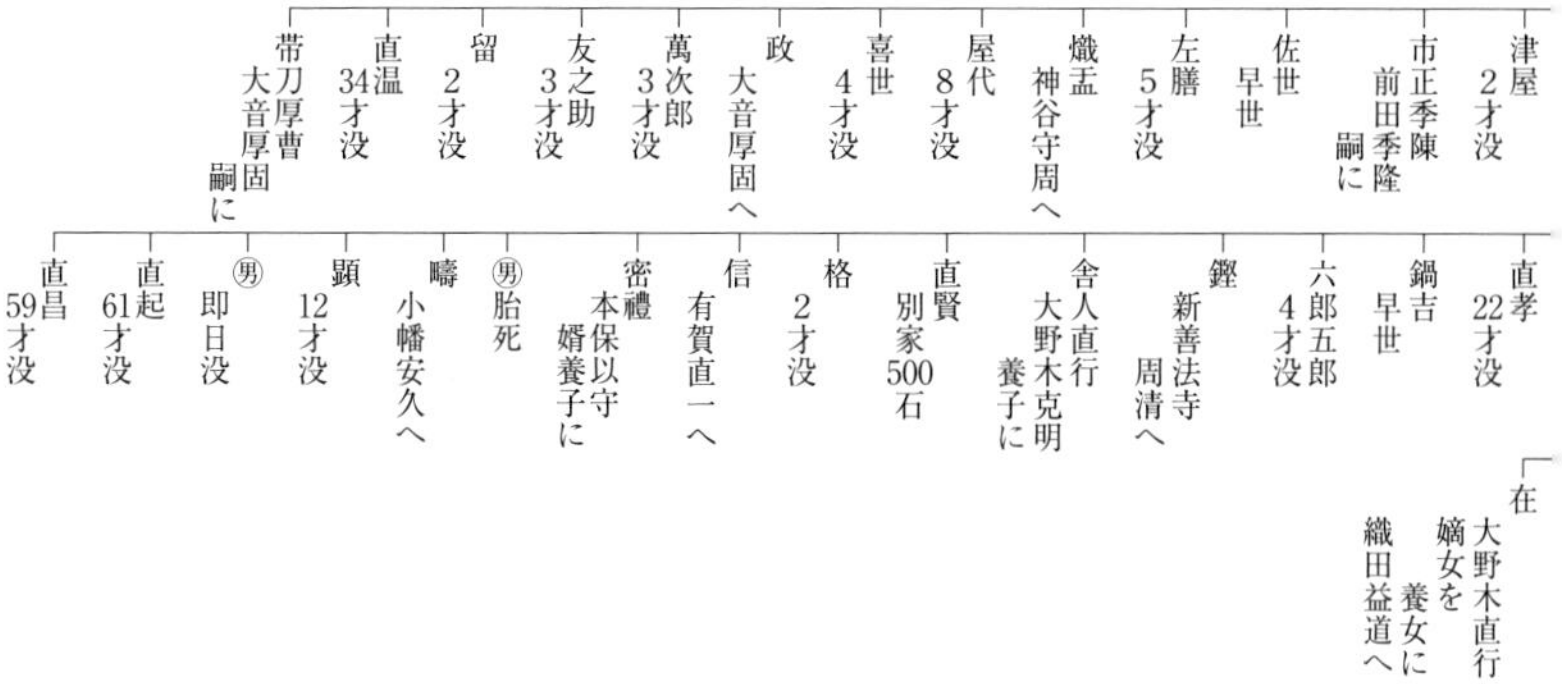

（註）数字1は前田土佐守家当主、①は加賀藩主をあらわす。
石川県立郷土資料館編『加賀藩年寄役　前田土佐守家文書目録』180頁をもとに作成。

凡　例

一、前田土佐守家資料館では、三代藩主前田利常から知行を与えられて一家をなした直之を初代とする一般的な当主の数え方ではなく、直之の父利政を家祖としている。本書も、この数え方に従い当主の代数を記した。

一、本書に掲載されている図版で所蔵者名がないものは、前田土佐守家資料館所蔵のものである。

一、本書に掲載した資料名は、目録名称と異なる場合がある。

一、本文中に卑称・賤称が使用されることがあるが、本書では原史料の通りに掲載した。これは、歴史的事実を正確に認識するためであり、差別を容認するものではない。

序章　近世大名家の家老と加賀藩前田家の年寄

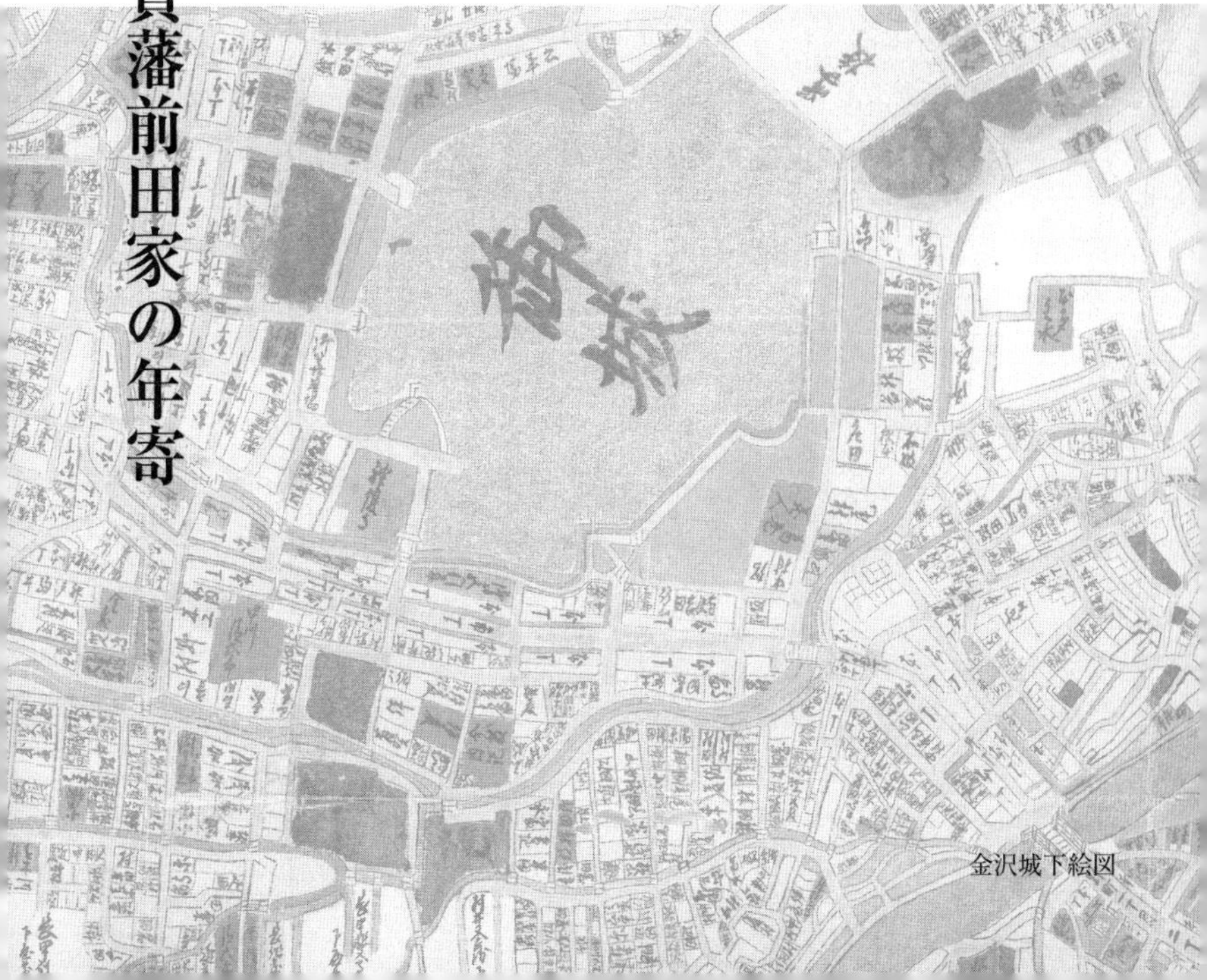

金沢城下絵図

本書は、前田土佐守家《とさのかみけ》資料館開館二〇周年を記念して企画した論文集である。

前田土佐守家は、加賀藩祖前田利家《としいえ》と正室まつ（芳春院《ほうしゅんいん》）の次男利政《としまさ》を家祖とする家である。同家は、家臣団のなかでも最高家格である年寄に属し、藩政運営を主導した。加賀藩前田家の年寄は、他大名家の家老に相当する。加賀藩では、年寄とは別に家老と呼ばれる職があり、近世中期以降は区別された。序章では、近世大名家における家老、加賀藩前田家の年寄について簡単に説明し、前田土佐守家を含む、諸大名家の家老について理解を深めたい。

第1節　家老とは

そもそも家老とはどのような存在なのか。尾藤正英は、家老を次のように説明している。(1)家老をはじめとする江戸幕府や諸藩の職名に存在した「老中」「年寄」などは、「日本語のオトナ（老）やトシヨリの宛て字にすぎず」、それらは「戦国時代には環濠集落であった村や町などの代表者として、その自治組織の運営に当る人々の名称であ」り、「江戸時代の国家制度の由来は、中世末期の民衆社会の中に形成されていた自治組織にあったと」推測できそうである。

では、このような起源をもつ家老は、一般的にどのように理解されているのだろうか。『国史大辞典』

で家老の説明をみてみよう。(2)

・家老とは、武家社会に設けられた職制である。一般的には江戸時代に藩主のもとにあって藩政を主宰し総覧する最高の職制で、藩主の一族や譜代の重臣より選ばれ、員数は藩によって異なるが、多くは十数人、少なくとも二、三人で、合議輪番制によって藩政を執行した。

・家老は、ほかの職制と同じく、慣習的に成立し制度として定着したものである。それが用いられるようになったのは室町時代中期ごろで、戦国時代になると、下剋上の世相を反映し、大小名の別なく、いずれもその家政をゆだねる者を家老と称した。

・戦国大名の家政組織は、戦闘組織を民政に適用したもので、家老は同時に組頭であり、侍大将として戦闘の指揮にあたった。軍事組織としての番方《ばんかた》の組織が行政職としての役方の組織と不可分に結びつき、番方が役方に対して優位を占めていたところに、戦国時代における家老の特色があった。豊臣秀吉や徳川家康も家老の職制を用いており、家康の覇権確立後は、武功派の家老が退けられて、将軍側近や吏僚派の大名（譜代大名）が幕府政治中枢に参加した。彼らは、老職・年寄・宿老などと呼称され、家光政権期に大老・老中・若年寄へと発展した。一方、藩の家老は戦国大名の家老制度から発展したものであり、藩政を統轄する重要な地位を占めたが、名称と職制は藩によって異なっていた。

以上が主な内容である。ここでは戦国時代の家老制度を秀吉・家康も用いており、近世大名家における家老もまた戦国時代の家老が発展したものであるとしている。しかし、家老という呼称に着目すれば、近世における家老とは、大名家中に存在した最高位の役職に就く家臣のことを指す。次に大名家の家老について説明している、『日本史大事典』(3)の説明をみてみよう。

・家老とは、武家において家務を総裁する者で、武家の家臣中で最高職。年寄・老中・宿老ともいった。

・家老(職)は、多くの場合世襲であったが、その数は数家あるのが一般的であり、ときにそのなかの第一人者を筆頭家老と呼ぶことがあった。

・国許《くにもと》と江戸屋敷において藩務を主宰する者たちを、それぞれ国許家老・江戸家老と呼んだ。国許家老は、藩主のもとにあって藩政全般を統轄し、藩主が江戸在府中は、その筆頭者は城代として藩の軍事指揮権をも掌握した。

以上のように説明されている。『国史大辞典』(4)と重複する部分もあるが、世襲や江戸と国許の記述などが加わっている。そのほかの辞典をみても、概ね右と同内容の説明がなされている。つまり、近世大名家における家老とは、家臣団のなかで最高位の職に就き、藩の執政を担当する者であったといえる。このような性格をもつ家老が中心となり、藩政は展開していた。しかし、各大名家で家老を指す役職名や、それに就く者を輩出する家格名は異なっていた。表1をみながら説明しよう。

鳥取藩池田家では、役職名が家老で、着座という家格に属する一〇家のなかから家老が三、四人就任した。幕末期には、着座は万石二家、二三〇〇~七〇〇〇石八家の構成であった。(5)

萩藩毛利家の家老が輩出される家格は、一門八家(うち二家が万石以上)と、その下に位置する寄組《よりぐみ》二九人(うち一九人は一〇〇〇石)であった。この一門及び一〇〇〇石以上の寄組のなかから、家老の役職

表1　家老の役職名と家格名

大名家	家老の役職名	家格名
鳥取藩池田家	家老	着座
萩藩毛利家	当職・加判・当役・江戸加判	一門・寄組
岡山藩池田家	仕置	家老
徳島藩蜂須賀家	仕置・江戸仕置	家老
加賀藩前田家	加判・月番・人持組頭・公儀御用など	年寄

にあたる国許最高職の当職・加判、在府の最高職の当役・江戸加判に就く者が選ばれた。(6)

岡山藩池田家には、家老という家格に六家が属し、その家格から家老の役職にあたる仕置《しおき》が二、三人就任する体制であった。仕置は、月番制がとられ、月に三度の寄合が行われていた。(7)

徳島藩蜂須賀《はちすか》家には、家老という家格があり、五家がこれに属していた。そのなかから家老の役職として、輪番で藩政を統括する仕置（一～二人）、在府の江戸仕置（一人）に就く者が選ばれた。(8) 同家は、家格を家老と呼称する点、家老の役職が独自の職名である点は岡山藩池田家と同じであるが、複数で家老の役職が構成されている点では異なっていた。

以上のように、役職を「家老」と呼称する家、家格を「家老」と呼称する家、また「家老」という語は用いず、独自の役職・家格名を使う家があり、各大名家によって「家老」の役職名、それを輩出する家格名は異なる。そして、これらに加え、数家による完全な世襲制であったのか、あるいは萩藩毛利家のように複数の家格から家老に就く者が選ばれる体制であったのか、といった役職の独占度や、月番制などの特徴を組み合わせることで、近世大名家に共通して置かれた家老の基本的な説明がつくと考えられる。

第2節　加賀藩前田家の年寄と「一門家老」前田土佐守家

1　加賀藩前田家の年寄

近世初期の加賀藩前田家では、役職名として「年寄」という語を用いることもあったが、宝永期以降は表1の通り、家格名として用いられた。年寄という家格から、家老の役職にあたる加判・月番・人持組《ひともちぐみ》頭《かしら》・公儀御用などに就く者が選ばれたのである。どの大名家でも家老は藩政運営の中心をなす執政の立場にあったが、家老の役職に就く者を輩出する年寄という家格名は、先述した他大名家のそれとは異なる。また、役職についても、その呼称や職掌は大名間で異なる場合が多い。前田家の家老の役職は、複数によって構成されていることが特徴であるといえる。その役職のなかで前田家年寄の性格を規定するものに、人持組頭という番方の職がある。先述した『国史大辞典』では、近世大名家（藩）の家老は戦国大名の家老制度から発展したものであると指摘されているが、人持組頭という軍事集団の頭役は戦国時代の家老の性格を引き継いだものであろう。このように年寄は、藩政運営を主導する行政役人としての性格のほかに、軍事集団の頭としての性格ももつ「家老」であったといえる。

では、年寄はどのような家で構成されていたのか。詳しくは第二章で述べるが、元禄三年（一六九〇）以降、年寄は本多家・長《ちょう》家・横山家・前田家（長種《ながたね》系）・奥村宗家・奥村支家・村井家・前田土佐守家の八つの家の世襲であった。禄高は、表2の通りである。五万石の本多家から一万一〇〇〇石の前田土佐守家があった。これらの家はどのような由緒をもつ家だったのか。まず、前田土佐守家以外の家の由緒について簡単に説明しておこう。(9)

本多家は、徳川家康の重臣本多正信《まさのぶ》の次男政重《まさしげ》を家祖（ここでは、前田家に初めて仕えた初代のことをいう。以下も同様）とする家柄である。政重は、諸国を渡り歩き、前田家二代利長《としなが》に仕えたが、その後、上杉景勝の重臣直江兼続《かねつぐ》の養子となった。しかし、直江家の相続事情により同家を去ると、藤堂高虎《とうどうたかとら》の周旋により、再び前田家に戻り三代利常《としつね》に仕えた。禄高は五万石であり、年寄のなかでも別格として扱われていた。

長家は、能登の戦国大名畠山家の旧臣であった。前田利家が能登に入封した時に家祖連龍《つらたつ》がその与力《よりき》となり、のちに前田家に臣従した。

横山家は、家祖長隆《ながたか》が利長に仕えたが、賤ケ岳《しずがたけ》の戦いで戦死した。二代の長知《ながちか》は、本多政重とともに元和・寛永期の藩政運営を主導した人物として高く評価されている。(10)

表2　年寄家の禄高（天明期）

本多家	50,000石
長家	33,000石
横山家	30,000石
前田家（長種系）	18,500石
奥村宗家	17,000石
奥村支家	12,000石
村井家	16,569石
前田土佐守家	11,000石

（註）金沢市立玉川図書館近世史料館所蔵加越能文庫「先祖由緒幷一類附帳」長九郎・本多政以・横山三郎・村井恒、同「長家譜」、同「天明三年侍帳」などにより作成。

前田家（長種系）は、藩祖利家の本家筋の家であるといわれている。家祖長種は、天正十二年（一五八四）に利家に召し抱えられ、後代も前田家に仕えた。なお、利家と正室まつ（芳春院）の長女幸《こう》が長種に嫁いでいる。

奥村宗家は、尾張荒子以来前田家（利家の父利春《としはる》）に仕えた家柄である。その後、利家が前田家の当主になったことで、家中に組み込まれた。前田家にとっては、まさに譜代家臣というべき家である。奥村支家は、この宗家の家祖永福《ながとみ》の次男である易英《やすひで》を家祖とする家である。

村井家は、家祖長頼《ながより》が尾張荒子で利家に取り立てられた由緒をもつ。その後も、前田家に仕え、元禄三年九月、五代親長《ちかなが》の時にほかの年寄に遅れて、人持組頭に就任し、年寄の一員となった。

2 「一門家老」としての前田土佐守家

前田土佐守家の由緒を説明しよう。(11) 同家は、家祖利政が利家と正室まつ（芳春院）の次男にあたる家である。利政は、能登一国をもつ大名であったが、関ヶ原の戦いで利長からの出陣命令に従わなかったため、戦後領地を没収され、京都に隠棲《いんせい》していた。利政の長男である直之《なおゆき》は、その京都で生まれ生活していたが、慶長十一年（一六〇六）に江戸にいた芳春院に引き取られ、養育された。その後、直之を将軍の小姓とする計画があったが、家康の死去により実行されず、直之は利常の家臣となり、後代も前田家の家臣となった。なお、「前田土佐守家」と呼称されるのは、歴代当主一〇人のうち四人が従五位下《じゅごいのげ》土佐守に叙任されたことに由来する。

以上のような由緒からすれば、前田土佐守家は藩主前田家の分家筋にあたり、家臣の分類としては一門であったといえる。近世大名家の一門とは、大名家の分家筋、兄弟などの親族で家臣となった者を指す。また、大身家臣であったが、婚姻関係を通じて、あるいは苗字を与える（賜姓）などして、有力家臣を一門待遇とすることもあったという。[12] 例えば、仙台藩伊達家の一門は、戦国時代に大名であった由緒をもつ家や藩主の親族たちで一一家あったが、そのうち角田石川家・亘理《わたり》伊達家などはこうした家であった。伊達家の一門は、原則として藩政に直接関与する役職に就くことはなく、藩政から遊離した存在であった。[13] 一方、同じ一門でも、先述したように萩藩毛利家では一門のなかから家老が就任する体制であったので、同家の一門は藩政に関与する存在であった。

加賀藩では、一門という家格階層はなく前田土佐守家は家中に包摂され、年寄として藩政に関与する存在になったが、それによって「前田家一門」という意識が失われたわけではない。むしろ年寄が八つの家に限定されたことで、比較意識が高揚し、一門という由緒を強く意識した独自の家意識が醸成されていった。[14] 藩主家側も、その家の由緒を評価した。前田土佐守家の禄高は八家のなかで最も低いが、藩主前田家との血縁的な近さから別格の家とされ、それが様々な場面で影響し、厚遇されていた。つまり、一門という特徴は前田土佐守家側だけではなく、藩主家側も意識していたのである。前田土佐守家は、自ら一門意識をもち、またその由緒を理由に別格視されながら、藩政にも関与する「一門家老」として存続し続けた。

第3節　本書の概要

本書は四章から構成されている。以下、内容を紹介したい。

第一章の岡嶋大峰「前田土佐守家の源流と創設」では、年寄衆八家《はっか》の一角を構成した前田土佐守家の特質を考えるにあたり、その家祖利政の経歴を中心に取り上げる。利政は、利家の息子たちのなかでは兄利長とともに豊臣大名社会の一員として活動した希少な存在である。利家の生前には、利政を能登の国主大名として、また利長の後継者として育成する体制がとられていた。本章は、そうした立場からくる利政の影響力の大きさ、責任の重さを強調し、関ヶ原の合戦という政治的転機での彼の判断（再出陣の延引）が、大名身分を失うまでの厳しい結果を招いた背景とみる。利政改易《かいえき》後については、彼の代わりに前田家を継いだ利常の政権にとって、利家とまつ（芳春院）の直系に連なる利政・直之父子の存在が脅威であったことに言及する。そして、利常が直之の排除を画策しながらも結果的に彼を家中に位置づけていく過程を論じている。

第二章の林亮太「加賀藩年寄の成立と職務」は、前田土佐守家が属した年寄についての理解を深めるため、主要な分析を同家に限らず、八家全体に広げ、年寄の成立過程、世襲の仕組み、職務の実態などを論じる。近世初期から年寄と呼称される者は存在したが、八家に限定される画期となったのが、五代藩主綱紀《つなのり》が行った貞享三年（一六八六）の職制改革である。まず、その前後の過程、年寄が勤めた役職の成立時期を検討し、年寄の成立は宝永・正徳期頃であると指摘する。また、年寄の役職就任過程や後見制から世襲制の実態についても明らかにし、世襲の仕組みを論じる。年寄の職務については、御用番・人持組頭・公儀御用の職務内容のほか、年寄のもとで先例調査や文書執筆などを担い、年寄の職務遂行に必要な者であった執筆役についても論じることで、年寄の職務の実態を明らかにしている。

第三章の宮下和幸「前田土佐守家の明治維新—年寄・一門・男爵」は、加賀藩前田家において一門筆頭の立場にあったといえる前田土佐守家を概観した上で、まずは幕末維新期の当主前田直信《なおのぶ》に注目する。誕生後、その出自に翻弄された直信だが、相続後は年寄の筆頭となって藩政の中心に位置し、藩主である前田斉泰《なりやす》・慶寧《よしやす》父子を支えている。また、徳川体制崩壊後の新たな時代においても藩大参事として藩政に関わっており、この直信を評価することは当該期を理解するうえで不可欠となる。さらに、直信の跡を継いだ直行《なおつら》については、これまであまり取り上げられてはいないが、近代において前田侯爵家を支えながら自身も男爵となり、「皇室の藩屏《はんぺい》」の一翼を担った人物である。この直行についても若干ながら言及することで、明治維新から近代にかけての前田土佐守家について新たな評価を試みている。

第四章の竹松幸香「前田土佐守家当主が嗜んだ茶の湯・和歌・能—加賀藩上級武士の教養形成」では、前田土佐守家五代直躬《なおみ》と六代直方《なおただ》を中心に、当主自筆の茶会記、冷泉為村《れいぜいためむら》との往復書簡、宝生流《ほうしょうりゅう》入門免状などの前田土佐守家文書を繙《ひもと》き、加賀藩上級武士の文化受容の様相・教養形成過程を明らかにしている。

加賀藩前田家をはじめ、大名家における茶の湯、和歌、能の享受の様相については、すでに多くの論考があり、これら諸芸に傾倒し、造詣の深かった藩主の存在はよく知られている。一方、藩の重臣についてはあまり言及されていないことから、文化的側面に注目して藩重臣の享受の様相を明らかにし、年寄衆前田土佐守家の特色をより際立たせることを試みている。さらに、前田土佐守家において茶の湯・和歌・能の享受が継続して行われ、とりわけ茶の湯と和歌においては、当主のみならず、同家の「部屋住」が主な担い手となっていることを指摘する。

以上、前田土佐守家の創設、藩政における役割・位置づけ、幕末・明治初年の様相、文化的側面から、加賀藩の年寄かつ「一門家老」であった同家の歴史を繙いていく。

なお、本書には、巻頭に前田土佐守家の系図、第四章の後に付録の表を載せた。本文の説明にも関係するものもあるので、適宜参照されたい。

註

（1）尾藤正英『江戸時代とはなにか』（岩波書店、一九九二年）xiii～xiv頁。
（2）国史大辞典編集委員会編『国史大辞典』三（吉川弘文館、一九八三年）、藤野保「家老」の項。
（3）『日本史大事典』二（平凡社、一九九三年）、藤井讓治「家老」の項。
（4）『日本歴史大事典』一（小学館、二〇〇〇年）、笠谷和比古「家老」の項など。
（5）坂本敬司「鳥取藩家老制度の成立過程」（鳥取藩政資料研究会編『鳥取藩研究の最前線』鳥取県立博物館、二〇一七年、三四・三五頁）。
（6）田中誠二「藩制機構と家臣団」（藤井讓治編『日本の近世 三 支配のしくみ』中央公論社、一九九一年、一七九頁）。

（7）同右、一七二・一七七・一七八・一八一・一八二頁。
（8）笠谷和比古『近世武家社会の政治構造』（吉川弘文館、一九九三年）一九五頁。
（9）以下、各家の説明は註記するもの以外、金沢市立玉川図書館近世史料館所蔵加越能文庫「先祖由緒幷一類附帳」（各家）、日置謙『加能郷土辞彙』（北国新聞社、一九七三年）、石川県教育委員会事務局文化財課金沢城研究調査室編『よみがえる金沢城』一（石川県教育委員会、二〇〇六年、七八頁）による。
（10）木越隆三「横山長知と藩年寄衆の成立」（石川県教育委員会事務局文化財課金沢城研究調査室編『金沢城代と横山家文書の研究』（石川県教育委員会事務局文化財課金沢城研究調査室、二〇〇七年）。
（11）以下の由緒の説明は、見瀬和雄「前田利常の家中統制―前田直之の処遇をめぐって―」（『金沢学院大学紀要「文学・美術編」』四、二〇〇六年）による。
（12）以上、前掲註（8）笠谷和比古『近世武家社会の政治構造』一六〇・一六一頁。
（13）以上、野本禎司「仙台藩士の知行地支配―「要害」拝領・大條家文書から―」（荒武賢一朗・野本禎司・藤方博之『みちのく歴史講座　古文書が語る東北の江戸時代』吉川弘文館、二〇二〇年、三六頁）。
（14）詳細は、拙稿「「御家」形成期における前田綱紀の由緒調査と前田土佐守家」（『公益財団法人金沢文化振興財団研究紀要』二〇、二〇二三年）。

第1章 前田土佐守家の源流と創設

前田利政画像

はじめに

近世の大名家中では、藩主の一門が政治向きから乖離した状態で家中の最上層を占めたり、それに準ずる重臣家が藩主の名字を賜って疑似的な藩主一門を形成したりする事例が多く見受けられる。このような傾向は、特に外様の大藩において顕著に見られるのではないかと思う。

しかし、最大の外様藩である加賀藩前田氏においては、（藩主は別として）藩老八家《はっか》が政治機構の頂点に据えられて藩政に関与した。また八家のうち前田一族でない者が前田名字を与えられることもなかった。このような中にあって、前田土佐守家は前田利家《としいえ》と正室まつ（芳春院）の血統を遺し伝えた希少な藩主一門の家である。(1)

土佐守家の家柄、八家の中での独自性を象徴するのが前田利政《としまさ》という人物だろう。彼は利家とまつの次男で、父利家、兄利長《としなが》とともに豊臣時代の大名として活動した。加賀藩の建設にあたりさまざまな業績を残した藩主利常《としつね》が歴史の表舞台に出る経緯も、この利政の存在なしには語れない。利政の一代記としては、永山近影編「前田利政朝臣家傳」の紹介とともにその生涯を叙述する野村昭子氏の著作(2)があるが、新たに世に出た史料や中近世移行期研究の進展状況なども踏まえ、あらためて豊臣大名としての利政の人物像と、彼の家系が前田「家中」に組み込まれる過程に迫りたい。

第1節　豊臣政権下における前田利政

1　大名取り立て以前

前田利政は天正六年（一五七八）の生まれとされ、父母を同じくする利長とは十六歳の年齢差である。利家は三年前から越前府中城に配置され、織田政権の北陸方面軍として位置づけられていた。しかしこの年は荒木村重《むらしげ》の謀反など畿内近国における情勢が暗転し、翌七年にかけて利家も摂津・播磨などへの加勢に出向いている。

利家は天正九年に能登一国を信長より与えられ、十一年には北加賀二郡を秀吉より加えられる。同年利長も加賀松任、十三年の佐々成政《さっさなりまさ》降伏後は西越中三郡を与えられ、加越能三カ国を拠点とする大名前田氏の礎が築かれた。これ以降、利家・利長はそれぞれに豊臣政権下の大名として活動していく。

この間、少年期の利政の様子を見ていくと、天正十二年六月に佐々成政が、当時又若と名乗っていた利政を娘婿とすべく前田家に結納を送ったとのことが「利家公御代之覚書」に記されている。

〔史料1〕「利家公御代之覚書」（金沢市立玉川図書館近世史料館蔵加越能文庫、以下「加越能文庫」と略す）

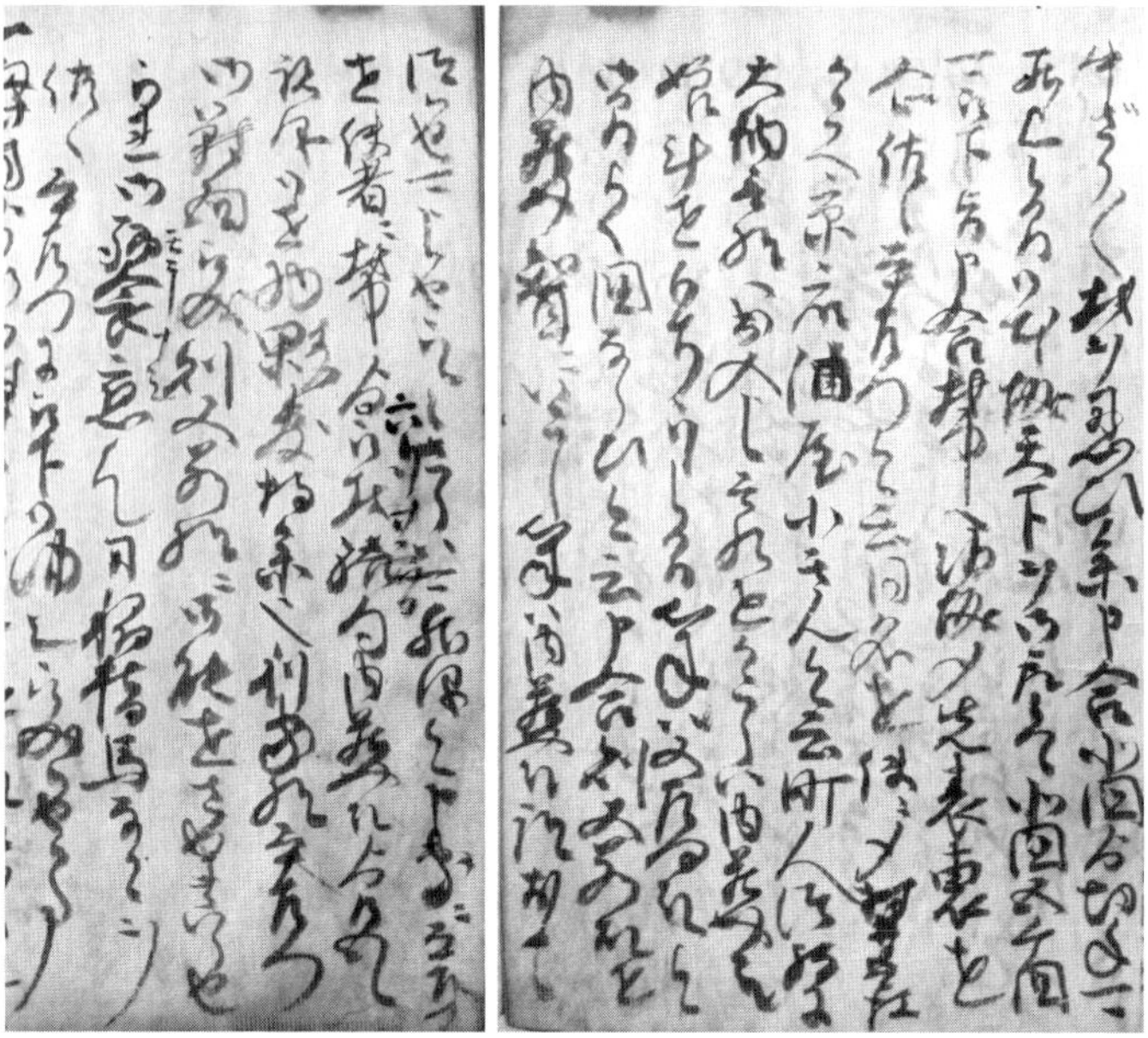

利家公御代之覚書（加越能文庫蔵）

（前略）内蔵介《（佐々成政）》殿娘計をもち被申候間、已来ハ又左衛門《（利家）》殿与御間よく国ならひ《（並び）》と云申合、則又若殿《（利政）》を内蔵介聟ニいたし、已来ハ内蔵介殿跡おもつかせ可申候由ニて候、さらハ可然儀と申処ニ、平左衛門《（佐々）（カ）》を使者ニ越中ゟ六月廿六日被越結納、内蔵介殿ゟ色々祝儀御進物夥敷持参也、利家様平左衛門御対面被成、則又若様ニ御能をさせまいらせられ、御饗応ニて刀脇指馬なとヲ佐々平左衛門に被下、御帰シ被成候由之事、

同書によれば、これは織田信雄《のぶかつ》・徳川家康と通じていた成政の謀略で、六月二十六日に佐々平左衛門が結納の使者として遣わされ、迎え入れた利家は饗応として利政に能を舞わ

せたという。続いて、前田家からの返礼の使者を遣わす話が持ち上がったが、七、八月が祝儀月ではないため吉月を待つことになったとされる。八月末には佐々勢が加賀・越中国境の朝日山砦を急襲しているので、当然この縁組は破談になったであろう。

なお、十四年五月末の上杉景勝《かげかつ》の上洛途次にても、前田領国内に入った景勝を所々で前田氏の一門・家臣たちが出迎え、金沢での饗応にあたっては「倩御能被相始、前又息（利政）九歳ニ成被申候、太夫也」と利政が能を舞ったとされている。(3) 後年肥前名護屋で秀吉が利家らを巻き込んで能に没頭したことは有名だが、幼い利政が能を嗜む背景として、父利家らにもそうした素養がもともとあったものと思われる。

利家は十四年六月、上杉景勝が秀吉に謁見するのに陪席しており、この時金沢から利政が麻疹に罹《かか》ったとの知らせを受けて、能登の大福寺の僧北之坊に対し祈祷を依頼している。

〔史料2〕前田利家書状（高爪神社所蔵文書、『新修七尾市史3　武士編』所収）

返々御ゆたんなく御きたうの事、たのミ入申候、以上、

わさと人をまいらせ候、仍われらせかれ又わか（利政）ハつらい（煩）候由、申こし候、さためてはしかニて候ハんと存候、御きたう（祈祷）被成候て給へく候、たのミ入申候、きのふお（尾）山より申こし候て、あんし申事候、御きねんの事頼申候、恐々謹言

六月十七日　利家（花押）

北之坊

「（切封上書）
（墨引） 前ちくせん(4)
北之坊殿 利家
御中 」

天正十八年、利家・利長は秀吉の小田原攻めに従い、北国筋から関東に進んで北条の支城群を攻略していた。「兼見卿記《かねみきょうき》」(5)三月五日条では、利家の妻まつが利家・利長の武運長久と、十三歳になった利政の眼病平癒を祈念するよう依頼してきたとある。北条氏が降伏して間もない七月十日付けの書状(6)にて利家は、まつに対し関東の状況を知らせるとともに、「又わかめ（目）いよ〳〵よく候や、ゆたんなくやうしやう（養生）御させ候へく候」と利政の目の具合を案じている。その利政は、能登七尾をあずかる三輪吉宗に対し、次のような書状を送っている。

〔史料3〕前田利政書状写（「北徴遺文」石川県立図書館蔵森田文庫）

弥七郎討死、忠節之至候、併不便無究候、其方心中察之候、謹言
七月十六日 又若丸（前田利政）
三輪藤兵衛（吉宗）尉殿

北条氏邦が守る八王子城の攻略戦は、利家が「討死・手負際限なく候」と述べるような消耗戦になり、

三輪吉宗の子吉富（弥七郎）もここで戦死した。「弥七郎が討死したことは忠節の至りである。不憫極まりなく、心中お察しする」と、十三歳ながら家中を気遣う様子がうかがえる。

2　豊臣大名の一人として

〔史料4〕前田利家書状（前田育徳会尊経閣文庫蔵、『新修七尾市史3　武士編』所収）

為御意、能登国孫四郎（利政）ニ被仰付候、誠忝き儀共に候、然者向後其方諸事有異見、与力同前ニ引廻シ肝要候、恐々謹言

　　九月十九日　　　　利家（花押）

（端裏上書）「（捻封墨引）肥前殿（利長）　　利家

　　　　進之候、」

文禄二年（一五九三）九月、利家は利長に対し右のように指示している。「孫四郎」は、もともと利家の通称であったのを嫡男である利長も名乗ったものであり、男子のない利長の後継者となった利政もこれを名乗ったとされる。利長については、同年一月二十九日付けで秀吉の大陸渡海用の船の金具や箔を調達させる書状（「温故足徴」）、八月十四日付けの富田《とだ》景政《かげまさ》に宛てた病気見舞状（「富田文書」）などで、「孫四利長」との署名が確認できる。[7]このことから利政が「孫四郎」の名を譲り受けたのは、利政に能登を与

えるとの秀吉の意向が示されたのとほとんど同時期だったことが知れ、両者は連動してなされた動きだったと思われる。利政が利長の後継者に位置づけられたことについては、後年の関ヶ原の合戦時における村井長頼宛利長書状[8]において、「われ〳〵(筆写注・利長)をしう(主)にもおやにももち申候」、すなわち利政にとって利長が主君でもあり親でもあるという認識が示されていることからもうかがえる。それにしても、利長はまだ三十二歳であり、この若さで弟を後継者にするとはどのような事情があったのか。

　この翌月、同じ閏九月三十日付けで利長は侍従から昇進して右近衛権少将に、利政は従五位下《じゅごいのげ》侍従《じじゅう》に任じられた。この時の口宣案《くぜんあん》[9]には「豊臣利政」とあるが、これは豊臣政権下の大名たちの叙位任官が豊臣の「氏長者《うじのちょうじゃ》」たる秀吉ないし秀次の推挙によってなされたためである。十月三日には太閤秀吉の参内に利家・利長・利政も従ったというので、兄弟の叙位任官はこれに合わせたものだったとみられる。なお、この時の様子を記述した「兼見卿記」[10]では、太刀折紙を持参した大名衆の中に「前田孫四郎」の名が確認できる。席次の近い顔ぶれとして蒲生氏郷、細川忠興、森忠政、伊達政宗といった利長と同格（従四位下）の人々の名があがっていることから、これは利長のことであり、「孫四郎」を利政が襲名したことはまだあまり周知されていなかったのかもしれない。また、同じ日のことを記述した「時慶記」[11]では利家のことを「能登宰相」と呼んでいる。利政が豊臣大名社会へ参入するにあたり前田氏領国の配分が世間にどう伝わっていたのかを考えるうえで興味深い。

　翌文禄三年四月八日には京都の前田屋敷に秀吉の式正御成《しきしょうおなり》[12]があり、この前日に利家は権中納言に任官、利政は早くも四位に上ったという。[13]この時秀吉への配膳は利長が立花宗茂とともに、加酌は利政が丹羽長重とともに務めている。利家の娘婿にあたる中川光重や前田長種《ながたね》は他の家臣たちとともに秀吉への進物を献上したが、秀吉の饗応にあたったのは利長・利政兄弟のみであった。[14]

さらに文禄四年七月、関白豊臣秀次が高野山で切腹し、縁者が処刑されたいわゆる「秀次事件」が起こると、豊臣政権下の諸大名は政治的危機を回避するため豊臣秀頼への忠誠を誓う血判《けっぱん》起請文《きしょうもん》を提出した。この時、秀頼の傅役《もりやく》を仰せつかっていた利家は単独で起請文をしたため、利長・利政兄弟は織田常真《じょうしん》（信雄）以下二七名の大名衆が連署する中に名を連ねた。[15] 利長は上席から九番目に「羽柴越中少将」、利政は末席から三番目に「羽柴能登侍従」とあり、利政の花押部分には紙を巻いて重なった部分にもにじむほど大量の血液が垂らされている。なお、秀吉や秀次のもとで叙位任官される武家が皆「豊臣」姓を名乗ったのに対し、[16]「羽柴」名字は一定の地位にある大名しか許されない[17]一種のステータスシンボルであった。

3　能登の大名として

能登に封を得たといっても、利政の活動の舞台は基本的に上方であり、能登統治の拠点である七尾（小丸山）城にはそれまでどおり利家の兄前田安勝《やすかつ》（文禄三年の没後はその子利好《としよし》）が城代として駐留した。また所口《ところのくち》（七尾）町および在地は三輪吉宗、大井直泰、今井彦右衛門らが奉行として支配していた。

利家の生前は、能登支配の実務を担う右の家臣たちへの指示も基本的に利家がおこなっていたことが指摘されている。[18] 利家は、文禄四年の秀次事件に連座して能登に蟄居することになった浅野長継（幸長《よしなが》）

の屋敷普請について次のように七尾の三輪吉宗に指示し、ほぼ同時期に利政も吉宗に書状を送っている。

〔史料5〕前田利家書状写（「松雲公採集遺編類纂（三輪伝書）」加越能文庫）

尚々武蔵《（中川光重）》家せはく不自由成所候者、家をも作り可申候、以上、
態申遣候、仍左京大夫《（浅野長継）》先々能州へ御下候て、少之間住宅事候、然者武蔵家を相渡シ可置候、此方ゟ来
廿日比ニ被立候間、可成其意候、武蔵女共ハ我等屋敷へ移シ可置候、東春を相副遣候間、其刻具一書
ニて可申遣候、先為心得申候也、
六月十六日　利家（印郭影）
三輪藤兵へ殿

〔史料6〕前田利政書状写（「松雲公採集遺編類纂（三輪伝書）」加越能文庫）

以上
浅野左京大夫殿、其地江被越候条、諸事何様与も可令馳走候、材木以下用之儀ハ余多可有之候、無由
断可申付候、謹言
孫四
六月十八日　利政　判
三輪藤兵衛尉殿

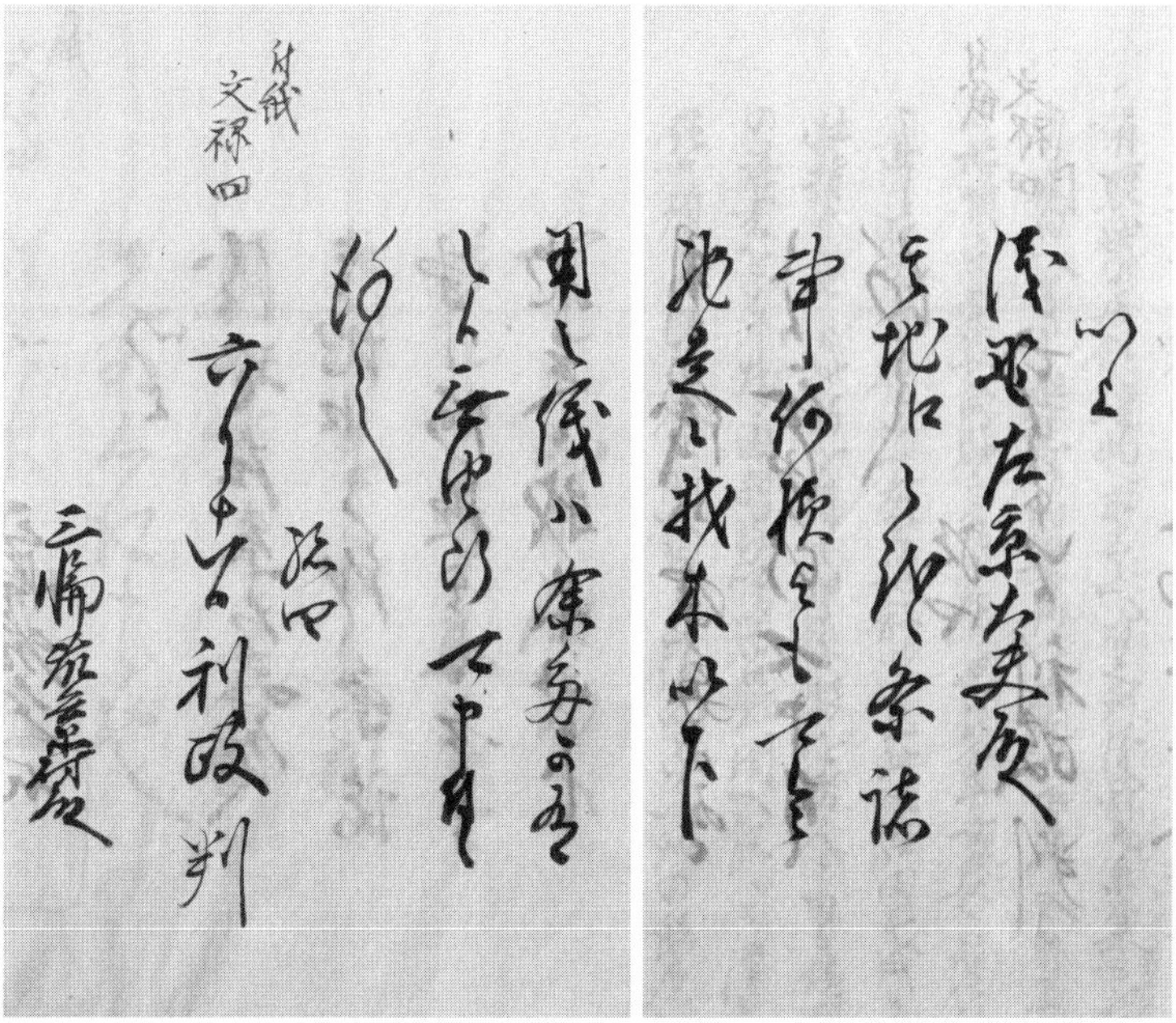

前田利政書状写（加越能文庫蔵「松雲公採集遺編類纂（三輪伝書）」より）

利政の書状は、浅野の蟄居につき諸事いかようにも馳走するように、屋敷普請のための材木なども十分であろうから油断なく申し付けよという内容だが、二日前の利家の指示が中川光重の空き屋敷を使え、などと具体的なのに対し、やや形式的な督励という印象を受ける。先学の指摘のとおり、父の後見を受けながら、見習いとして能登の支配にたずさわっていたように思われる。

また翌五年十一月三日付けで利政は、気多社神主の桜井基威に対し、かつて利家が寄進した四〇〇俵の支配を追認する次のような判物を発給している。これまでの能登における利家の統治を継承していく動きだとみなせるだろう。

〔史料7〕前田利政遵行状（気多神社所蔵文書、『史料纂集古文書編　気多神社文書　第一』所収）

能州一宮気多大明神、利家寄進分四百俵之所、給人方与有申付、立合令縄打出分在之由候、其儀者給人方江遣、残田畠屋敷如前々利家任一行之旨、可有社納候、并神社林以下可為同前候、永代不可有相違者也、仍如件

十一月三日　　　　利政（花押）

一宮大宮司

監物丞殿

利政自身は文禄三年に伏見城普請に能登二一万石の役負担をしていたり、自身の馬廻《うままわり》を動員して伏見の詰番を勤めていたりと、上方での活動が長く続いていた。一方慶長四年（一五九九）ごろには、大坂の利家から利政家中の侍頭を上方へ登らせるよう指示されていたところ、侍頭たちがいつまでたっても登って来ないのはどうしたことかと叱責を受けている。[19] 利家の最晩年に至って一時的に帰国し、能登の大名として独自の行動をとっていたようである。

4　利家没後の体制について

利家は、慶長四年閏三月三日に没する少し前の三月二十一日付けで、利長に対し遺言状を残したとされ

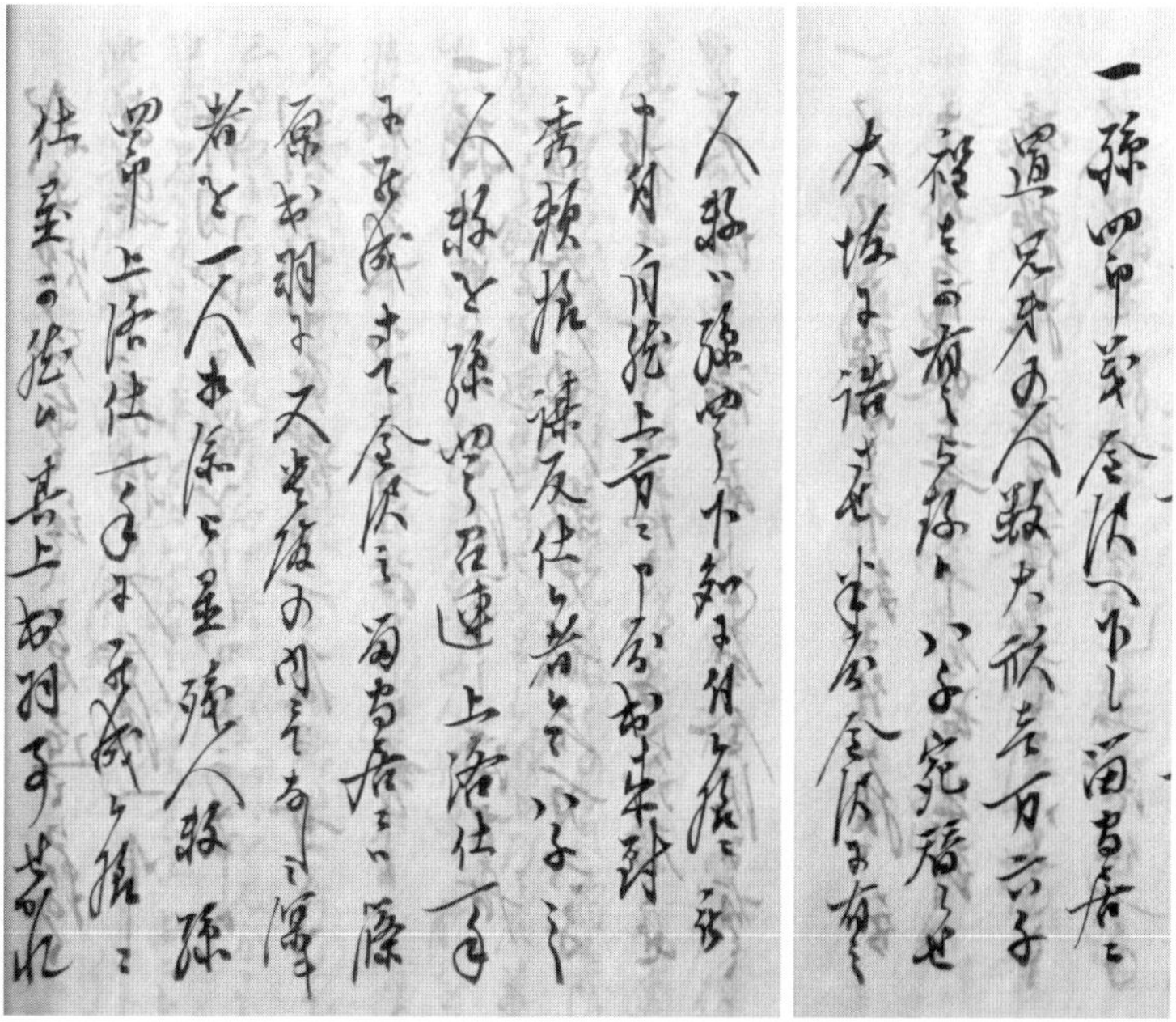

前田利家遺言状（部分）（加越能文庫蔵「加藩国初遺文」より）

てきた。近年はこの遺言状について、文辞に不審な点が多いこと、構成も写本によってばらつきがあること、そして十七世紀前半の史料では本状への言及がまったくないことなどから、後世の偽作であるとの指摘がなされている。[20] したがってその内容をそのまま採用することはできないが、利長・利政兄弟の関係について特に興味深いのは、「兄弟の人数大形壱万六千程者可有之与存候、八千宛替らせ、大坂に詰させ、半分金沢に有之人数ハ孫四郎下知に付候様ニ被申付、自然上方ニ申分出来、対秀頼様謀反仕候者候ハヽ、八千之人数を孫四郎召連上洛仕一手に罷成、さて金沢之留守居ニハ篠原出羽に又貴殿の内ニてなしミ深キ者を一人相添被置、残人数孫四郎上洛仕一手に罷成候様ニ仕置可然候」[21] と述べている箇所である。すなわち利家は、利長・利政の軍勢をあわせると一万六〇〇〇人ほどになるだろうから、各自八〇〇〇人ずつを率いて利長は大坂に、利政は金沢に待機するよう命じている。そして上方に変事があり豊臣秀頼に反逆する者が現れたら利政は麾下の八〇〇〇人とともに上洛し、利長と合流せよという。その際、金沢には重臣の篠原一孝に利長の信頼する家臣を添えて留守居させるよう指示している。

利長が旧利家領とその家臣団の大部分を相続した時点で、利長は約五五万石、利政は二二万石と兄弟の大名としての規模には大きな差があり、各自の動員兵力も同程度の差があったと考えられる。利政が前田勢の総兵力の半分を指揮する場合、利長家臣の一部が割かれて利政の指揮下に入ることになるだろう。これは（遺言状が偽作であったとして）偽作者の想像に過ぎないのか、あるいは実際に独立大名としての枠を越えてそうした体制をとることが可能だったのか。この点の真偽はともかくとして、遺言状の作者が利政を、利長とは別個の軍勢を統率しうる存在と認識している点は注目に値する。

第2節　関ヶ原の合戦と利長・利政兄弟

1　会津攻めにおける前田勢

慶長五年（一六〇〇）六月、中央政権を牛耳る徳川家康は会津上杉氏征伐の軍を起こし、前田勢も津川口から会津へ攻め入るよう求められた。また家康は七月七日に一五カ条からなる軍法を定め、同時に北国および出羽方面から会津へ討ち入る軍勢の配置を決めた。

〔史料8〕徳川家康書状写（「北徴遺文」石川県立図書館蔵森田文庫）

一、加賀中納言殿北国筋を米沢へ打出、会津へ乱入候節、案内者ニ候之間、先手は山形出羽守（最上義光）、中納言殿可為旗本事、

一、置目已下之儀、中納言殿可被仰付候、御隔心有間敷事、

一、越後侍従（堀秀治）津川筋出陣之義、無越度様ニ可然段口上ニ可申候、兼而又村上周防守溝口伯耆守両人之

内、手寄次第一人、中納言殿為案内者北国筋江可有参陣候事、

七月七日　家康

屋代左衛門どのへ

〔史料9〕徳川家康書状（不破文書、『新修小松市史　資料編1　小松城』所収）

西尾（吉次）所迄書状令披見候、仍会津表出陣之儀、来廿一日相定候、然者其方事、羽柴（丹羽長重）加賀守同心、越後城々番手之儀可被仕候、猶西尾隠岐守可申候、恐々謹言

七月七日　家康（印）

青山修理亮殿

家康が家臣の屋代勝永に与えた史料8によれば、津川口では出羽山形城主の最上義光《よしあき》が先手を務め、越後衆より村上頼勝と溝口秀勝のいずれかが利長の案内役として参陣するようにとの指示であった。さらにここでは「置目已下之儀、中納言殿可被仰付候」、すなわち軍法は利長が決めるようにとのことなので、この津川口の軍事指揮権は利長が持ち、その主力と位置づけられていたといえるだろう。なお、同日付けの史料9で家康は越前丸岡城主の青山宗勝に対し、加賀小松城主の丹羽長重とともに「越後城々番手」を務めるように命じており、南加賀や越前の大名衆には、会津へ攻め入る利長らの後背を守る役目が与えられたようである。利政については、この時どのような役目が与えられたか定かでない。家康の書状には利

長の名前しか見えないので、利政も会津へ従軍するのか、領国を守るのか、その差配は前述のとおり利長に一任されたのではないか。

この会津攻めに際し、利政は有力商人の田中清六[22]に次のような書状を送っている。

〔史料10〕前田利政書状写（「温故足徴」加越能文庫）

尚々路次ニて成とも能様御申上候て、女共罷下候様万事たのミ入申候間、肥前《(利長)》様へ能様御談合奉
頼存候、以上、

一筆令啓候、仍而罷下候刻、御暇乞可申処、少相煩
候故無其儀候、然者先日如申入候、女共北国へ罷下
候様、連々御才覚頼入申候、か様罷下候へとも、た
しか成留主何とも持不申候、母《(芳春院)》之者も江戸ニ候へ者、
万事十方なき体之間、是非共頼入候、いさひ之儀者
清和可申入候、恐々謹言

六月十六日　　羽孫四

利政（花押影）

田清六殿

人々御中

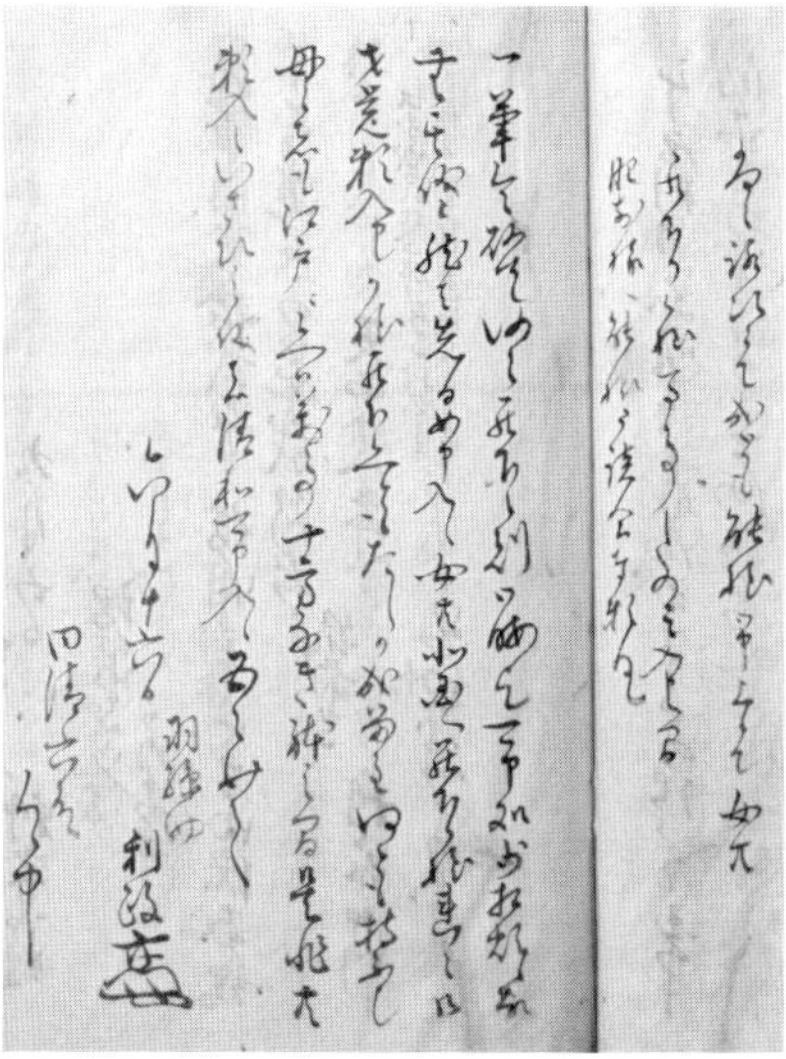
前田利政書状写（加越能文庫蔵「温故足徴」より）

本状によれば、利政はかねてより清六に対し「女共」、すなわち自身の正室（籍、蒲生氏郷の娘）が領国へ下れるよう尽力を依頼していた。その理由は、帰国したが留守として頼れる人がおらず、母も江戸へ行ってしまい万事心許ないとのことである。「たしか成留主」を求めているというからには利政自身が出陣するのだと思われるが、一方で尚々書きでは、路次中ででも妻の下向について利長に相談してみてほしいと頼んでいる。これらを総合すると、利政は利長とは別行動をとり、清六は一時的にでも利長に従軍する予定だったようである。

これに先立つ慶長四年の九月以降、帰国した利長と大坂城に入った家康の関係が緊張し、長期にわたる申し開きを経て、利長・利政の実母芳春院（まつ）を江戸へ人質に出すことで講和に至った。しかし同時に利長は正室の永（織田信長の娘）が上方から帰国することを認められており、このことは豊臣政権の人質であった正室の回収に成功したのだと評価されている。[23] こうした背景を踏まえると、利政の正室も豊臣政権の人質として上方に留まっているので、これを帰国させるからには利長に断ったうえで、清六の人脈を活かし家康へ申し入れるという算段だったのではと推測される。この直後に石田三成らが蜂起して上方が西軍の制圧下に置かれるわけだが、それを見越しての工作というわけではないだろう。

2　南加賀での戦い

家康らが東国へ出陣した間隙をついて石田三成らが挙兵したという情報に接した利長は、家康に上方帰還を要請するとともに、逆徒鎮圧のために出精する意志を伝えた。七月末ごろにおける利長の戦略目標は三成方の攻撃にさらされている徳川氏の拠点伏見城を救援することで、前田勢は二十六日に石川郡の福留に着陣、小競り合いがあったものの丹羽長重の守る小松城は通過し、八月一日には大聖寺付近の松山古城に入っている。三日に大聖寺城に籠もる山口宗永父子を攻め滅ぼし、越前へ踏み入ったところで伏見城陥落の報に接し、金沢へ引き返した。

この時の前田勢は、北加賀および越中の家臣を率いる利長と、能登の家臣を率いる利政による連合軍の様相を呈していた。

〔史料11〕前田利政書状（大聖寺落着之報知につき）（金沢市立玉川図書館近世史料館蔵高畠家文書、『新修七尾市史3　武士編』所収）

以上

大聖寺落居付而早々使札満足申候、存知之外早速相済候、然共我等之手之者思之外ニ手をおい申候、何様自是可申候、恐々謹言

孫四

八月六日　利政（花押）

高畠石見入道殿

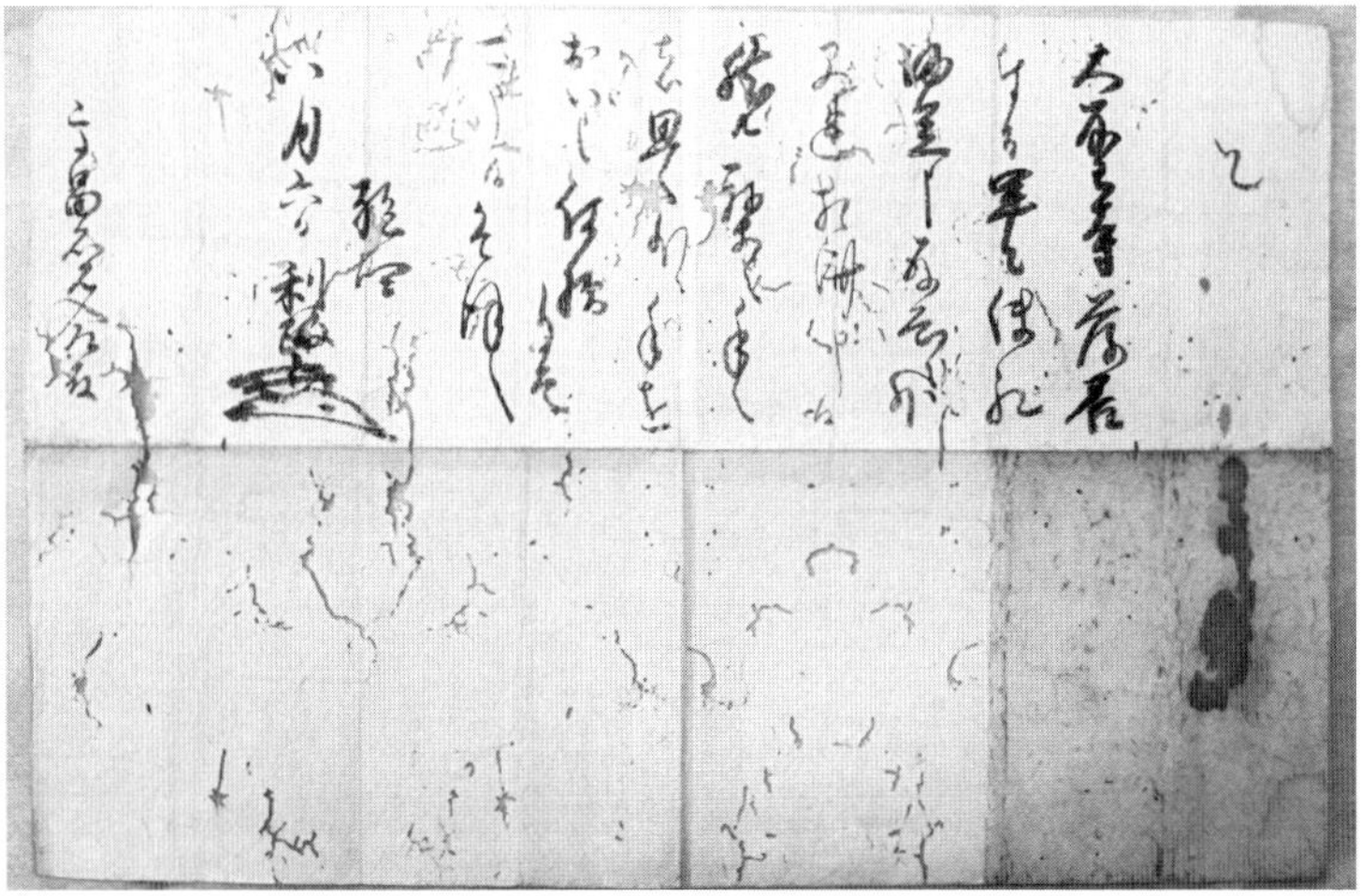

前田利政書状（大聖寺落着之報知につき）（金沢市立玉川図書館近世史料館蔵高畠文書）

領国への帰路利政は、高畠定吉に宛てた右の書中で、大聖寺城は早々に攻略できたものの予想外の痛手を受けたことを伝えている。さらに、前田勢はこの後小松城付近を通過する際に丹羽長重の軍勢から攻撃をしかけられ、一程度の損害を出しながらも丹羽勢を振り切った（浅井《あさい》畷《なわて》の戦い）。この時敵の攻撃にさらされたのは利政に属する長連龍《ちょうつらたつ》の手勢であり、領国に帰還した時点で、利政麾下の兵力は少なからず損耗していたことになる。

ところで、おそらく利長にしてみれば「南加賀や越前はすべて西軍」といった単純かつ総合的な情報としては把握できておらず、実際、前田勢が南下の過程で接する大名衆は、必ずしも敵ばかりではなかっただろう。前田勢出陣のひと月後に豊後でやりとりされた情報[24]ではあるが、「北国之儀、府中城へ大刑少（大谷吉継）人数寄色々被申候へ共、堀帯（堀尾吉晴）留守居堅固ニ申故、丈夫相抱ニ付手当残置、北庄へ通彼表ニ在陣之旨候事」と、前田勢に備えるべく北進したい大谷吉継は、越前府中城にいる堀尾家留守居衆の賛同を得られず、やむなく押さえの兵を残して北庄《きたのしょう》まで進んだという。
前田勢としては行く先々で遭遇する大名に去就を問い、相手が与同すれば麾下に加え、従わなければ踏みつぶして進む（現に大聖寺ではそうした）という態度だったろうし、むしろその行軍ルート上にいる中小規模の大名たちこそ難しい判断を迫られていた。

〔史料12〕前田利長書状（前田育徳会尊経閣文庫蔵、『新修七尾市史3　武士編』所収）

尚々今日金沢の先手をハ松任まて遣申候、以上
態令申候、仍越前地之人数小松まて相越候由申来候、自然働なと仕義有之ハ、はづれをも可申付覚悟候、為心得申入候、能州人数をもはし〳〵相越候様ニ可被申付候、為其申遣候、恐々謹言
八月十三日　　利長（花押）
孫四郎殿
進之候

さて、利長・利政が各自の領国へ帰還してほどなく、利長は南加賀における敵勢の動向を受けて先手を松任へ送った。右のとおり八月十三日付けでそのことを利政へ報じるとともに、もし再び合戦になれば利政に「はづれ」を申し付けるので、そのつもりで能登の軍勢に動員をかけよと指示している。「はづれ」は予備軍の意味に解され、この申しつけが利政の自尊心を傷つけ利長との反目を生むきっかけになったと

も言われている。(25)

右の書状と同じ十三日付けで家康は、やがて美濃方面へ進軍するとの意向を利長宛に発信した。(26) 数日後にこれを受け取った利長は、今度こそ万難を排して美濃、延いては上方へ参陣せねばと発奮したことだろう。十九日には重臣の山崎長徳《ながのり》に対し、次のような書面で宮腰から敦賀の高島屋伝右衛門方へ大筒を廻送する手配を命じている。

〔史料13〕前田利長書状（大筒上方のぼせに付）（金沢市立玉川図書館近世史料館蔵山崎庄兵衛家文書）

わさと申入候、仍此大づゝ（筒）上方へのほせ申候間、ミやのこしゟふねのびんき（便宜）につるか高嶋やかたまてとゝけ可給候、そんし（損じ）候ハぬことくによくとゝけ度候、ふねにつミ候てふね出候ハヽ、ひんき候て此方へあんなひ可給候、かしこ

八月十九日　（墨引）　ゟ

「（切封上書）
山長門　　はひ
まいる」

高島屋は前田家と懇意の商人だが、敦賀は西軍武将大谷吉継の所領である。陸上での進軍とは別に、いまだ敵地の敦賀へ向けて大筒を海上輸送させるのだとすれば、利長は少なくとも敦賀までの進撃過程をか

なり楽観視していたことにならないか。

〔史料14〕佐々正敞書状（秋田家相伝文書、『青森県史　中世2』所収）

（前略）

一、北国肥前殿《前田利長》去月之末より被相働、加州表小松羽五郎左《丹羽長重》居城へ被取懸、はし〳〵放火取出《砦》二ヶ城被申付、其より先へ被相働、大庄寺へ取懸山口玄蕃父子其外二三千も籠有之を去二日ニ責崩、山口玄蕃父子其外軍兵九百余被打果候由御注進候、然所ニ小松近辺少通路無人ニ付而、又取出ヲ可被申付、其より上方へ可被相働之旨御注進被成事、

一、丸岡青山修理、北庄青木紀伊守、府中堀帯刀かやう之衆も無別儀肥州次第之由候事、

一、大刑つるかニ居申、羽肥前殿御上之由を承、木のメ《木ノ芽》ニ取出ヲ仕ふせき可申由候て、筑前中納言殿《小早川秀秋》を為物主、其外若狭侍従《木下勝俊》、鍋嶋信濃、毛利豊前かやう之衆壱万余之つもりにて右之取出ヲこしらへ申候由候、此廿六日ニ可被成御出馬之旨候、頓而上方より御吉左右可申上候、何も委細之儀は口上ニ可被申候、恐惶謹言

八月廿二日　　　正敞（花押）

秋藤太様

御報

佐々正gao《まさたか》（正孝）が秋田実季《さねすえ》に宛てた右の書状は、金沢帰還後の利長が再度の出陣の見通しを家康に報じた時点での情報を踏まえたものである。家康とその幕僚たちは「丸岡青山修理、北庄青木紀伊守、府中堀帯刀、かやう之衆も無別儀肥州次第之由候事」、すなわち青山宗勝、青木一矩《かずのり》、堀尾吉晴などは利長に従うだろうとの認識を示しており、また小早川秀秋を主力とする西軍の「北陸方面軍」は、前田勢の南下を防ぐ前線基地を越前の平野部からはるかに後退した木ノ芽峠に設定していたことがわかる。利長がこれを把握していたかはともかく、実際再出陣すれば敦賀付近までの進軍は容易に進む条件が揃っていたように思われる。

3　利政の出兵延引

しかし利長は、利政がなかなか動員に応じなかったため、九月になっても領国を動けなかった。このころには岐阜城攻略をはじめとする東軍諸将の快進撃を聞いており、三日付けで黒田長政と藤堂高虎に宛てた書状では「すくに佐和山表可被押寄儀、弥其分候哉、様子承度候、此表之儀、一両日中ニ小松表急度可相働覚悟候」と、三成の本拠佐和山城に迫らんとする東軍主力の動向に神経をとがらせている。[27]

このような状況下で利政の出兵延引にしびれを切らした利長は、九月五日付けで老臣の村井長頼（芳春院とともに江戸に滞在）に対し、七月末以来の動向と当時の窮状を知らせた。[28]

〔史料15〕**前田利長書状**（前田育徳会尊経閣文庫蔵）

金法印《（金森長近）》よりひきゃく給候、しうちゃく申候、我等事七月廿六日ニ小松おもてへはたらき候所に、ふしミ《（伏見）》のしろせめ申候由うけ給候間、八月一日ニ大せう《（聖）》寺へはたらき、ふしミのしろのたよりにもなり可申かと存、三日に大せう寺へ取かけ、そくし《（即時）》ニせめほし、山口おやこうち取候、すなわち越前へはたらき可申と存候所に、ふしミのしろ一日ニおち申候由候、其上越後いっき《（一揆）》おこり申候由、久太《（堀秀治）》よりちうしん《（注進）》候間、まつ人しゅう《（数）》ち入候、ておいさし物いけなをし申候而、二三日中ニはたらき可申候と存候、孫四郎《（利政）》おんなとも上方にい申ニつゐて、孫四郎色々の申分候てのと《（能登）》い申人しゅおたし候ましきよし申候間、此中もしゅへことわり申候、なかは《（半ば）》にやかてもさかいめ《（境目）》へ出度候所に、かやうの事にてはかゆかす候事、てんとう《（天道）》つき《（尽）》申かと存候、かやうの申ひらき大ふ《（徳川家康）》へ申されす候事候間、われ〳〵のめいわくすいれう《（推量）》候へく候、左馬助《（村井長次）》なとハわれ〳〵かたへ人しち《（質）》を出し申候、其ほかの人もち《（持）》も大方人しちを出し申候、孫四郎かたよりわれ〳〵に色々さま〳〵のふそくかましき事申候、此ひころ、おとゝ《（弟）》いのなかにても一人ならてハなく候間、あらけなくいけんを一つ申さす候間、とうさ《（当座）》めこ上方に候つるとて、かてんすまざる事申候、此よしかうしつ《（後室＝芳春院）》へもよく申度候、大なこん《（利家）》殿おも、色々せいし《（誓紙）》なとおもいさせ候、其上かうしつなとも其方に御いり候間、一かとせいおも入候てよく候所に、かやうにふんへつちかい《（分別違い）》候事、われ〳〵しやわせあしきゆへニ候、めことも上方に御入候物とも何ほとも御入候、孫四郎ハよ《（余）》人にかわり、かうしつをゑと《（江戸）》におき、其上われ〳〵をしうにもおやにももち申候間、おんなめこらをすて候てくるしからぬ事候、おかしきしやわせ候、しかしなからせかれの事

候間、くるしからぬ事、心やすかるへく候、大せう寺の事にひきゃくまいらせ候へハ、ろし《路次》にとゝこ
うりあるましく候、かしこ
九月五日
「《端裏書》　（墨引）　ゟ
ふんことの　　はひ
まいる　」

利長は、上方に妻が留まっていることを理由に利政が能登の軍勢を出し渋っているとし、「てんとう《天道》つ《尽》き申かと存候」「われ〳〵のめいわくすいれう《推量》候へく候」などと感情をあらわにして利政を非難する。「孫四郎色々の申分候てのと《能登》い中人しゅおたし候ましきよし申候」とある部分については、利政自身が能登を動かないともとれる一方、文の区切り方によっては「能登にいる人数」すなわち能登に知行地を持つ利政付きの武将たちを動かそうとしないとの意味にもとれる。後者であれば、利政が能登一国の大名として強い軍事指揮権を持つことをうかがわせる。書状中、この後に「左馬助《村井長次》なとハわれ〳〵かたへ人しち《質》を出し申候、其ほかの人もち《持》も、大方人しちを出し申候」とあることから、この時すでに利長は、利政所属の家臣たちから人質を取り、利政からの切り離しを図っていたとみられる。能登衆のうち最大の勢力である長氏に関してはこの工作が難航したのか、九月九日付けで長連龍宛ての血判起請文をしたためている。

〔史料16〕前田利長血判起請文（長家文書、『長家文献集』所収）

敬白天罰起請文前書之事

一、十左衛門尉（長好連）身上之事其方同前ニ行候迄疎略有間敷候事、

一、十左衛門尉此方へ奉公之事并以後能州ニて知行分之事、孫四郎（利政）手前無異儀様に理可申事、

一、其方父子手前之義に付て若中説於有之者、遂穿鑿有様之筋目可相究之事、

（神文省略）

羽柴肥前

利長（花押・血判）

慶長五年九月九日

長九郎左衛門尉（連龍）殿

全体として長連龍・好連《よしつら》父子を粗略にしないことを誓う内容となっているが、特に二条目にある「此方へ奉公」は、この場合長氏が利長と軍事行動をともにすることを示していると考えられる。利政の意向に反して利長に従ったとしても、能登での知行は保証され、利政によって不利益を被ることがないよう配慮するとの誓約であろう。利長はこのようにして利政麾下の軍勢を自軍に収め、十一日に再び金沢を出陣した。

利政は妻の身を案じたために出陣できなかったとのことで、確かに東軍大名たちの妻子は、大坂に留まっている以上西軍の人質に取られているも同然である。また、利政は以前から反家康の立場をとってい

たという説もある。しかし、それならばなぜ彼は最初の出陣には積極的に参加していたのか。これについては、この戦役の構図を大名たち（利長や利政を含む）がいかにとらえていたか、段階的に整理する必要がある。石田三成と大谷吉継が反家康を掲げて挙兵したことを知った時、家康も利長も、あくまで自分たちは豊臣政権の担い手、あるいはこれを奉じる者として反乱勢力を鎮圧するのだと考えていたはずだ。当初、淀殿や豊臣政権の三奉行（増田長盛・長束《なつか》正家・前田玄以《げんい》）も利長と同じく家康に上方への帰還と逆徒鎮圧を要請しており、七月二十七日時点で家康とその幕僚は豊臣政権の中枢である大坂城は反乱勢力と距離を取っていると考えていた。[29] しかし二日後の二十九日には、三奉行が三成らに取り込まれ家康追討の檄文を諸国へ送ったことを知り、官軍としての建前を失った家康は江戸から動かなくなった。[30] 利長に対しては、七月十七日付けで毛利輝元と宇喜多秀家が連名で、家康を弾劾し秀頼への忠節を求める書状[31]を発している。利長が三奉行や二大老（輝元・秀家）の三成加担を知ったのが正確にいつだったかはわからないが、南加賀における進軍過程で、上方情勢について何らかの認識の変化があったと思われる。

利長と行動をともにしていた利政にとっても、政権の首府である大坂は安全と思っていたはずが、大坂城を含む上方が西軍の制圧下に入ったことを知って以降、俄然危機感が強まったに違いない。[32] 先の九月五日付けの書状において利長が「孫四郎はよ《（余）》人にかわり、かうしつ《（芳春院）》をゑと《（江戸）》におき（中略）おんなめこらをすて候てくるしからぬ事候」と憤っているように、この辺りから、正室の永を領国へ取り返せた利長との間で、西軍に対する継戦意識の差がうまれたのではないか。

利長が家康に合流できないまま、九月十五日の美濃関ヶ原における合戦で西軍主力は壊滅した。

4　利政の廃嫡と改易

前田勢が再び南進するにあたり、九月八日ごろから前田氏、丹羽氏双方の重臣が手取川北岸の水島付近で和睦交渉をするために連絡を取り合っていた。十八日には丹羽長重をはじめとする大名たちと起請文を交換しており、利長が長重に宛てた起請文は次のとおりである。

〔史料17〕前田利長血判起請文（丹羽長聴氏蔵、『新修小松市史　資料編1　小松城』所収）

敬白天罰起請文前書之事

一、今度申合上者、内府公（徳川家康）御前之儀、無親疎馳走可申候事、

付於手前表裏別心抜公事有之間敷候事、

一、何様之出入有之共、互見放申間敷候事、

一、弟猿（利常）を遣候上者、万事不残心底孫四郎（利政）同前ニ可存事、

一、自然中絶中意於有之者、以直談可申済候事、

一、此跡互之出入之儀打捨、存出間敷候事、

（神文省略）

羽柴肥前守

慶長五年九月十八日　　利長（花押・血判）
羽柴加賀守殿

　利長は第一条で「内府公御前無親疎馳走」すべきこと、すなわち家康に対してのとりなしを約束している。越前金津城主溝江長氏宛の起請文[33]でもみられるこの文言は長重から利長への起請文[34]にはなく、今や利長が圧倒的に有利な立場にあることがうかがえる。

　長重の方では、早くも八月二十二日付けで家康に対し利長と和睦する意向を伝えていたようで、これを受けた家康の幕僚は「肥前殿と御入魂可被成之由被仰下候、内府別而満足被仕候」と、家康がそれを歓迎している旨を伝えた。[35]和睦にあたり、長重は弟の長紹を、利長はやはり弟の猿（後の利常）を人質に出した。起請文で利長が「弟猿を遣候上者、万事不残心底孫四郎同前ニ存候事」と述べているのは、本来前田氏からは利政を出すべきところだが、利常を利政と同等の存在であるとし、人質としての重みを強調したものだろう。翌十九日には大聖寺へ進み、琵琶湖畔の海津へ出て二十二日に大津で家康と会見した。先の起請文のとおり利長は家康の御前で丹羽長重らを粗略にはしない旨を誓約していたが、結果的に長重は所領を没収された。このことについては、利長は長重ら大名のために弁明したかもしれないが、関ヶ原へ参陣できなかった理由として小松との戦いを挙げたことが長重改易の根拠となり、これが長重には利長による讒訴《ざんそ》と映ったという重要な指摘がなされている。[36]再出陣を渋った利政もこの後改易されているのは、同様に利長が弟の不手際を家康に訴えたのではないかと思われる。

一方利政は、九月十七日付けで自身の家臣たちに知行を加増している。自分が改易されるとは思ってもいなかったことを示しているとの指摘[37]もあるが、むしろその危険を感じたからこそ家臣たちへの論功行賞を急いだとは考えられないか。

家康が豊臣政権の主宰者として利政を処分するにあたり、利長の主張がどの程度影響したかはわからないが、とにかく利政は能登の大名としての地位を奪われる結果となり、京都嵯峨に隠棲した。

第3節　直之の召し抱えと芳春院

1　利政改易後の前田氏

利長は、丹羽氏、山口氏の旧領である南加賀二郡に加え、利政旧領の能登も与えられた。これにより父利家の生前に得られた前田氏領国の規模をはるかに上回る、一二〇万石にも及ぶ版図を手中にした。一方、唯一の同母弟であり、自身の後継者になるはずだった利政を切り捨ててしまうという代償も払った。また、そもそも利長の最もこだわったところは、徳川家への軍事的貢献と引き換えに母芳春院の返還を実現することだったと思われるが、これは利長の死に至るまでついにかなわなかった。

後継者問題については、利家の四男利常（幼名は猿、元服後の初名は利光）を利政に代わる嫡子に指名し、この意向を聞いた家康は嫡子秀忠の次女珠姫との縁組を持ちかけた。以後徳川氏との緊密な関係が続くが、慶長年間の特に前半における前田家中では、親徳川・反徳川両派が家中を二分する対立構造を持っていた。利長は慶長七年（一六〇二）に反徳川派の首魁である太田長知《ながとも》を誅殺し、十六年には本多政重《まさしげ》（正信の次男）を登用して公儀向きの調整にあたらせたが、豊臣氏が存続している限り、親徳川派の精神的支柱というべき利常・珠姫夫婦に対する家中の反感は残ったと思われる。また同時に、隠遁生活を送っているとはいえ、利家と芳春院の子である利政が生きている以上、彼に心を寄せる家臣も多かっただろう。

慶長十年四月、利長・利常は徳川秀忠の将軍就任を機に連れ立って伏見へ赴き、利常は元服した。これ以後「松平筑前守」が彼の公称であり、また従四位下侍従に叙任される口宣案では「源利光」となっていた。「羽柴」名字と「豊臣」姓を名乗り続けた兄二人とは対照的で、利常は大名としてのデビュー以来、明確に徳川氏の権威を背景に持つ存在だったといえる。後年、大坂冬の陣・夏の陣に参戦した際も、利常率いる前田勢は両陣ともに岡山口を進む将軍秀忠（天王寺口の大御所家康ではなく）の先手を務めており、利常は内外に「将軍の聟《むこ》」として認知されていたのである。

慶長十九年五月二十日に利長が没した後は、利長が引き立てた本多政重・横山長知《ながちか》に加え、高岡で利長が召し使っていた家臣たちが多く抜擢されて初期の利常政権を支えた。しかしながら、利家以来の譜代家臣が居並ぶ前田家中にあって、彼らの地位は必ずしも盤石でなく、特に利長の晩年には「出頭人《しゅっとうにん》」ゆえの立場の弱さと混乱が目立っている。[38] 利常自身も含め、さしあたって彼らの強みは故・利長の薫陶を受けたことと、徳川政権のもとで他を圧倒する官位を受けたことで、特に後者に関していえば、元和期以降、豊臣期に陪臣叙爵した年寄たち（彼らは同時に利家以来の歴々の重臣でもある）が次第にいなくなることでようやく利常―本多・横山ラインの権威が確立したといえるのではないか。

2 芳春院の動向と直之江戸下向の工作

慶長九年三月、利政の子直之《なおゆき》が京都で誕生した。芳春院は唯一の男孫である直之が三歳の時、密かに江戸へ引き取って育て、また七歳になった彼を伴って京都の利政を訪れ、実子として認知するよう求めたという。[39] さらにこれと前後して直之は、高岡の隠居利長のもとに引き取られた。

さて江戸の芳春院は、利政の大名としての復権を家康に願い出ており、慶長期の後半にはいったん許しを得られたようである。

〔史料18〕**芳春院自筆書状**

一ふて申まいらせ候、このさけ、おたわらよりまいり候まゝ、まいらせ候、御しやうくわん（賞翫）候へく候、
又申候、まこ四郎（利政）事、大御所（徳川家康）さまよりくにはし（国端）にもおきまいらせ候へとおほせいたされ候て、さと殿（本多正信）
よりひせん（利長）へ文まいり申候、きのふ御返事御入候、何やうにもきよひした（御意次第）いとの御事にて候、かしく、

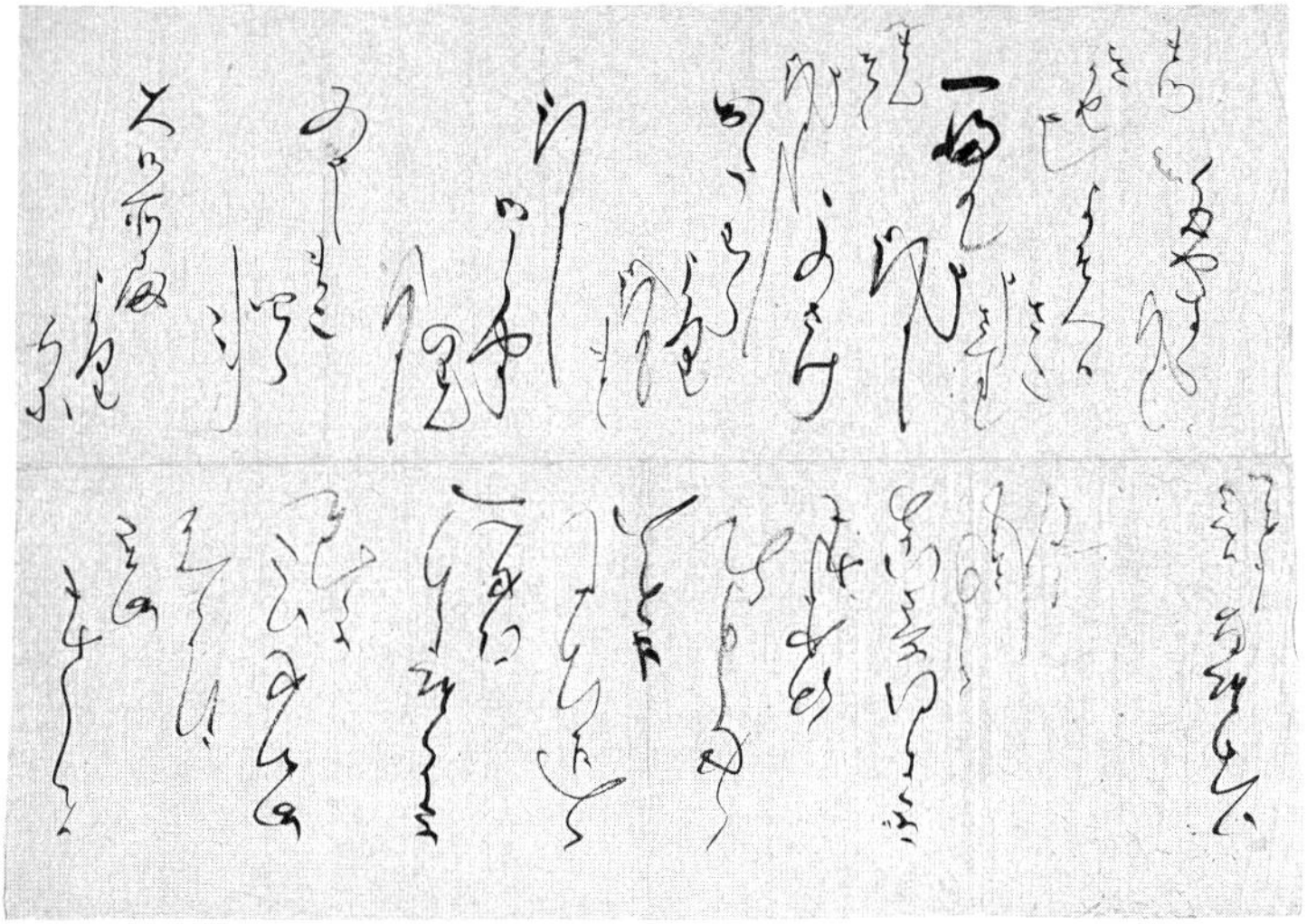

芳春院自筆書状　いつも宛

御心やすく候へく候、よそへハさた申さす候、まつきかせ申候、まんそく申まいらせ候、かしく

いつも（村井長次）殿まいる　　はう（芳春院）より

申給へ

本状は芳春院の末娘の千世《ちよ》が再嫁した村井家に送られたもので、ここに「くにはしにもおきまいらせ候へ」とあるように、前田領内に分知する形で利政の大名復帰を認める意向を家康が示し、その旨を本多正信から利長へ申し送った、まだ誰にも伝えていないと芳春院は喜びを表している。ところがこの話は反故にされたらしく、千世に宛てた後日の書状(40)では「まこ四郎事、はしめハする〱としたる御返事申され候て、いま何かとの事候、せひもなく候」「大御所さまの御くちハ大かたよく候」「ふつしん（仏神）に

もやう〳〵はなされたるわか身と思ひまいらせ候」と家康の不実を恨んでいる。

芳春院の運動と時期を同じくして、前田家中には京都の利政に音物を贈る者が現れ、利政自身も領国の様子を気遣う書状をたびたび送っている。大病をした利長の容態を見舞うなど、利政は兄弟の関係修復を求めていたともいわれる。

このように利政の家系の復活を強く望む芳春院と利政・直之父子の存在は利常の地位を脅かすもので、特に自身を後継者としてくれた利長が直之を引き取ったことは、利常にとって誠に心穏やかでなかっただろう。元和元年（一六一五）九月、利常は本多政重を通じて、直之を江戸へ遣わし将軍秀忠の小姓とするよう画策した。かつて芳春院が人質として江戸へ下向する際に随行し、やがて秀忠から知行を受けた利孝《としたか》（利家の五男、上野国七日市藩祖）の先例があるので、ありえない話ではなかった。

政重が直之の江戸下向を父本多正信に打診した書状[41]では、家中に芳春院への恩義を感じ利政を気遣う者が多いこと、そして直之が国許にいることを利常が不快に感じているとの実情が赤裸々に語られる。さらに同書状では「ちくぜん（利常）すこしもぞんぜざるやうニ被成、そこもとへ御ないしやうにてめしよせられ候やうちくせんかたへおほせくだされ候やうニ、しやうくん（秀忠）様へおほせあげられくだされ候ハんよし被申候事」と、利常の関知しないところで直之江戸下向の話が持ち上がったものとして将軍秀忠へ言上してほしいと依頼している。前田家中での不安定な立場ゆえに、岳父秀忠と幕閣に信頼を寄せる当時の利常の姿が見てとれる。

正信はじめ幕閣はこれを受け入れて秀忠の御意を得るところまで進んだ。芳春院も一緒に江戸へ下らせ

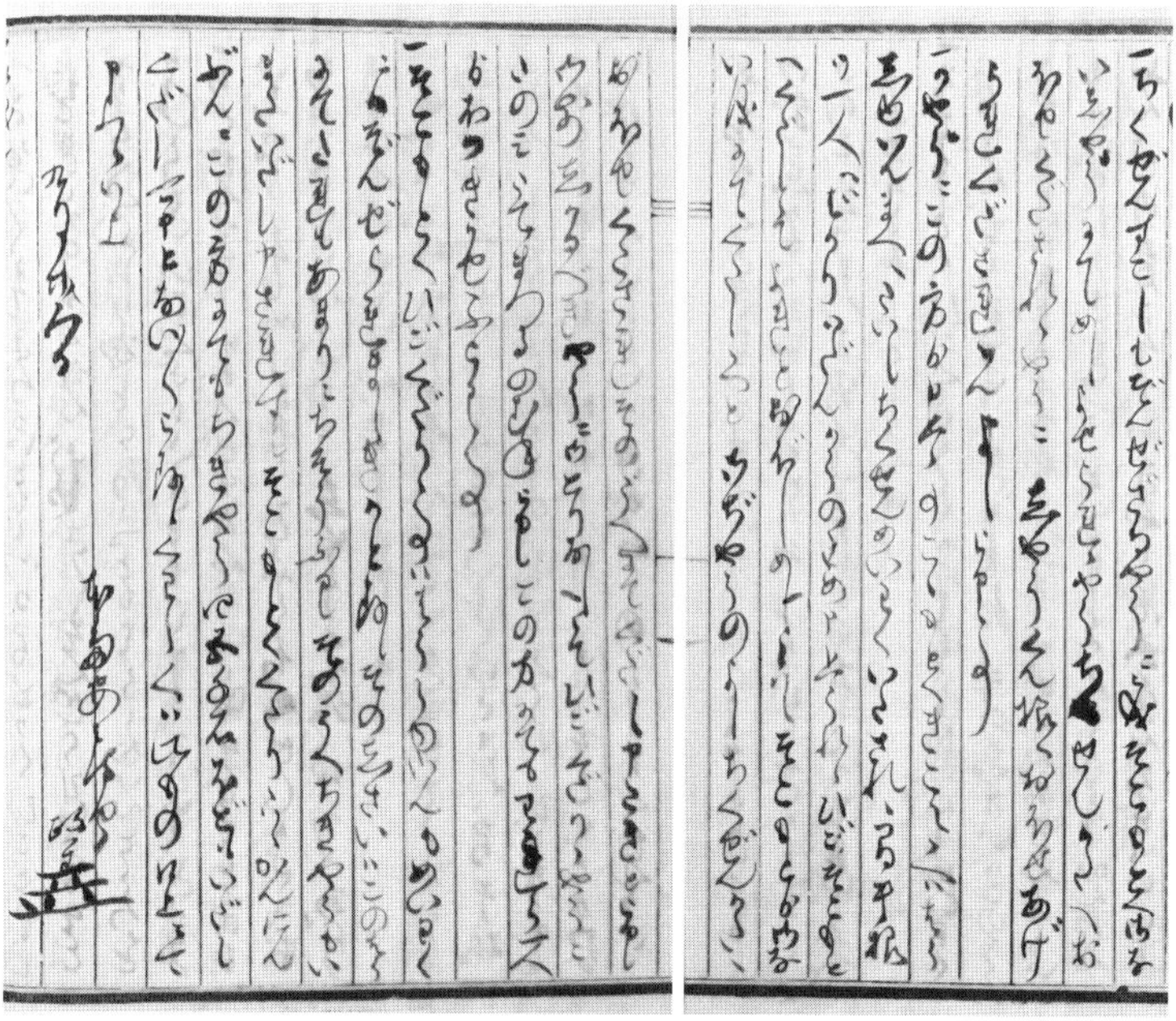

本多政重書状写（加越能文庫蔵「本多家古文書等」より）

るかとの提案に対し利常は、そうしたいところだが江戸にいる母寿福院と芳春院との不仲が懸念され、そもそも芳春院が承知しないだろうとの理由を述べて辞退している。[42] このようにして着々と計画は進められたが、その後大御所家康が病没し、葬儀が執り行われる中でうやむやになり、結局将軍家での直之召し抱えは実行されなかったとされる。

3 利常による直之召し抱え

〔史料19〕前田利光知行宛行状

以分国之内、弐千石之所遣之了、全可被致支配之状、如件

元和元年

十一月十三日　利光（花押）

前田肥後守殿

右のとおり、元和元年十一月、利常は直之に二〇〇〇石の知行を与えた。これはあくまで「堪忍分」としての知行宛行で、このころは利常・政重と幕閣による直之江戸下向の工作が進められていた。おりしも、利常夫人珠姫が出産を控えており、本宛行状発給の七日後、十一月二十日に珠姫は利常の長男（後の光高《みつたか》）を産んだ。将軍の孫である跡継ぎを得たことで、利常の不安は解消されたかに見えたが、前述のとおり、翌年に至るまで利常らは工作を続けている。これが結果的に実行されなかったことについては、元和三年七月の芳春院の逝去により、直之を前田家の家督に据えようとする動きがなくなったのが大きな契機になったと思われる。

前田土佐守家の伝えるところでは、芳春院は臨終に際し、直之に一万一〇〇石を与えたいとの遺志を示

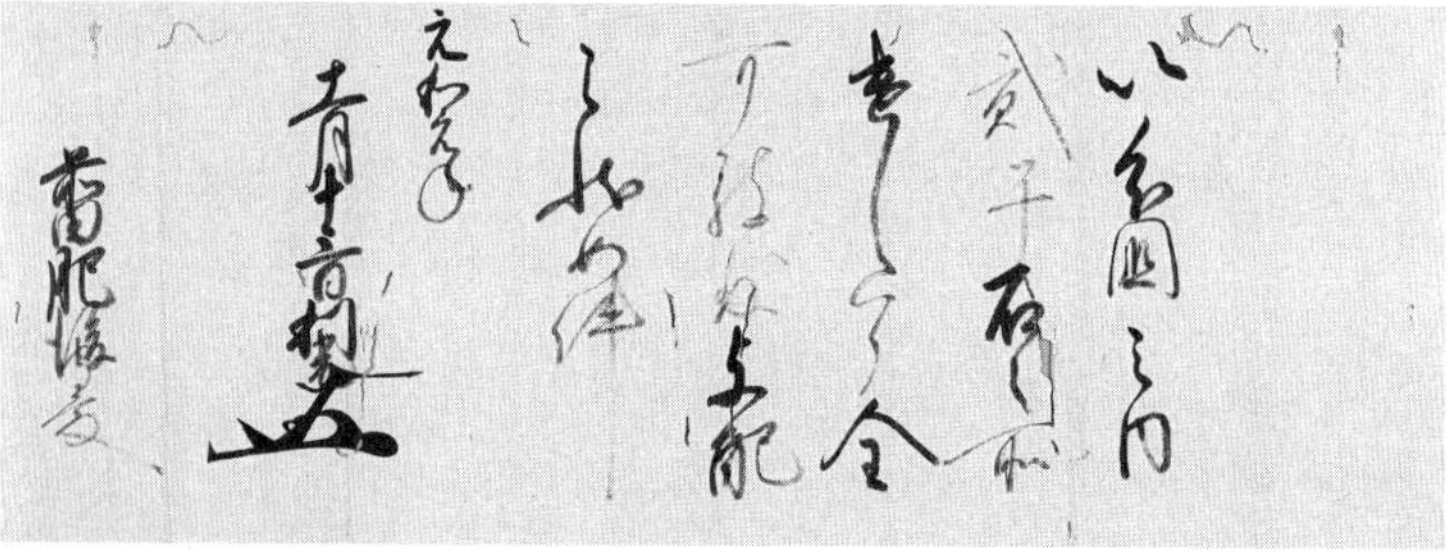

前田利光知行宛行状

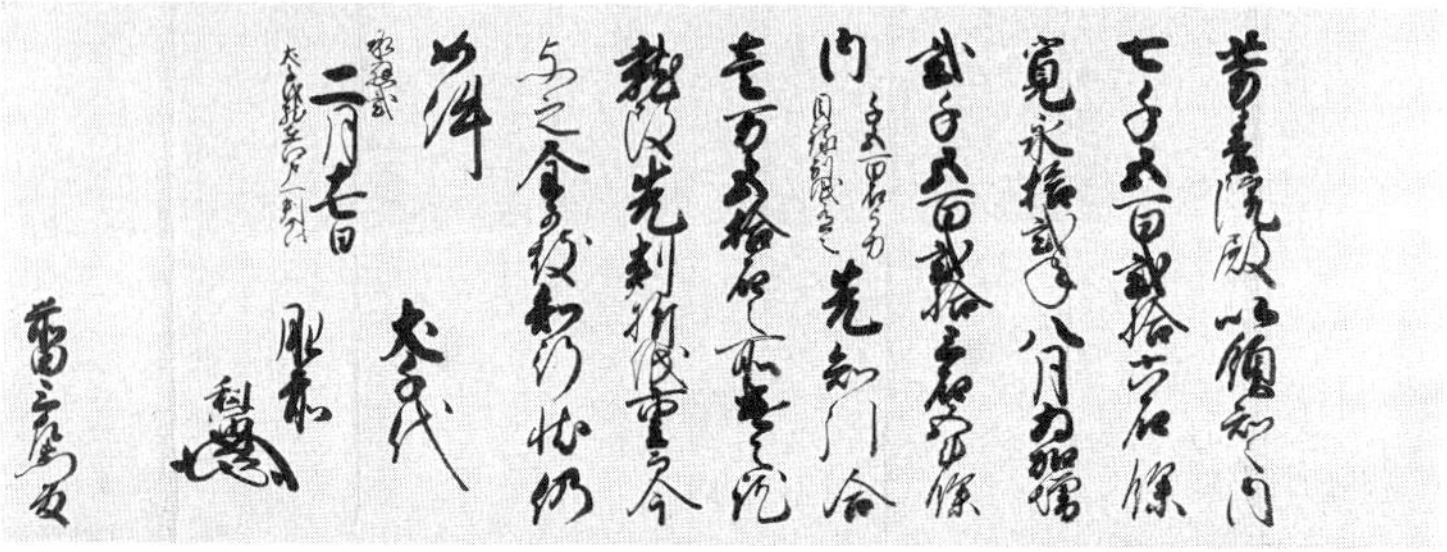

前田犬千代・前田利常知行宛行状

したという。(43)利常はこれを受け、まず芳春院の遺領の内から七五二六石余を与え、寛永十二年（一六三五）に二五二三石五斗余を加増、都合一万五〇石を宛がった。この知行は利常が孫の犬千代（後の綱紀《つなのり》）を後見していた承応二年（一六五三）に更新された。

〔史料20〕前田犬千代・前田利常知行宛行状

芳春院殿以領知之内、七千五百弐拾六石余、寛永拾弐年八月為加増弐千五百弐拾三石五斗余、内千五百石与力、目録別紙有之、先知引合壱万五拾石之所遣之訖、就改先判折紙重而今与之、全可致知行状、仍如件

承応弐

二月十七日　　犬千代

犬千代就在江戸一判如此　肥前

利常（花押）

前田三左衛門殿

おわりに

利政は、少なくとも慶長期の間は「羽柴孫四郎」の名乗りを維持していた。このことについては、直之の元服まで落飾せず、自身の起こした家系を維持しようとしたのではないかといわれている。(44) 一転して元服後の直之（「肥後」後に「三左衛門」と称した）宛ての書状では、「宗西」あるいは「宗悦」の号を使っているので、これは妥当な指摘だろう。京都に移り住んで以来、前記のように大名としての復権の動きもあり、大坂の陣に際して豊臣方からの勧誘があったともいうが、本阿弥《ほんあみ》光悦《こうえつ》や豪商角倉《すみのくら》家との交流を持ちながらあくまで文化人的な余生を過ごし、寛永十年（一六三三）まで生きた。

利常治世の初期、彼の兄弟たちは概して不遇だった。利家三男で利常の兄にあたる知好《ともよし》は、安勝・利好の家系を継ぎ七尾城代として活動したが、大坂の陣において後備に配されたことを不満に感じていた。一国一城令を受けて七尾を立ち退き、利常の統治に「利長公御遺言」に違うことがあったため京都に引き籠もったという。彼は寛永五年、「御用立不申相はて候義、むねんに存候」(45)という言葉を遺して三十九歳で没した。

また、利家六男で利常の弟にあたる利貞《としさだ》は、慶長末年まで五〇〇石取りであったところ、大坂の陣への出陣に際して急遽五五〇〇石の大身に取り立てられた。しかしその身代に見合った軍役を果たせず、家中の維持に困難をきたしたため、元和六年（一六二〇）に知行の返上を申し出て致仕し[46]、同年中に二十三歳で没した。

その後、利常の後を継いだ光高の時代には本多政重・横山長知に代わる新たな年寄の体制が模索され、一門からは前田貞里《さださと》（利貞の子）が台頭し、また小松に隠居した利常のもとでは前田知辰《ともとき》（知好の子）が重用された。

しかし直之はまだ政治の表舞台に現れていない。慶安四年（一六五一）徳川家光が危篤になった際に軽率な江戸出府を戒める利常の書状、そして承応三年（一六五四）改作地への下代派遣を禁じる旨を周知する利常の書状の宛名では、当時の年寄たちに混じって直之の名も見える。利常晩年の直之は、藩政に参画しないまでも家中に重きをなす人物として認知されていたようである。

万治元年（一六五八）に利常が没すると、翌年藩主綱紀（当時は綱利）は利常の家臣たちが引き上げた跡の小松へ、城代として直之を派遣した。前田土佐守家が加賀藩年寄として確固とした地位を占めるのはまだ先であるが、こうして直之は、前田氏の統治の一端を担う立場に位置づけられたといえよう。

註

（1）八家を構成するもう一家の前田家、前田対馬守家は、利家の長女を妻とした前田長種を家祖とする。彼は荒子（現名古屋市中川区、利家の出身地）よりも伊勢に近い海岸部を拠点とした前田与十郎家の出身。

(2) 野村昭子『敗者にあらず　前田利政』(北國新聞社、二〇〇九年)。
(3)「天正十四年上洛日帳」(市立米沢図書館蔵、『新修七尾市史3　武士編』所収)。
(4) 利家が「前田筑前守」と名乗る史料は天正十四年のみに見られ、景勝謁見時のものとわかる。
(5) 橋本政宣・岸本眞実・金子拓・遠藤珠紀校訂『史料纂集古記録編　兼見卿記　第4』(八木書店、二〇一五年)。
(6)「松雲公採集遺編類纂(三輪伝書)」(加越能文庫、『新修七尾市史3　武士編』所収)。
(7) いずれも日置謙編『増訂加能古文書』所収)。
(8)「前田利長書状」(前田育徳会尊経閣文庫蔵、『新修小松市史　資料編1　小松城』所収)。なお、近年偽書であるとの指摘がなされた利長宛の利家遺言状でも、利政のことを「子共弟ともおもわれ」るよう訓示するくだりがある。仮にこれが偽書であったとして、偽作者が利長・利政兄弟の関係をそのように認識していた点は注目すべきである。
(9) 田中教忠氏蔵文書、木下聡編『豊臣期武家口宣案集』(東京堂出版、二〇一七年)所収。
(10) 橋本政宣・岸本眞実・金子拓・遠藤珠紀校訂『史料纂集古記録編　兼見卿記　第5』(八木書店、二〇一六年)。
(11) 時慶記研究会編『時慶記』第一巻(臨川書店、二〇〇一年)。なお、同部分にあがっている「賀加ノ侍従」を『加賀藩史料』では利政ととらえているようだが、刊本『時慶記』では南加賀に所領を持つ丹羽長重としている。連名の顔ぶれには四位の大名が多く確認できるので、丹羽長重と見なすのが妥当ではないか。
(12) 秀吉が室町将軍の例に倣った大名家への訪問で、前田屋敷への御成はその最初のものだった。
(13)「駒井日記　坤」(藤田恒春編校訂『増補駒井日記』文献出版、一九九二年)。
(14)「豊太閤前田邸御成記」(前田育徳会尊経閣文庫蔵、『新修七尾市史3　武士編』所収)。
(15)「織田信雄等二十七名連署血判起請文」(大阪城天守閣蔵)。
(16) 利家や利長の随身として叙爵した前田家臣たちも口宣案には「豊臣」姓で記される。
(17) 例えば加藤清正をはじめとする豊臣家の「譜代大名」たちは「羽柴」名字を名乗らなかった。
(18) 石野友康「織豊期加賀前田氏の領国支配体制」(『加能史料研究』八、一九九六年)。
(19)「前田利家書状写」(「松雲公採集遺編類纂(三輪伝書)」加越能文庫、『新修七尾市史3　武士編』所収)。
(20) 大西泰正『前田利家・利長　創られた「加賀百万石」伝説』(平凡社、二〇〇九年)。
(21) 一例として、「加藩国初遺文」(加越能文庫)のテキストより。

(22)鷹商として、また中央政権と奥羽諸大名との取次役として強い影響力を持った。
(23)「加賀征伐」や「慶長の危機」として知られてきた事件だが、前掲注20大西氏著書によって、実際に利長討伐が発令されるような事態ではなかったと指摘されている。人質回収についても大西氏の指摘するところで、この経過を家康に対する一方的な屈従とする見方を改めるものである。
(24)「有吉立行・松井康之連署状」(神戸大学大学院人文学研究科蔵中川家文書)。
(25)見瀬和雄「関ヶ原合戦前後における前田利政の動静」(『金沢学院大学紀要』文学・美術・社会学編一二、二〇一四年)。
(26)「徳川家康書状写」(「旧藩遺文」加越能文庫、『新修小松市史　資料編1　小松城』所収)。
(27)「前田利長書状」(「御感書」福岡市博物館蔵、『黒田家文書　第一巻　本編』所収)。
(28)この内容と特徴については見瀬和雄「関ヶ原合戦前夜の北陸と前田利長―慶長五年九月五日付前田利長書状―」(佐藤孝之編『古文書の語る地方史』吉川弘文館、二〇一〇年)が詳細に紹介している。
(29)「榊原康政書状」(秋田家相伝文書、『青森県史　中世2』所収)。
(30)笠谷和比古『徳川家康―われ一人腹を切て、万民を助くべし―』(ミネルヴァ書房、二〇一六年)。藤井譲治『徳川家康』(吉川弘文館、二〇二〇年)。
(31)「毛利輝元・宇喜多秀家連署状」(前田育徳会尊経閣文庫蔵)。本状の所在と発給時の状況については大西泰正氏のご教示を得た。
(32)なお、利長・利政の同腹の妹である千世は当時細川忠隆に嫁いでおり、義母にあたる細川ガラシャが三成方の人質になることを拒んで自害した時、ガラシャの指示により細川屋敷を脱出した。七月十七日に起こったこの事件がいつ伝わったかはわからないが、利政にとって文字どおり他人事ではなかったといえよう。
(33)「前田利長起請文」(成簣堂文庫、『越前金津城主溝江家　溝江文書の解説と資料』所収)。
(34)「丹羽長重起請文写」(丹羽歴代年譜、『新修小松市史　資料編1　小松城』所収)。
(35)「西尾吉次・利氏連署状」(益田孝氏所蔵文書、『新修小松市史　資料編1　小松城』所収)。
(36)『湊村の歴史』(石川県美川町、二〇〇四年)。
(37)前掲注25見瀬氏論文。

(38) 本多政重は自身が「公儀日かげ」の身であることを理由に表立った家中統制への関与を固辞し続け、横山長知は他の重臣との対立の末、利長の死の直前に前田家を出奔した。大名の特別の恩寵を受けた家臣が担う初期藩政の様相は、清水聡「元和期加賀藩における幕藩制的秩序への編成と藩政の成立―出頭人政治の創出とその政治的意義―」(『加能史料研究』一七、二〇〇五年)などで明らかにされている。

(39) 見瀬和雄「前田利常の家中統制―前田直之の処遇をめぐって―」(『金沢学院大学紀要「文学・美術編」四』、二〇〇六年)では、「男子を取り上げない」とする利政の方針が利常周辺の配慮による可能性を示唆している。以下、本節は全体として見瀬氏の論考に負うところが大きい。

(40) 「芳春院自筆書状」(前田土佐守家資料館蔵、家政三一一)。

(41) 「本多政重書状写」(「本多家古文書等」二、加越能文庫)。

(42) 「前田利光書状写」(「本多家古文書等」二、加越能文庫)。

(43) 「前田土佐守家家譜」(前田土佐守家資料館蔵、家政九七)。

(44) 前掲注39見瀬氏論文。

(45) 「前田知好遺書写」(「前田修理家譜」加越能文庫)。

(46) 「前田利貞書状写」(「前田貞醇蔵文書」、『加賀藩史料』第二編所収)。

第2章 加賀藩年寄の成立と職務

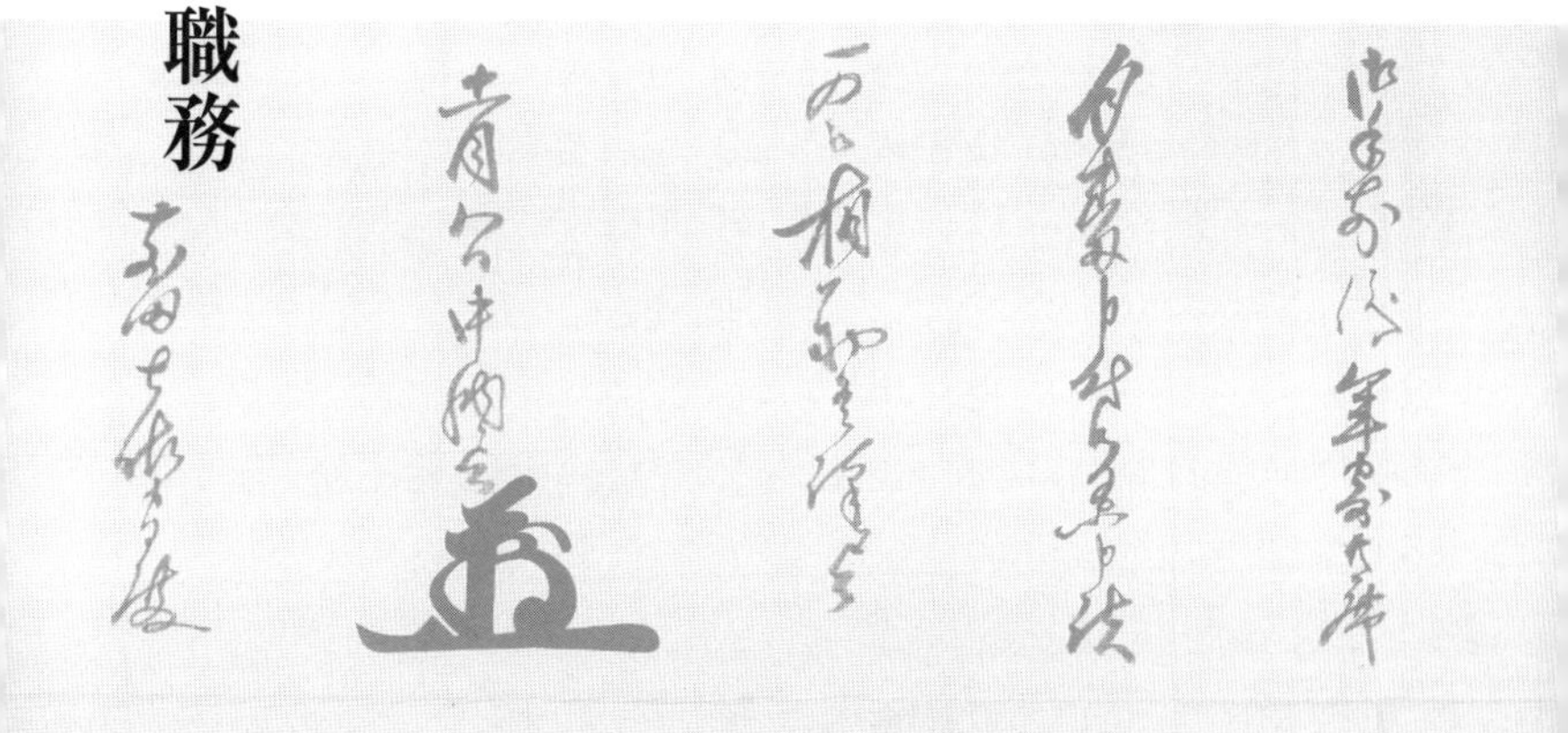

前田直信年寄共席月番申付状

はじめに

加賀藩の重臣である「年寄」の呼称は、慶長期からみられるという。(1)慶長十年（一六〇五）には年寄衆連署奉書が登場し、それまでは大名が印判状・判物で重要法令を下達していたが、その一部を年寄衆が連署奉書で代行するようになった。(2)近世初期の年寄衆のなかでも、三代藩主利常《としつね》（元和期以降）・四代藩主光高《みつたか》の時代に執政として大名権力を補佐した本多政重《まさしげ》・横山長知《ながちか》の二人については、以前から注目されており、両人の職掌などが議論されている。(3)また、両人以外の年寄衆についても、発給文書からその時々の構成・職掌が明らかにされている。(4)

年寄衆の構成が、のちの時代のように本多家・長《ちょう》家・横山家・前田家（長種系《ながたね》）・奥村宗家・奥村支家・村井家・前田土佐守家の八つの家の当主に固定化するのは元禄期以降である。これ以前の「年寄」は役職や家格を指したが、宝永期以降は、世襲的に八つの家が年寄に属したため家格名として用いられ、のちに「八家《はっか》」「年寄衆八家」(5)と呼称された。この年寄の成立に大きく関わったのは、五代藩主綱紀《つなのり》である。綱紀の在位期間は七九年と長く、幕末まで続く年寄衆八家の成立の画期となった貞享三年（一六八六）の職制改革を行ったほか、番方（軍事）組織を中心に家臣団組織の改編を行い、多くの職を新設した。そして、多少の変化はあったものの、それらは幕末まで維持された。また、綱紀は家臣団の職制・家格の整備にとどまらず、様々な法度を定めた。綱紀死後においても、綱紀期に定められたことが、ある面では祖法化し、守るべき先例とされ、その時々で参照されている。[6] 綱紀期は、藩政の成立・展開を理解する上でも重要な時期であり、年寄の成立を語る際にも欠くことができない時期である。

貞享三年の職制改革以降の年寄は、それ以前の年寄から地位や役職の一部を引き継いだが、その役職が職として制度的に成立していくのは同改革以降である。年寄の役職・家格は、家臣団・藩政運営において年寄という存在を規定するものであり、それらの成立を年寄の成立の要件とみてよいだろう。しかし、これまでの研究では、綱紀が行った貞享三年の職制改革に注目しているものの、[7] その改革後の展開をふまえた年寄の成立過程や、年寄が勤めた役職、さらには年寄という集団がどのような仕組みをもって世襲的に存在していたかについては必ずしも検討されていないといえる。

右の研究状況をふまえ本章では、まず綱紀相続後における重臣体制から貞享三年の職制改革に至るまでの展開、同改革の内容、改革後における年寄の様相、諸役の成立などを論じ、年寄の成立過程をみていく。次に、成立後における年寄が勤めた役職の就任過程から、役職の全体像を示し、さらにこの就任順序に深く関わる年寄の座列について説明する。役職就任過程からは、年寄の世襲制を維持するための工夫がみられる。同様に年寄の世襲制維持にとって重要であった後見制についても説明する。そして、最後に年寄が就いた役職の職務内容、職務の実態を明らかにする。ただし、職務についてはいまだ不明なものも多いので、いくつかの役職に限定することを予め断っておく。

第1節　年寄成立の画期

年寄成立の画期としては、貞享三年（一六八六）の職制改革（以下、職制改革）があげられる。ここでは、綱紀の家督相続後における重臣の状況を簡単に確認した上で、職制改革の内容を述べていく。

1　職制改革前の重臣―綱紀家督相続後

四代藩主光高の死去により、正保二年（一六四五）六月、幼少の綱紀が相続した。後見役は、祖父の利常であった。光高死後の金沢においては、数人の重臣が隠居した利常の意向を受けながら政務を執っていた。[8] しかし、メンバーの死去などにより、その体制は数年しか続かなかった。その後は、利常の隠居領であった小松に詰めた者を中核に、金沢に詰めた者などが加わるかたちで政務が執られた。[9] 利常が参勤する前には、具体的な職掌を申し渡しているが、文書発給の際に数人の連判を必要としている点[10]は留守中の恣意的で不適当な決断を避けることが目的であったと考えられる。その点から、重臣の体制がいまだ確立していないことがわかる。

万治元年（一六五八）十月十二日、利常が死去した。利常に代わり綱紀の後見役を勤めたのは舅の保科《ほしな》正之《まさゆき》であった。保科後見期が始まると、まず利常の死去による動揺を起こさせないために様々な定書が出された。また、同二十三日には、三人（前田孝貞《たかさだ》・奥村庸礼《やすひろ》・津田正忠）が「御国仕置《しおき》」（国中仕置）に任じられ、同二十七日には、綱紀が重臣（本多政長・長連頼《つらより》・横山忠次・小幡長次・前田孝貞・奥村庸礼・津田正忠・今枝近義《ちかよし》）へ職務内容などを申し渡している。[11] この時期は、「国之仕置」衆は四人（本多政長・長連頼・横山忠次・小幡長次）、「国中仕置」衆は三人（前田孝貞・奥村庸礼・津田正忠〈万治三年に死去後は、奥村栄清が加わる〉）、江戸向御用は今枝近義と明確にグループ分けされていた。「国之仕置」衆は、月に二度寄合を行っていた。一方、「国中仕置」衆は月番制がとられていた。また、同日には、「国之仕置」衆の職務内容についても、彼らに申し渡しており、そこから公儀《こうぎ》向きなどの重要な職務を勤めていたことがわかる。[12] これらのことが書かれた史料のなかで、注目されるのが「中納言殿（前田利常）如在世」と前置きした上で、右のグループ分けを示している点である。余計な混乱を生じさせないために、利常時代の状況を踏襲し、変化させないことで家中の安定化を図ろうとしたのである。

万治元年閏十二月十八日には、国目付の派遣が通達された。また、それと同日付の将軍家綱が綱紀へ宛てた下知状には、家中や「国中仕置」は以前と同じとすること、「万事家老之輩遂相談仕置」すべきこと、判断し難いことや隣国の異変の際は正之の指示に従うことなどと書かれている。[13] このような事例は他藩でもみられ、「公儀」の構成員である藩主が幼少のため、国目付やその家と関係をもつ者（本章の場合は保科正之）が統一「公儀」の代理人となり、その「公儀」権威の動揺を防ごうとしたものと考えられている。[14]

その後、寛文元年（一六六一）のもの（五月以降）と考えられる史料には、万治元年に江戸向御用の担当とされた今枝近義が「国中仕置」衆と同列に記されている。[15] 今枝家の「先祖由緒并一類附帳」[16]からは、寛文元年より前は江戸で生活していたことが確認できるので、おそらく綱紀が初入国した同年七月十九日の少し前に江戸向御用の役は解かれ、「国中仕置」衆に加わったのではないかと考えられる。

寛文元年七月六日、綱紀は月番（御用番）に関する規定を「国中仕置」衆の前田孝貞・奥村栄清・奥村庸礼・今枝近義へ伝え、[17] また入国と同日付で同じメンバーに月番（御用番）の者が登城する時刻などの規定を申し渡している。[18] さらに、万治元年段階では、「国之仕置」衆のみに職掌を定めたが、寛文元年八月に、「国中仕置」衆へ具体的な職掌を申し渡している。[19] そこには職掌として、「加増之事」「新知之事」「跡目之事」「知行にて召抱候奉公人之事」「与外《くみはずれ》・歩《かち》並かろき者共縁辺、不及申聞承届可申付事」「侍分訴訟之事」「与頭《くみがしら》・物頭並諸奉行申付事」「人持・小姓《こしょう》・馬廻《うままわり》其外与入之事」などが書かれている。内容は多岐にわたるが、家中内部のことを担当していたことがわかる。

保科正之は、寛文前期から病が悪化し、寛文九年四月に隠居、同十二年十二月に死去した。[20] このことから、綱紀は初入国頃には独り立ちし、様々な問題に対処していたと考えられる。

綱紀の初入国後も、「国之仕置」「国中仕置」衆のグループ分けは続いたが、彼らの死去・病気などが影響したのだろうか。寛文九年頃から、「国之仕置」衆の本多政長・長連頼・横山忠次、「国中仕置」衆の奥村庸礼・前田孝貞が統合するようなかたちでの文書の発給、受け取りがみられるようになる。[21] また、先述したように寛文元年七月以降は、今枝近義が「国中仕置」衆に加入していたが、同九年三月に綱紀が近義へ、こうしたグループとは別の御用を頼むことを伝えており、[22] 同グループの文書発給にもほとんど加わらなくなる。

同年三月二十五日には政令下達の機関として若年寄が設置され、横山正房《まさふさ》・奥村時成《ときなり》が就任した。これは綱紀の親裁開始であると評価されているが、[23] その実態はいまだ不明である。

延宝八年（一六八〇）九月、綱紀は「年寄中」に対し、月番（御用番）年寄、そのほかの年寄の登城時刻や登城日などを定めた職務規程を出した。[24] 寛文九年頃から「国之仕置」「国中仕置」衆の統合がみられたことについては既に述べたが、この職務規定から統合された者ら（「国之仕置」衆の長連頼は寛文十一年に死去）が「年寄中」と呼称されていることがわかる。[25] 延宝七年六月に横山忠次（「国之仕置」衆）が死去すると、その代わりに奥村時成（若年寄）が加わった。時成は、同年十二月に加判に就任するが、これはおそらく「年寄中」のメンバーに加わることを意味していると考えられる。この「年寄中」が連署で文書を発給し、全員で文書を受け取る体制は貞享三年まで続き、[26] 同年の職制改革で、この四人が公儀向きのことを担当する大老に就任した（図1）。

2　職制改革の内容

貞享三年十一月十三日、綱紀は職制改革を行い、重臣を大老・人持組頭・年寄・若年寄に就任させ、再編成した。表1は、職制改革における各役職の就任者を示したものである。[27] これをみると年寄・若年寄

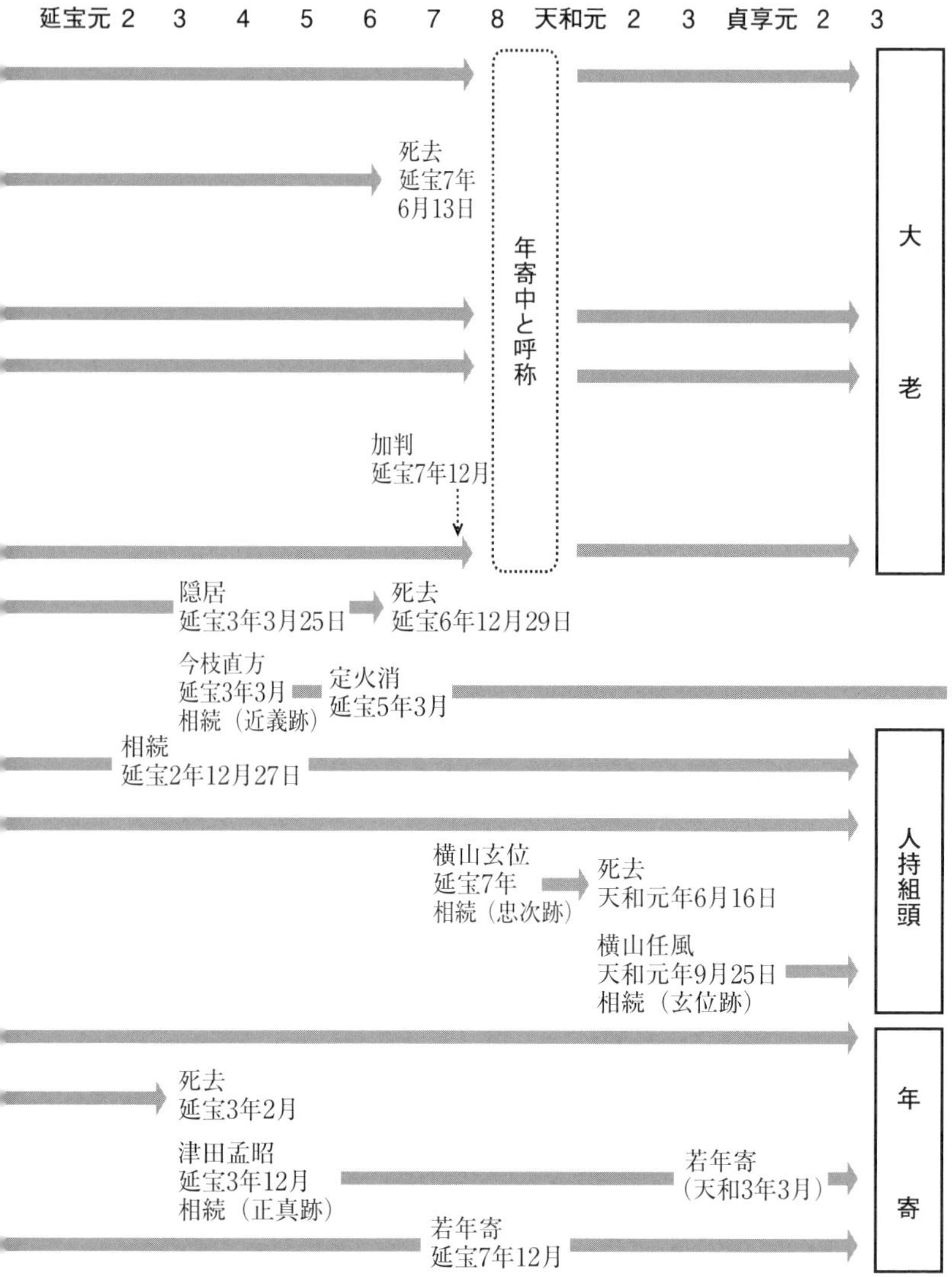

延宝元 2 3 4 5 6 7 8 天和元 2 3 貞享元 2 3
大老
年寄中と呼称
死去
延宝7年
6月13日
加判
延宝7年12月
隠居
延宝3年3月25日
死去
延宝6年12月29日
今枝直方
延宝3年3月
相続（近義跡）
定火消
延宝5年3月
相続
延宝2年12月27日
人持組頭
横山玄位
延宝7年
相続（忠次跡）
死去
天和元年6月16日
横山任風
天和元年9月25日
相続（玄位跡）
年寄
死去
延宝3年2月
津田孟昭
延宝3年12月
相続（正真跡）
若年寄
（天和3年3月）
若年寄
延宝7年12月

図1　万治元年～貞享3年までの重臣・年寄

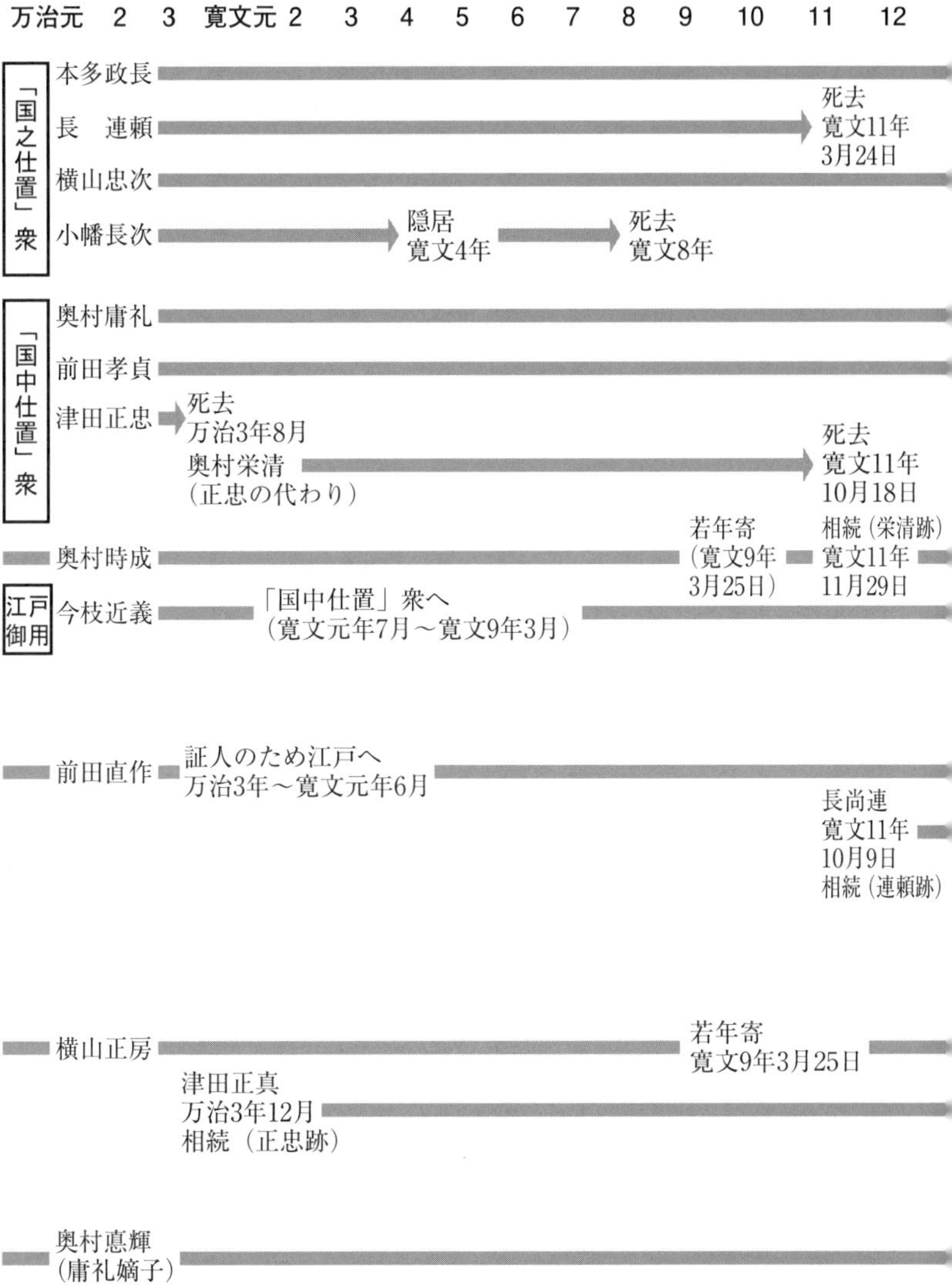

（註）金沢市立玉川図書館近世史料館所蔵加越能文庫「奥村家譜」、同「前田家譜」、同「先祖由緒幷一類附帳」今枝弥平次・斯波蕃、前田土佐守家資料館所蔵「前田土佐守家家譜幷諸事留」、『加賀藩史料』3・4（清文堂出版、1980年）、日置謙『加能郷土辞彙』（北国新聞社、1973年）、石野友康「加賀藩における貞享の職制改革について」（『加能地域史』32、2000年）、田川捷一編著『加越能近世史研究必携』（北國新聞社、2011年）などにより作成。

に大老の嫡子がいることや、藩主前田家と血縁的に近い者がみられる。ここに、門閥家臣を厚遇していこうとする綱紀の姿勢を垣間みることができるという。(28) また、ここで注意しておきたいのは、改革時に定められた役職の「年寄」とは、のちの時代の年寄衆八家とは異なるということである。これについては後述する。

先述したように、若年寄は寛文九年（一六六九）には設置されていた。また、延宝期の「故左衛門事最（横山忠次。年寄横山家）前大年寄申付」(29)という綱紀の文言や、職制改革で大老に就任した本多政長の役儀申し渡しのなかに「本多安房ハ最前より此職タリ」(30)とあり、大老（大年寄）という職名、その職掌は改革前から存在していたことがわかる。この大老・大年寄は誰が勤めていたのかは判然としない。しかし、職制改革時の大老の職掌は、後述するように公儀向きや藩外に関することであったので、改革前の大老・大年寄とは、前項でみた「年寄中」のなかでも、その統合以前に公儀向きなどの重要なことを職掌とした「国之仕置」衆の者を指しているのではないかという指摘がある。(31) このように寛文後期以降に形成された「年寄中」のなかでも、大老・大年寄と呼ばれるグループがあった可能性がある。

人持組頭《ひともちぐみがしら》は番方の長である。この役職に代々就任する者は、八つの家（本多家・長家・横山家・前田家〈長種系〉・奥村宗家・奥村支家・村井家〈元禄三年加入〉・前田土佐守家）の当主であった。これらの家は、「年寄」という家格を構成し、のちに「八家《はっか》」と呼称された。人持組頭のうち四人までは、役方の最高位の役職である大老を兼帯した。

職制改革時、執政職が勤める月番(32)は、大老と年寄が勤めていた。職制改革で大老に就任した本多政

表1　職制改革における各役職の就任者

役職	就任者	禄高（石）	備　　考
大老	本多政長	50,000	徳川家康の重臣本多正信の次男政重を家祖とする家
大老	前田孝貞	21,000	家祖長種の正室が前田家初代利家の長女
大老	奥村時成	14,500	尾張荒子以来の前田家譜代家臣奥村家の本家
大老	奥村庸礼	12,450	尾張荒子以来の前田家譜代家臣奥村家の分家
人持組頭	長尚連	33,000	能登の戦国大名畠山家の旧臣
人持組頭	横山任風	32,500	越前府中で利長（2代藩主）に取立てられた功臣
人持組頭	前田直作	10,050	家祖利政が前田家初代利家の2男
年寄	奥村悳輝	5,000	大老奥村庸礼の嫡子
年寄	横山正房	10,000	家祖長治が横山長知（年寄横山家2代）の3男
年寄	津田孟昭	10,000	家祖正勝が利長・利常（3代藩主）に仕えた家柄
若年寄	前田孝行	3,000	大老前田孝貞の嫡子
若年寄	前田貞親	7,000	家祖利豊が前田家初代利家の6男

（註）1. 役職と就任者は「葛巻昌興日記」20（『金沢市史』資料編4近世二、金沢市、2001年）をもとに作成し、そのほかは（註）2による。

2. 金沢市立玉川図書館近世史料館所蔵加越能文庫「先祖由緒并一類附帳」横山多門・前田貞事、日置謙『加能郷土辞彙』（北国新聞社、1973年）、石川県教育委員会事務局文化財課金沢城研究調査室編『よみがえる金沢城』1（石川県教育委員会、2006年）。

3. 禄高は就任当時のものである。

長・前田孝貞・奥村時成・奥村庸礼のうち、職制改革時に月番を勤めていたと考えられる者は孝貞と時成である。[33] 貞享三年十月、綱紀が重臣に渡した覚書に添えられていたものには、職制改革の方針が書かれていた。[34] そのなかで、職制改革で年寄となる者に月番を勤めさせたいが、彼らは「当分不案内」であるから、当年中は前田孝貞・奥村時成が、今まで通り月番を勤めると書かれている。職制改革で年寄に就任した者では、津田孟《たけ》昭《あきら》が年寄就任時から月番を勤めていたことが確認できる。[35] 奥村悳輝《やすてる》は、貞享四年四月から月番を勤めたが、横山正房は月番を勤めていない。後にもふれるが、藩政の中心をなす月番を大老ではなく年寄に勤めさせたいという綱紀の意向から、八家を藩の内政に関与させない方針であったことがうかがえる。

また、「加藩熈康暦《きこうれき》」には、前田直作《なおなり》・長尚連《なおつら》・横山任風《とうかぜ》は、「御政事方には不預」[36]と記されており、職制改革時に大老を兼帯していない人持組頭の者は、藩政に関与していなかったことがわかる。

貞享三年十一月十八日には、大老・年寄に職掌が申し渡された。[37] これも職制改革の一部ととらえたい。大老の職掌は、①「公義御用事」、②「御法度事」、③「幾里支丹《キリシタン》事」、④「他国関所過書事」、⑤「家中一統定書事」で、藩外や藩の支配に関する職務が多い。加えて、⑥「家老役（年寄）之面々及相談義」も記されている。年寄の職掌は、①「頭々奉行人等へ相渡定書事」、②「養子縁組屋（本ノママ）等之事」、③「遺書取次之事」、④「跡目・新知・加増・扶持方等之事」、⑤「跡組引渡事」、⑥「閉門改方幷宥免事」、⑦「家中幷他所ゟ召抱者事」、⑧「役替之事」、⑨「寺社方後住之事」、⑩「惣様訴訟事」、⑪「在江戸中参宮・湯治之外泊かけ・晦（暇）之事」、⑫「士中喧嘩出入等之事」、⑬「侍とも内押而立退去時分之事」、⑭「下々等にても大勢諍論事」、⑮「与他領出入事」、⑯「公事方事」、⑰「郡方事」であった。「難心得義」や「在江戸中晦（暇）ノヶ条ゟ以下幷訴訟事ノ内品重キ義ハ毎事」大老へ相談することになっていた。

これらの職掌の特徴は、第一に、大老は公儀向きの職務、年寄は藩の重要な内政の職務に分けられていたことがあげられる。

第二に、ここでも大老を兼帯していない人持組頭の職掌が示されていないことから、大老を兼帯していない人持組頭の者は、藩政に関与させない方針であったことがあげられる。これは、人持組頭が本来番方の職であったことが関係していると考えられる。

第三に、大老と年寄の職掌は、それぞれ先行研究で指摘されている「大事」(対外交渉などの事項)、「小事」(大名の家政事項)[38]の職掌に当てはまるということが指摘できる。寛文九年頃には形成されていた経験豊富な「年寄中」をそのまま重職である大老に就かせ、「小事」の職掌を切り離し、それを年寄に担わせ、「年寄中」に集中していた権限を分割させたのである。また、経験という意味では、年寄に就任した者も同様であり、それらは若年寄経験者であった。

ここで改めて指摘しておきたいのは、この時点では人持組頭に村井家の当主が就いていないということである。これについては次節で説明するが、職制改革で年寄衆八家の職制や体制が全て定まったわけではなかった。この改革で大枠を定め、その後に少しずつ職掌・重臣体制が整えられていったのである。

第2節　職制改革後の重臣と年寄の成立過程

職制改革で重臣は各役職に就任し、その五日後には職掌が定められた。この職制改革で定められた職掌・重臣体制は、その後どのように継承、あるいは変化していったのだろうか。本節では、その様相を役職に注目して詳しくみることで、年寄衆八家の成立過程を明らかにする。

1　職掌の変化

(一)　奥村悳輝

貞享四年(一六八七)三月、次の参勤による藩主在府中の職務分掌が出された。[39] そこには、この期間の重臣それぞれの職掌が書かれている。そのなかで、当時年寄であった奥村悳輝は、「自当留守中月番勤」と定められた。すなわち、悳輝はこの藩主在府中から月番を勤めていたのである。

元禄元年(一六八八)七月、悳輝は人持組頭に就任した。[40]「加藩熈康暦」は、この就任を年寄兼帯の人持組頭であるとしているが、[41] ほかの史料からは確認できない。しかし、表2のNo.1をみると、悳輝が年寄と連署して文書を発給している。その文書内容は、前節で述べた年寄の職掌である⑯「公事方事」にあたる。本来であれば、年寄だけで処理する事項に人持組頭の悳輝が関与していたのである。[42] また、悳輝は人持組頭でありながらNo.2のように大老や、No.8のように若年寄とも連署して文書を発給していることも注目される。

先述したように、悳輝は、年寄であった貞享四年四月から月番を勤めていた。月番に一度就任すると余程のことがない限り差し除かれず、月番御免となる場合は処罰を意味していた。[43] 悳輝は、年寄の時から月番を勤めており、人持組頭に就任してからも月番御免とならなかった。つまり、年寄から人持組頭に就任した悳輝は、月番に就任したまま人持組頭として藩政に関与するに至ったのである。[44]

表2　人持組頭発給・収受文書一覧

No.	日付	差出人	宛所	内容	藩主
1	元禄2年 2月16日	①奥村悳輝(b) ②横山正房(d)		駆落ちを企てる若党を疵付追放にする	
2	元禄3年 7月3日	①前田孝貞(a) ②奥村悳輝(b) ③奥村時成(a) ④本多政長(a)		奥向近習番の選定	
3	元禄3年 7月6日	①前田孝貞(a) ②横山正房(d) ③奥村悳輝(b) ④奥村時成(a) ⑤本多政長(a)		放火の罪の者を磔刑にする	
4	元禄3年 11月22日	①奥村悳輝(b)	津田宇右衛門	領内宿駅の駄賃増加	
5	元禄4年 11月7日	①奥村悳輝(b) ②村井親長(c) ③前田孝貞(a) ④本多政長(a)	奥村時成(a) 横山正房(d) 【在府】	去年獅子土蔵に入った盗賊を禁牢に処する	×
6	元禄5年 10月17日 (奥村時成)	①本多政長(a) ②村井親長(c) ③奥村悳輝(b) ④前田孝貞(a)		家中の中川采女の改名願い	
7	元禄8年2月29日 (村井親長)	①村井親長(c) ②奥村悳輝(b) ③横山任風(b) ④長尚連(b) ⑤前田孝貞(a) ⑥本多政長(a)	本吉屋弥右衛門 香林坊喜兵衛 越前屋吉兵衛	金沢の銀座の事務取扱	
8	元禄8年 5月19日 (村井親長)	①前田孝行 ②前田貞親 (2人は若年寄) ③奥村悳輝(b)	永原権之丞 長瀬湍兵衛	藩の鷹匠、餌指の携行すべき鑑札の見本を製作し村肝煎に頒つ	
9	元禄9年 7月22日 (横山任風)	①横山任風(b)	永原権丞 長瀬湍兵衛	領内の米商人に米穀を隠匿することなく金沢に米を輸送させる	×
10	〃	〃	小寺平左衛門 和田小右衛門	〃	×
11	元禄9年 7月25月 (横山任風)	〃		諸士に米穀の売払、及び越中から輸入する米穀を途中で買うことを禁止する	×
12	元禄11年 正月5日 (奥村悳輝)	①前田孝行 (b) ②前田貞親 (d) 【在府】	横山任風 (b) 奥村悳輝 (b) 村井親長 (c)	俳諧に賞を懸けることを禁止する幕令を伝える	×

No.	日付	差出人	宛所	内容	藩主
13	元禄11年 正月23日 (奥村悳輝)	①奥村悳輝 (b) ②村井親長 (c) ③横山任風 (b)	長瀬湍兵衛 永原権丞	〃	×
14	元禄11年 4月29日 (奥村悳輝)	①前田孝行 (b) ②前田貞親 (d) 【在府】	横山任風 (b) 奥村悳輝 (b) 村井親長 (c)	金銀箔使用停止の幕令を領内に伝える	×
15	元禄11年 5月18日 (村井親長)	①村井親長 (c) ②奥村悳輝 (b) ③横山任風 (b)	今井源六郎 生駒伝助	〃	×
16	元禄11年 12月27日 (村井親長)	①村井親長 (c)		石川郡木滑村及び下折村の積雪	
17	元禄11年 12月28日 (村井親長)	〃		〃	
18	元禄11年 12月晩日 (村井親長)	〃		〃	
19	元禄12年 4月15日 (前田孝行)	①前田孝行 (b)		五十川剛伯の罪状	
20	元禄13年 11月15日 (村井親長)	①村井親長 (c) ②前田貞親 (d) ③奥村悳輝 (b) ④前田孝行 (b) ⑤横山任風 (b)	竹田五郎左衛門 伊藤平右衛門 野村勘兵衛 平野岡右衛門	組外の由比滋右衛門窃盗により殺害を命じられる	
21	元禄14年 正月20日 (奥村悳輝)	①奥村悳輝 (b)		大聖寺藩主前田利直の使者が銀札発行の意を告げる	
22	元禄14年 7月7日 (村井親長)	①奥村悳輝 (b) ②村井親長 (c) ③横山任風 (b) ④前田貞親 (d) ⑤前田孝行 (b)		五箇山の流人安見与八郎が死に処せられることを請う趣旨の上申書	

(註) 1. 『加賀藩史料』5(清文堂出版、1980年)、金沢市立玉川図書館近世史料館所蔵奥村文庫「加藩熙康暦」、同館所蔵加越能文庫「参議公年表」9・12・13・15～18により作成。
2. 日付の下の名前は、その月の御用番の者である。特に記入のないものは、不明をあらわす。
3. 差出人の左にある番号は連署の順である。
4. 差出人、宛所の右に示した英字は(a)が大老、(b)が人持組頭、(c)が人持組頭で年寄兼帯、(d)が年寄の者をあらわす。
5. 宛所の空欄は欠如をあらわす。
6. 藩主の欄の「×」は藩主在府中、空欄の場合は在藩をあらわす。

悳輝の例から人持組頭が大老・年寄・若年寄と連署して文書を発給し、月番を勤め、藩政に関与していた事実が明らかとなった。前節でみたように、人持組頭は、職制改革時には特に職掌が定められておらず、藩政に関与させない方針であった。しかしながら、悳輝の例からも確認できるように、人持組頭が藩政に関与するようになった。職制改革で定められた職掌と重臣体制は、早くもこの時点で変化していたことになる。

(二) 村井親長

元禄三年九月、村井親長《ちかなが》は年寄兼帯の人持組頭、翌月には加判に就任した。(45) これにより、人持組頭に就任する家は八つとなった。この時期の重臣の発給文書をみると、親長は、人持組頭の悳輝や大老と連署して文書を発給していることがわかる(表2No.5)。この文書は、在藩の大老・人持組頭から、参勤の御供として在府中の大老奥村時成・年寄横山正房へ宛てたものである。藩主在府中に江戸へ送った文書のため、本来その留守を預かる家臣団のうち、藩外の勤めを担当していた大老が連署して文書を発給するものであると考えられるが、人持組頭の悳輝や親長(年寄兼帯)も大老と連署している。同様に表2No.6でも、親長は悳輝とともに大老と連署して文書を発給している。

元禄六年六月、親長は月番に就任した。(46) 親長は、年寄の時から月番を勤めて、その後人持組頭に就任した悳輝とは異なり、職制改革後に年寄兼帯の人持組頭に就任した。つまり、年寄兼帯という立場上、年寄が勤める月番に就任したと解することもできるが、別の見方をすると人持組頭が月番に就任したことになる。この親長の月番就任をもって、月番を勤めていた年寄からの就任を経ず、人持組頭は月番を勤めるようになった。これは、人持組頭の藩政関与が徐々に進んでいることのあらわれではないだろうか。

(三) 横山任風・長尚連

元禄六年六月、人持組頭の横山任風・長尚連が加判、同八年六月には任風が月番に就いた。[47] 二人が加判や月番に就任したということは、本格的に藩の意思決定に関与することを意味する(表2№7・9・10・11)。

任風・尚連は、年寄の時から月番を勤めて、その後人持組頭に就任した悳輝や、職制改革後に人持組頭(年寄兼帯)に就任し、その後月番に就任した親長とは性格の異なる人持組頭であった。任風・尚連は、職制改革時から人持組頭を勤めており、当初は藩政に関与していなかった。職制改革時から人持組頭であった者が加判や月番に就任したケースは、悳輝・親長の事例でみられた人持組頭の藩政関与の場合よりも、それが一歩進んだと評価できるだろう。こうして人持組頭は、藩政に大いに関与する存在になっていったのである。

このことは、大老が存在するにもかかわらず、前節で述べた大老の職掌の①「公義御用事」にあたる藩主在府中の幕令の受け取りや、領内への伝達を人持組頭だけで行っていることからもうかがえる(表2№12〜15)。[48] 同様に、職制改革で年寄の職掌とされた公事場関係の文書に、人持組頭が年寄と連署して文書を発給している事例(表2№20・22)も、人持組頭の藩政関与のあらわれであろう。

（四）小括

以上、人持組頭の職掌の変化を月番・加判の就任状況からみてきた。

人持組頭とは、その名の通り人持組を支配（管理）する番方の役職であり、その長であった。綱紀は、職制改革で重臣を各役職に就任させ、大老・年寄には職掌を定めた。人持組頭については、当初から大老の人材供給源として想定していたため、職掌を定めなかったと考えられる。しかし、人持組頭は大老・年寄の職に関与し、加判・月番も勤めるようになり、役人的性格を強めていった。これは、人持組頭が藩政の仕組みを理解し、その上で大老に就くようにすることを綱紀が考えた結果、変化したものだろう。また、この変化は、職制改革以降、年寄に十分な人員補充がなされず、元禄前期は一人ないし二人、後期は一人の状態が続くといった状況をもたらした（後述）。つまり、年寄の職を人持組頭が勤めることで、年寄に十分な人員を補充する必要がなくなったのである。その結果、人持組頭・年寄の職掌が曖昧な時期がしばらく続いていた。

こうして人持組頭が、藩政に関わるようになり、職制改革後から徐々に人持組頭―八家―の権限は増大していったのである。

2　職名の変化

職制改革後、人持組頭が大老・年寄の職に関与し、月番などにも就任するようになったことを確認した。

こうした人持組頭の権限増大ともとれる職掌の変化は、職名にどのような影響を与えたのだろうか。以下で、職名と職掌の関係を明らかにしたい。

（二）二つの「年寄」

ここではまず、前田家の「年寄」「家老」とは、どのような存在であったのか確認していく。職制改革が行われた日に、各役職の呼称についても定められた。[49] そのなかで、大老は「御目通」にては「大年寄中」、「歴々ノ面々」は「大年寄共」と申し上げることとされた。年寄は、「御目通」にては「年寄中」「年寄共」と称し、「押立たる紙面ニ調候時」は「御家老役」とするように定められた。すなわち、大老は、別称「大年寄」といい、「年寄」という語を含んでいる。職制改革時、執政職の勤めである月番を勤めていたのは、大老と年寄であった。とすれば、この二つの役職に共通する「年寄」という呼称は、執政職に就く者を指していたと解することもでき、「年寄」とは、職制改革によって誕生した役職の「年寄」と、執政職に就く者を指す場合に用いる「年寄」の二つが存在していたことがわかる。

職制改革で定められた職名は、その後変化した。宝永四年（一七〇七）六月、以前から欠員していた年寄（役職）の代わりに、四人の若年寄が家老に就任した。つまり、職制改革時の「大老―人持組頭―年寄―若年寄」の体制から、「大老―人持組頭―家老―若年寄」という体制へと変化したのである。

この年寄から家老への職名の変化には、どのような意味があったのだろうか。後年（天保年間）、奥村栄実《てるざね》（奥村宗家）は、職制改革時の年寄と家老とを比べ、「当時之御家老役とハ様子違申候而月番をも相勤申候」[50]と、月番を勤めるか否かの違いであるとしている。このことから、執政職の勤めである月番を勤めなくなり、職名が執政職を指す「年寄」ではなく、それを指さない「家老」へと変化したと考えられる。

また、文化十年（一八一三）に完成した「国格類聚《こっかくるいじゅう》」の「御年寄衆支配」の項をみると、「御政事之総領ニ而御家老役・若年寄支配」[51]とある。当時の加賀藩において「御政事之総領」とは、人持組頭を代々勤め、公儀御用などを勤める「八家」のことを指した。とすれば、当時の「年寄」とは、「八家」のことであったと理解できる。

職制改革によって誕生した役職の年寄は、月番を勤める執政職であった。しかし、その代わりとして、宝永四年六月に家老に就任した者は、執政職が勤める月番に就かなかった。そして、八家が執政職を意味する「年寄」と呼称されるようになったことからもわかる通り、彼らが執政職を勤めるようになっていったのではないだろうか。

では、これらの背景にはどのようなことがあったのだろうか。次に職制改革以降の年寄就任者の変遷を追いながら、それを確認していこう。

(二) 年寄就任者の変遷と家老職の誕生

職制改革で年寄に就任したのは、横山正房・津田孟昭・奥村悳輝であった。元禄元年（一六八八）七月に悳輝が人持組頭に就任し、同三年六月に孟昭が病身のため役儀を差し除かれて、[52]年寄はしばらく正房一人となった。正房も文書の発給に関わっていることは確認できるが（表2）、月番には就いておらず、[53]年寄は円滑に機能していなかったと考えられる。同六年六月には正房が死去した。そして、年寄は、同八年六月二十八日に前田貞親《さだちか》・前田孝行《たかゆき》が若年寄から年寄に就任するまで欠員している。この二人は、年寄就任日に月番にも就任した。[54]同十年六月二日に大老前田孝貞の隠居に伴い、その嫡子孝行は同日に家督相続し、人持組頭に就任した。[55]これにより、年寄は貞親一人となった。

貞親は、元禄十四年七月九日に組（人持組）附を「指除」かれ、[56]同日に人持組数が七組になった。これより前は、人持組数は六組、あるいはそれ以下であったが、[57]以降、人持組数は七組となり、人持組頭がそれぞれ一組支配する体制が続いた。さらに、「組附指除」の同日には、人持組頭の村井親長が金沢城代、見習であった本多政敏《まさはる》・奥村有輝《ありてる》が人持組頭に就任し、政敏は月番にも就いた。[58]貞親の「組附指除」を含む番方再編成の一連の流れ、「組附指除」と同日に起きた複数の人事異動をみると、家臣団内に何らかの改編が意図的に行われたと考えられる。

「組附指除」とは、処分を意味する場合もあるが、元禄十六年に貞親の病気について、「御用番勤も今春も成かね申候」[59]とある。つまり、この時点では月番御免となっていないことから、元禄十四年の貞親の「組附指除」は処分とはいえない。

元禄十六年七月十一日、貞親は、病気のため御用が軽いとされる小松城代に就任した。[60]小松城代は、「御用も事多儀無之」「養生にも成」[61]り、といった史料中の文言から、貞親は藩政に直接関与しない存在になったと考えられる。この時、月番御免となったのだろう。また、同日に前田直堅《なおかた》（前田土佐守家）が、

「年寄共席」へ出座するようにと命じられた。[62] この場合、「年寄共席」とは、「大老―人持組頭」の下に位置する職名の年寄ではなく、政務の場のことを指している。この出座の理由として、今年の参勤の御供が人持組頭の奥村悳輝・奥村有輝であり、それに伴い藩政に関わる者が減少することがあげられている。[63] さらに、貞親の小松城代就任も藩政に関与する者の減少ともとれることから、これに関係しているのではないかと考えられる。とはいえ、この人事異動は、藩政に関わる者が年寄の貞親から八家の直堅へと入れ替わったとも解することができる。

宝永二年十月、貞親は死去した。以後、年寄の人員が補充されなかったことから、職制改革によって誕生した年寄は消滅した。同四年六月、その代わりとして家老という役職が誕生した。この役職には、それまで若年寄であった玉井貞信《たまのいさだのぶ》・本多政冬《まさふゆ》・前田知頼《ともより》・成瀬当隆《まさたか》が就任した。[64] 当時は、年寄に就いている者がおらず、村井親長（人持組頭・金沢城代）など病身の者がいたために、藩政に関わる者の人員が不足していた状況であった。そこで、新たに就任した四人の家老には、横山正房・前田貞親のように加判も勤めることとされ、[65] 越後屋敷[66]へ出座することも定められた。「只今勤懸之御用も有之儀ニ候間」と、若年寄の勤めもあるので、一人または二人ずつ出座することになっていた。ただし、御用が多いときは出座しなくてもよいとされた。[67] この四人の家老のうち、知頼以外の三人は、宝永六年三月に加判に就任した。[68] しかし、それ以降の彼らの動向を追ってみても月番に就任することはなかった。

年寄で最後に月番を勤めた者は、前田貞親であった。その後、貞親が死去し、年寄は消滅するが、その代わりとして宝永四年六月に家老という役職が誕生した。前田家において、「年寄」が執政職を意味することから、この家老はそれにあたらないと考えられる。それは職制改革時の年寄が、執政職の勤めである月番を勤めていたのに対し、家老は加判を勤めることはあっても、家老に就任した八家以外の者が月番を勤めなかったことからもわかる。[69] 加判に就任すれば、八家のうち加判に就任している者との合議の場に参加することはできたが、月番に就任していなければ、御用番としてその月の政務全般の取りまとめを行うことはできなかった。加判を勤める家老は、その後、幕末まで存在し続けた。よって、宝永四年を家老の成立とみることも可能であろう。[70] そして、これ以降、月番を勤める執政職の八家が「年寄」と呼称されるようになり、「年寄」には代々八家が属したので、家格・身分の意味も帯びるようになったと考えられる（図2）。

以上のように、職制改革後における重臣の職名の変化には、月番を勤めるか否かが密接に関わっていたのである。

図2　重臣の職名と呼称の変化

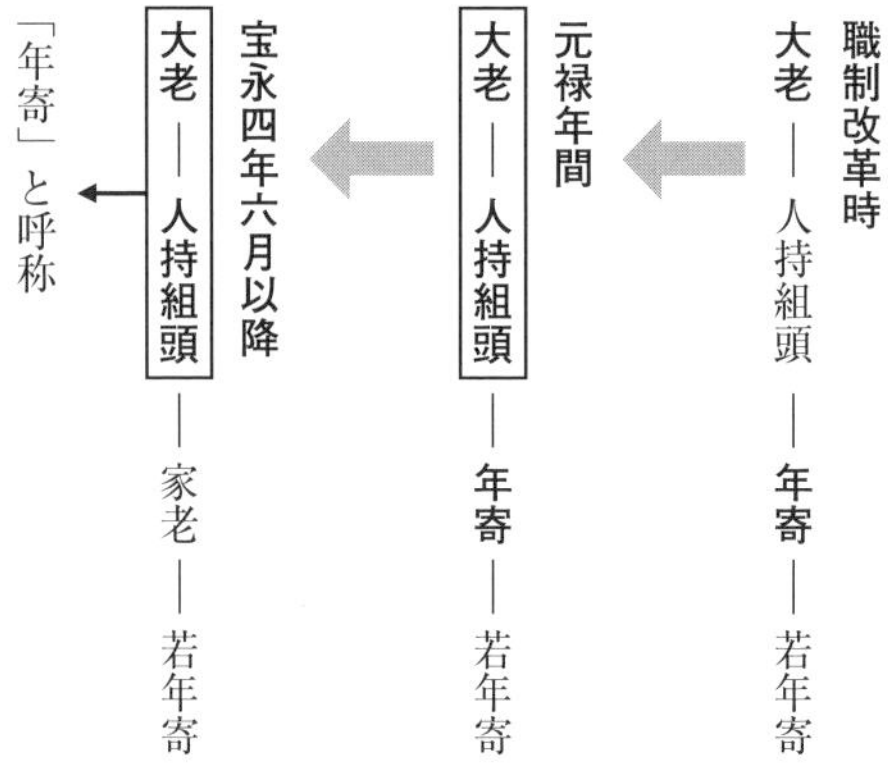

（註）太字は月番を勤める者、四角囲いは八家をあらわす。

3　人持組頭の成立

職制改革時には藩政に関与しなかった人持組頭が、その後、加判・月番に就き、藩政に関与する存在になっていったことは既に述べた通りである。以下では、この人持組頭という番方の職の成立期についてみていきたい。注目したいのは、組支配の有無である。史料には「支配」と書かれているが、第四節で説明するように「支配」の内容は人的管理であった。まず、職制改革後の人員の変化からみていこう。

元禄二年（一六八九）四月、人持組頭の前田直作（前田土佐守家）が死去し、職制改革後に初めて人持組頭の人員に変化がおきた。通説では、その代わりに村井親長が人持組頭に就任し、年寄（八家）制度が成立したとしているが[71]、その背景はどのようなものであったのだろうか。次に示す綱紀の御親翰《ごしんかん》（藩主の書状）で確認しよう。

〔史料1〕「本多家古文書等」[72]

御親翰之写

前田備後（直作）卒去付而人持組頭闕候間、未組分も定り不申候、主税（前田直堅）ハ若年寄此職難成候、然者人持一万石以上ならては可申付者無之候、左候者

村井出雲（親長）　今枝民部（直方）　小幡宮内（長治）

此三人之外無之候、出雲事いまた初心ニ而不調法ニ候得共、座上候間、旁以出雲可然様ニ存候、大形之儀ニ而出雲を指置民部に申付事不可然義ニ候、筋目と申身体幷座上旁以各別之儀ニ各存寄承度候、以上

（元禄三年）九月廿七日

前田直作の代わりとして人持組頭に就任する者の候補が、禄高一万石以上の村井親長・今枝直方・小幡長治であったことがわかる。村井家は禄高一万六五六九石余で、初代長頼が藩祖利家に古くから仕えていたという由緒をもつ家である。(73) 今枝家は、初代重直が二代藩主利長《としなが》に六〇〇〇石で召し出された後、加増を重ね、直方の父三代近義の時に一万四〇〇〇石となった家である。(74) 小幡家の初代長次は、三代藩主利常に召し出され、はじめは三〇〇石であったが、最終的には一万九五〇石となった。(75) これは、長次が利常の母寿福院《じゅふくいん》と義兄弟であったため、このような高禄になったといわれており、(76) 次代の長治も父と同じ禄高を相続している。(77) 三家いずれも一万石を超えているものの、村井親長の禄高は三人のなかで最も高い。最終的に、ほかの二人の家よりも古くから前田家に仕えていたという筋目が重視され、元禄三年九月二十九日に親長が人持組頭に就任した。

〔史料1〕で注目したいのは傍線部分である。文面通り訳せば、直作が死去して人持組頭に欠員がでたので、支配していた人持組を誰が支配するのか決まっていないという意味になるだろう。この解釈に従えば、直作は人持組頭として人持組を支配していたことになる。しかし、『金沢市史』は、貞享三年（一

六八六）の職制改革時には人持組が六組しかなく、直作は「率いるべき組がなかったと思われる」[78]としており、右の史料と矛盾する。これはおそらく、年寄奥村栄実（奥村宗家）が書き留めた「加藩熈康暦」[79]の職制改革時の箇所に、「備後《（前田直作）》組御預ハ無之体也」と書かれていることを根拠としていると考えられる。

さらに注目されるのが、宝永二年（一七〇五）五月十三日付の綱紀が人持組頭へ宛てたと考えられる御親翰である。そこでは、「人持組頭之面々近年段々卒去、又三郎《（長高連）》・求馬《（横山貴林）》幼少候間、近江守《（前田直堅）》事故三左衛門《（前田直之）》例も有之候間、故山城守《（横山任風）》組支配可申付与存候」[80]と、人員不足により直堅（直作嫡子）が人持組を支配することについて、直堅の祖父直之が組支配をしていた先例をあげている。就任日は不明だが、直之は人持組頭に就任していたことは確認できる。[81]直堅の父直作も人持組頭に就任したにもかかわらず、実際に組支配をした先例として祖父直之の事例しかあげられていないことからも、直作は人持組を支配していなかったと考えられる。

また、直作の代わりに人持組頭に就任した村井親長が組支配を行うのは、元禄十四年七月九日に人持組が七組編成になってからであることから、[82]直作は人持組を支配しておらず、その代わりに人持組頭に就任した親長も当初は組支配を行っていなかったと理解する方が自然であろう。

さらにもう一つ別の史料から、直作の組支配の有無について補足しておきたい。前田土佐守家の家譜[83]には、宝永二年六月に直堅は人持組頭に就いたが、それと同時に禄高の変更があり、それまでは自分知が八五五〇石、与力知[84]が一五〇〇石であったが、この時、自分知に与力知の分を足して自分知一万石とし、残りの与力知五〇〇石に九五〇〇石を加増し、与力知一〇〇〇〇石とした、と書かれている。

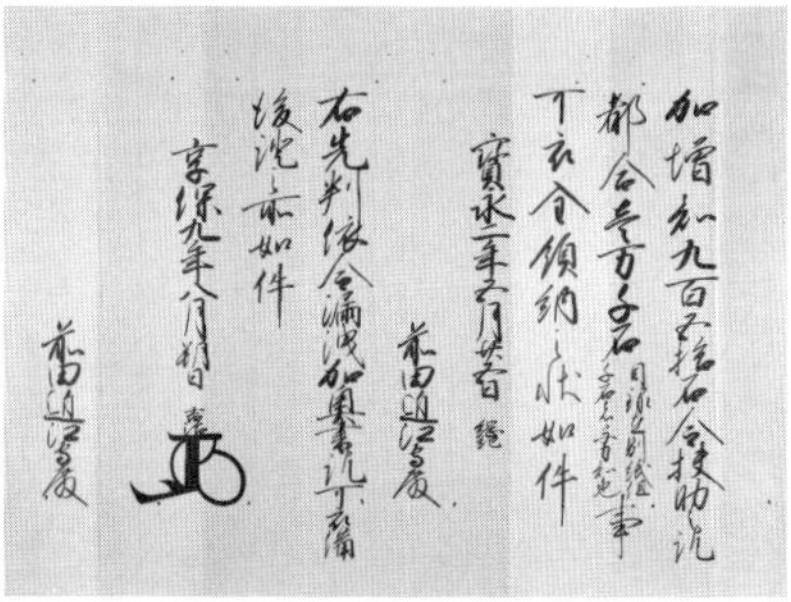
知行宛行状（前田直堅宛）

なぜこのような変化があったのであろうか。後年、この事例を含めて人持組頭の基準に言及したものには、「人持組頭抔ハ、万石以上之者被仰付候思召之御様子と相見候」(85)とある。すなわち、人持組頭として組を支配するためには、自分知一万石以上必要であるという藩主の考えが存在したのである。この基準は直之の時代にはなく、直堅の時に適用されたのであろう。したがって、宝永二年六月に直堅が人持組頭に就任し、実際に組を支配するようになったのであり、それ以前の自分知が一万石以下である直作は実際に組を支配していなかったと考えられる。

直堅が加増され、自分知一万石になったことで、八家全てが実際に組を支配できる基準を超えたが、一万石という基準自体は、元禄三年に村井親長が人持組頭に就任する過程で、すでに意識されていたものであった。人持組頭の成立としては、人持組が七組に分けられ、それぞれの組を人持組頭が支配する体制となった元禄十四年であるといえるだろう。以降、幕末までその体制は続いた。

4　大老・公儀御用と年寄の叙爵

元禄期に加賀藩の陪臣叙爵《じょしゃく》（従五位下諸大夫）が再興し、以降、年寄のなかから叙爵する者が選ばれた。

以下では、職制改革後の大老、のちに公儀御用と改称した役職について、年寄の叙爵との関係にふれながら説明していく。

前田家では、近世初期までに叙爵した重臣が一六人いた。これらの叙爵の多くは、藩祖利家・二代藩主利長・三代藩主利常の参議以上任官に伴うもので、公卿《くぎょう》になった者の家臣のなかから数名諸大夫が任命される原則が影響したものである。したがって、前田家に固定的に与えられたものではないと理解されている。[86]

その後、叙爵した人々の死去により、諸大夫家臣は途絶えたが、元禄四年に再興した。これについては、前田家の極官は参議であり、右で述べた制度に従ったものともみえる。しかし、実際に参内することが考えられず、藩主綱紀の参議叙任はその二年後であったことから、これは元禄二年（一六八九）の五節句儀礼において前田家の座列を高田藩松平家よりも上位とし、御三家に次ぐ待遇にしたことと関連すると考えられている。[87]

年寄のなかから四人が叙爵し、諸大夫年寄が四人体制になるまでの過程は、図3の通りである。元禄四年、同八年は藩主綱紀から幕府への願いはなかったが、同十五年四月、横山任風・前田直堅の叙爵の時は綱紀から願いがあったという。[88]その結果、諸大夫年寄四人体制となり、これが幕末まで続くことになった。

大老（公儀御用）は、諸大夫年寄から選ばれる職で、公儀向きの御用を勤めた。公儀向きの御用を勤める者は、前節でみた「国之仕置」衆四人→大老四人→公儀御用二、三人（享保後期以降）と呼称・定員数

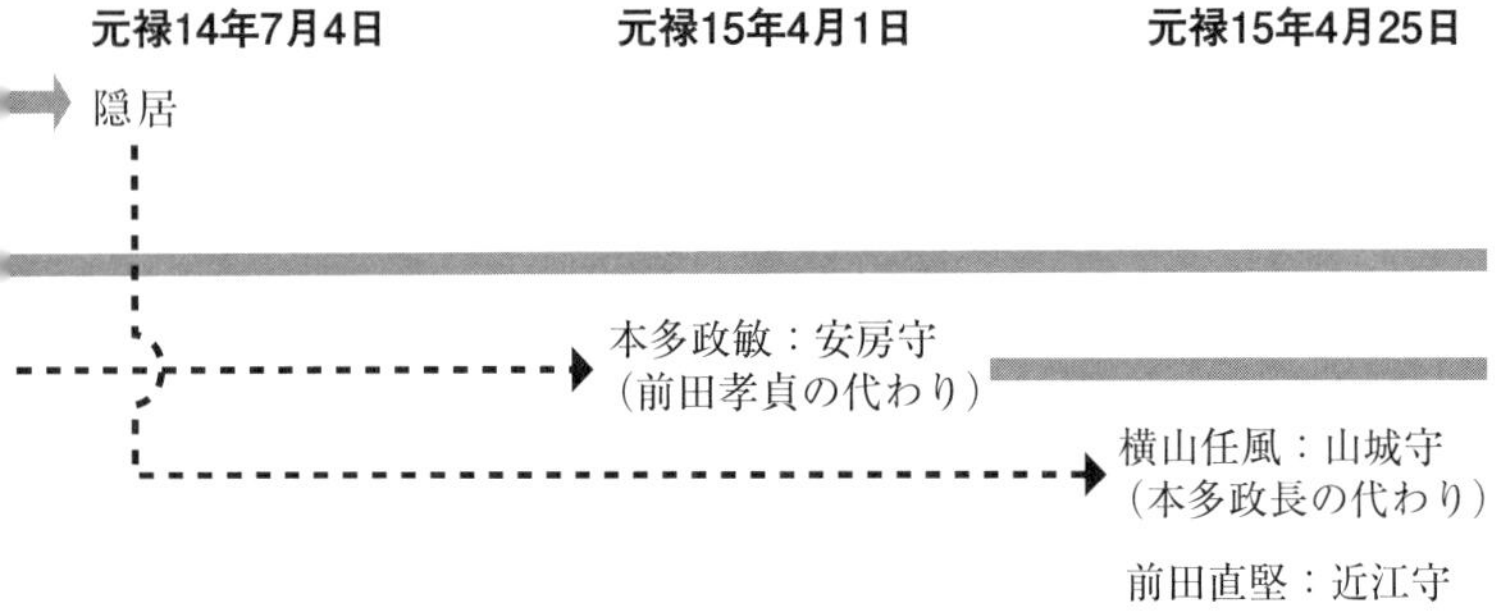

が変化していった。次節で説明する「家之列」が高い家ほど多く諸大夫年寄になり、大老（公儀御用）に就く回数が増えた。例外は、前田土佐守家である。これには理由があった。

文化十年（一八一三）三月付の前田直方《なおただ》（前田土佐守家六代）の覚書には、「正徳に先々代（前田直堅）御懇の命によりて大老御免なれは難有と申上」げたことが書かれている。[89] 正徳年間に、当時の当主前田直堅が大老の辞職を願い出たというのである。このことは、文政四年（一八二一）八月に公儀御用を勤めていた前田孝友《たかとも》（長種系）が隠居した際に、前田直時《なおとき》（前田土佐守家七代）がその後任について意見している史料でも確認できる。[90] そこには、自家の当主が大老を勤めたことに関して次のようにある。

前田直堅は、宝永三年（一七〇六）十一月に大老に就いたが、正徳四年（一七一四）に藩主綱紀から大老御免を仰せ付けられており、「此義ハ御格別之御趣意御座候旨御意御座候得共、右御趣意ハ近江守（前田直堅）迄江被仰聞候訳故、委細ハ御達不申候」と、綱紀の考えは不明であるとする。

関連する史料がほかにみられないことから推測になるが、前

図3　諸大夫四人体制までの過程

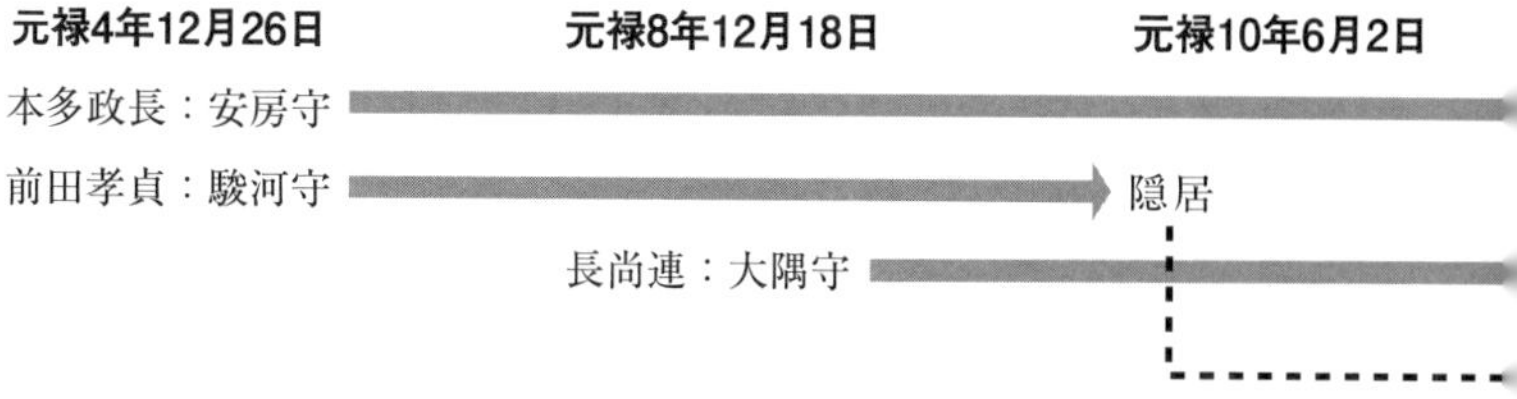

（註）金沢市立玉川図書館近世史料館加越能文庫「先祖由諸并一類附帳」（各家）、同館奥村文庫「加藩熙康暦」により作成。

田直堅は自家について藩主家との血縁的な近さから、一門的な立場であることを認識しており、ほかの年寄家のように藩外のことを取りさばく重職である大老を勤めるべきではないと考えたのではないだろうか。その大老の辞職願いをうけ、綱紀は直堅に大老御免を仰せ付けたのであろう。以後、前田土佐守家の当主は叙爵して諸大夫年寄になっても、大老（公儀御用）を勤めることはなかった。

　先述したように、元禄期以降、幕末にいたるまで年寄＝八家に固定された。家臣団の最上位の家格として特定の家がそれに属するという状態は、その家格を構成する家に特別な意識をもたらしたに違いない。八家は外面的にはある種の特別感をもちながらも、その内部では各家の由緒にもとづく意識が醸成されていった。前田土佐守家では、藩主前田家一門という意識が醸成されたと考えられる。大名家の一門家臣については、家老に就任せず、基本的に藩政に関与しない事例が薩摩藩の一門四家でみられる。[91] 一門四家は、家臣というよりも同族関係である意識が強かっただろう。そのため、家老はほかの家臣が就くと

従五位下菅原朝臣直堅
従二位行権中納言藤原朝臣基勝
宣奉　勅件人宜令任
近江守者
元禄五年四月廿五日

東山天皇宣旨

いう意識に至っていた可能性がある。同様に、前田土佐守家でも、家臣という意識とともに一門という意識をもっていたと考えられ、後者の意識が前田直堅の大老の辞職願いという言動につながったとみることもできる。

大老の就任についてはこうした例外の家があり、また大老から公儀御用という呼称の変更、定員数の変化が六代藩主吉徳《よしのり》期にあったものの、役職自体が成立したのは綱紀期である。綱紀期に、加賀藩の陪臣叙爵制度が成立し、それを利用するかたちで諸大夫年寄を公儀向きの役職（大老）に就かせるという原則が始まったのである。

5　年寄の成立期―本節のまとめ

貞享三年の職制改革で、重臣は大老・人持組頭・年寄・若年寄に就任し、大老と年寄には職掌が定められた。[92] 人持組頭には職掌が定められておらず、改革当初、大老を兼帯していない人持組頭は藩政に関与させない方針であったことがわかる。

しかし、人持組頭が発給や受け取りに関わった文書を分析していくと、本来番方の役職であった人持組頭が、大老や年寄と連署していた文書がみられ、人持組頭の藩政関与の事実が認められた。また、職制改革時には大老と年寄が月番を勤めていたが、年寄を経ずに人持組頭に就任した者が月番を勤めるようになっていった。その後、月番を勤める執政職であった年寄が欠員し、その代わりとして月番を勤めない家老という役職が誕生した。そして、これ以降「年寄」とは、月番を独占し、執政職を勤める八家のことを指すようになっていったのである。

このように、八家が月番を独占するようになったことで、藩内における八家の権力はさらに強くなったと考えられる。後年、近習が綱紀の言葉を次のように書き留めている。(93)「七手頭の家々《（人持組頭）》」は、「畢竟御仕置の品」に気にすることなく、「公儀に而諸大名の格の様に被遊置」き、「大年寄《（大老）》」は公儀向きのことを担当させ、家中の仕置、月番などは家老が勤めることとしたい。また、今までのように年寄（八家）となる家々が決まっていては、不相応な者が出てきて「手に合ざる御用」を勤め、「心得違等」によって「難被指置事」が生じては「御残念成御事」である。家老は、家柄も軽く、不相応であれば、「何時被指除候而も」支障はない。「何れに而茂御撰被成被仰付候得ば宜敷事」と記されている。しかし、大老・人持組頭―八家―が、公儀向きの勤めだけでなく内政にも関わり月番を独占し、家老が月番を勤めることはなかった。一度、権限を与えた者から、それを奪うことは綱紀にしても難しかったと考えられる。したがって、本節で明らかとなった八家による月番の独占、執政職を意味する呼称の「年寄」が八家を指すようになったことは、八家にとって権力・家格の成立期であったとみてよいだろう。

本節でみた綱紀による職制改革と、右の近習が書き留めた綱紀の言葉から、改革当初、同人が目指していたと考えられる家臣団体制をあらためて述べると、次のようにまとめることができる。

大老は、公儀向きの御用や重要な事案にのみ関わり、藩内のことには関与させない。このような重要な職である大老に就く者は、特定の重臣家に固定化した人持組頭のなかから選ぶこととする。また、大老はもちろん、それを勤めない人持組頭も月番は勤めさせない。加判については、明言した史料はみられないが、加判も月番と同様、勤めさせない意向があったと思われる。加判・月番については、年寄が勤め、藩内の全体を統轄する役を担わせる。年寄は、人持組のなかから優秀な人材をそれにあてる。年寄は、他大名家における「家老」を想定していたのであろう。

綱紀は以上のような構想をもっていたが、それは職制改革後ほどなくして変更された。職掌が定められていなかった人持組頭が藩政に関与し、加判・月番も勤めるようになり、役人的性格を強めていったが、これには人持組頭が藩政の仕組みを理解し、その上で大老に就くようにする狙いがあったのだろう。それに伴い、職制改革以降、年寄に十分な人員補充が行われない状態が続いた。つまり、年寄の職を人持組頭が勤めることで、年寄に人員を補充する必要がなくなったのである。そして、宝永四年に欠員していた年寄の代わりに、家老という職が誕生し、以降、幕末まで存続した。改革当初、八家については家格型家老[94]のような位置付けを目指していたため、人員を入れ替える必要がなく、世襲制がとられた。その構想は崩れたが、結果として年寄制のなかに引き継がれ、八家は代々年寄に属し、重職を勤める世襲の「家老」として強い権力を得ることになった。

職制改革は役方・番方両方が連動した改革であった。改革後の展開を年寄（八家）が就いた役職に注目してみると、役方（行政）については月番の独占が重要なポイントになったことがわかる。また、番方については、元禄十四年以降、人持組頭が七組の人持組を支配するようになったので、これもまた年寄の成立を考える上で重要である。年寄衆八家の成立期について、従来から村井親長が人持組頭に就任した元禄三年説が唱えられてきたが、[95] 本節で論じた八家による月番の独占時期や人持組頭の成立期、大老（公儀御用）と叙爵の制度の関係などから、その成立期は誤りであるといえる。年寄の役職・職掌・家格の成立期は元禄後期・宝永期頃である。また、後述する八家内の座列、その制度は正徳期に成立した。年寄の役職、それに関わる諸制度などは、職制改革を成立の画期とし、段階的に定められ定着し、不都合があれば改変されていっただろうが、宝永・正徳期頃には概ね成立していたと考えられる。つまり、年寄の成立もこの頃であるといえる。

第3節　役職就任と世襲

年寄は番方の職として人持組頭を勤めながら、加判・月番・公儀御用・勝手方御用などの役方の職に就いていた。しかし、世襲制であったため、幼少時に家督相続した場合は、年齢・経験的な問題により、右の職を勤めることはできなかった。そのため幼少時はもちろん、相続時期に関係なく、年寄家の当主が安定的に職を勤めることができるように役職就任過程が工夫されていた。本節では、まずこの役職就任過程の概要を論じながら、各役職について説明する。次に、年寄の役職就任・叙爵の順序に深く関わる年寄の座列について確認し、最後に年寄の世襲制を支えていた後見制について説明していく。

1 役職就任過程と加判就任

ここでは、年寄の役職就任過程とその各役職について簡単に説明し、役職のなかでも重要な意義をもった加判の就任について詳しく述べたい。

(一) 役職就任過程

五代藩主綱紀期は、基本的に、相続、無役→火消（勤めない場合もある）→御用見習（以下、見習）→人持組頭→加判・月番（同時ではない時もある）、という順で就任したが、いくつかほかのパターンもみられる。この時期は、まだ就任過程が固定化されていなかった。綱紀期の役職就任過程の特徴は、見習期間の有無があったこと、基本的に人持組頭就任後に加判・月番に就任していたことである。

六代藩主吉徳期以降の役職就任過程は、基本的に、相続（あるいは新知）[96]、無役→火消（勤めない場合もある）→見習→加判・月番（同時ではない時もある）→人持組頭であった（享保八年五月〜）。なお、例外ではあるが、年寄の嫡子を近習として勤めさせる事例があった。[97] このほか、家老・若年寄に就任する事例もみられる。[98]

次に、年寄が就いたこれらの役職について説明しよう。

火消には、主に御宮請取火消（城内にある東照宮の消防）、御仏殿幷別当屋敷請取火消（城外にある徳川家廟所の消防）の二種類があった。定員は各一人で、十代前半に勤めることが多く、家老の者も勤めた。史料には、「御宮幷御仏殿之儀者、年寄中並之面々無役之者幼少ニ而も相勤」[99] とあり、長高連《たかつら》は三歳で御宮請取火消に就任している。詳しい職務内容については不明である。

前田直養加判・月番申付状

見習は不明な部分が多いが、年寄席があった金沢城二ノ丸御殿の松之間に出座し、合議の様子をみて様々なことを学んでいたと考えられる。見習を行うようになる年齢については、十代後半が多いようにみえる。

加判は、月番の起案した文書に判を押す職で、家老も勤める職であった。[100] 史料には、「年寄中御用加判」[101] などと書かれており、大抵の場合「年寄」の語が付く。後述するように、藩政運営に関わる合議の場には、加判・月番を勤める年寄と加判を勤める家老が参加していた。

加判を経験すると次は月番に就任する。基本的に加判を勤めながら月番に就任し、また人持組頭に就任してもこれらは兼帯した。月番とは、月交代で政務全般の取りまとめを行う者を指し、担当月になった者は御用番と呼称された。御用番の職務内容、その実態については次節で詳述するが、御用番になると、家臣から組頭を経由して届く養子・縁組願いのほか、藩政に関わる様々な書状類を処理した。御用番を勤めるには、こうした処理能力が必要であった。

月番に就任した者は、一定期間を経ると人持組頭に就任した。この一定期間は一律ではない。人持組頭の就任基準は、役方の職（加判・月番）に慣れているか否かであった[102]。これは家臣団を支配する頭としての責任の重さに関わる問題である。人持組頭になり、「備《そなえ》」の長となった状態で、問題を起こしてしまうと、その影響は大きい。だからこそ人持組頭就任前に、加判・月番の役方の職に慣れておく必要があったのである。泰平の世における人持組頭の勤めは次節でみるように、人的管理（法令伝達、組士の養子・縁組願いの上申、その許可の通達など）であった。人持組頭を滞りなく勤めるためには、組織の一員として決裁の仕組みをはじめとする御用の取り捌き方などを理解している状態が理想とされていたと考えられる。

人持組頭就任後は、前節で説明したように叙爵し、公儀御用（大老）に就く者もいた。なお、加判・月番の就任後に、勝手方御用・学校方惣奉行・金沢城代などを勤めることもあった。

前田直方画像

役職就任過程の事例を一つあげておこう。表3は、前

表3　前田直方の経歴

寛延元年閏10月27日	誕生
宝暦13年5月4日	新知（2,500石、うち500石与力知）
宝暦14年3月22日	御仏殿幷別当屋敷請取火消
安永3年6月1日	相続（11,000石、うち1,000石与力知）
安永3年6月6日	御用見習
安永3年7月1日	加判、月番（御仏殿幷別当屋敷請取火消御免）
安永4年5月24日	勝手方御用主附
安永4年8月19日	勝手方御用主附御免
安永6年5月15日	人持組頭
安永6年12月26日	従五位下土佐守叙爵
安永7年4月29日	勝手方御用当分主附（藩主留守中）
安永8年9月5日	勝手方御用主附（藩主帰国後）
寛政元年9月2日	加判・月番・勝手方御用主附御免
文化3年9月10日	加判、月番
文化7年6月1日	勝手方御用主附
文化9年12月15日	隠居
文化13年11月28日	近江守に改める
文政6年11月17日	死去

（註）前田土佐守家資料館所蔵「前田土佐守家家譜幷諸事留」により作成。

田土佐守家の六代当主前田直方《なおただ》の経歴をまとめたものである。すでにみてきた順序で役職に就任していることが確認できる。実際には、役職の御免、再任などが頻繁にあったこともうかがえる。

以上をまとめておこう。吉徳期から加判・月番などを勤め、その後に人持組頭に就任するといった役職就任過程が成立した。ただ、その原型は綱紀期に大方成立していた。綱紀期の役職就任過程から変更がなされたのである。おそらくこの変更には、組を支配する重要性から、人持組頭就任前に役方の職務に慣れさせる意図があったのだろう。また、役職就任過程は、見習を経て、徐々に重要度の高い役職に就くように工夫されており、これは安定的に職を勤めることにつながっていたと考えられる。

（二）加判就任と「年寄中」

先述したように、加判に就任すると藩政運営に関わる合議の場に参加することができた。その場には、年寄の加判就任者だけではなく、加判に就任した家老も参加した。[103] つまり、年寄でも加判御免となっている者、年寄・家老でも加判に就任していない者はこれに参加できなかったのである。この差は、年寄の呼称にも関わっていた。年寄のなかで、加判に就任している者らは、「年寄中」と呼称され、それに就任していない者と区別されて表記されていたのである。

たとえば、藩主治脩《はるなが》の家督相続・任官の祝儀のための献上物を命じた際の史料には、献上物名の下にそれを献上する者の役職や名前が書かれている。[104] その献上物名の下に、「年寄中・前田土佐守（直躬）・奥村橘次郎（尚寛）」と記されている箇所がある。当時、前田直躬《なおみ》は加判・月番・人持組頭を免除されており、奥村尚寛は御宮請取火消を勤めていた。ほかの年寄は、人持組頭・加判・月番などを勤めていた。加判に就いていない二人は、「年寄中」と呼称されていなかったのである。

「年寄中」の呼称について、別の事例からも確認しよう。図4は、正月の二ノ丸御殿小書院における重臣の御礼の箇所、献上の太刀（目録）を置く箇所を示した絵図である。「年寄中」「御家老役」「若年寄」のほかに、「前田主税」と書かれていることがわかる。絵図の詳しい年代は定かではないが、絵図の裏面に「文化以来」と書かれている小紙が貼ってあることから、「前田主税」とは前田土佐守家の七代当主直《なお》時《とき》であると考えられる。直時が、新知で召し出された文化五年（一八〇八）十二月から加判・月番に就く同九年十二月までの期間は、ほかの年寄はいずれも加判以上の役職を勤めている。加判に就いていない者が「年寄中」に含まれていないことがうかがえる。

二つの事例からも、加判就任の有無が「年寄中」の呼称に関わっていたことは見当がつくが、これらの事例だけでは見習が「年寄中」に含まれていないと断言はできない。しかし、年寄の職務の「見習」という本来的な意味や、加判就任が藩政運営の合議に参加できる基準になっていたことをふまえれば、見習段階の者は「年寄中」に含まれていないと考えられる。

また、このほか、これまであまり注目されてこなかったが、加判就任の有無が基準になっていたものとして、文政十年（一八二七）以前は人持組頭のなかで加判御免となっている者は、人持組の跡組（誰も管理していない人持組）を一時的に預かることができなかった事例があげられる。[105]

前田直時画像

これらは年寄の加判就任者を基準にしたものであるが、年寄だけではなく、家老も含めた加判就任者に基準が置かれていた事例としては、家臣の相続申し渡し時に列座した者らが「加判之人々《（年寄・家老の加判就任者）》」と、記されていることからも確認できる。[106] この基準は、年寄の領知判物頂戴の御礼

図4　二ノ丸御殿小書院図の一部（文化期）

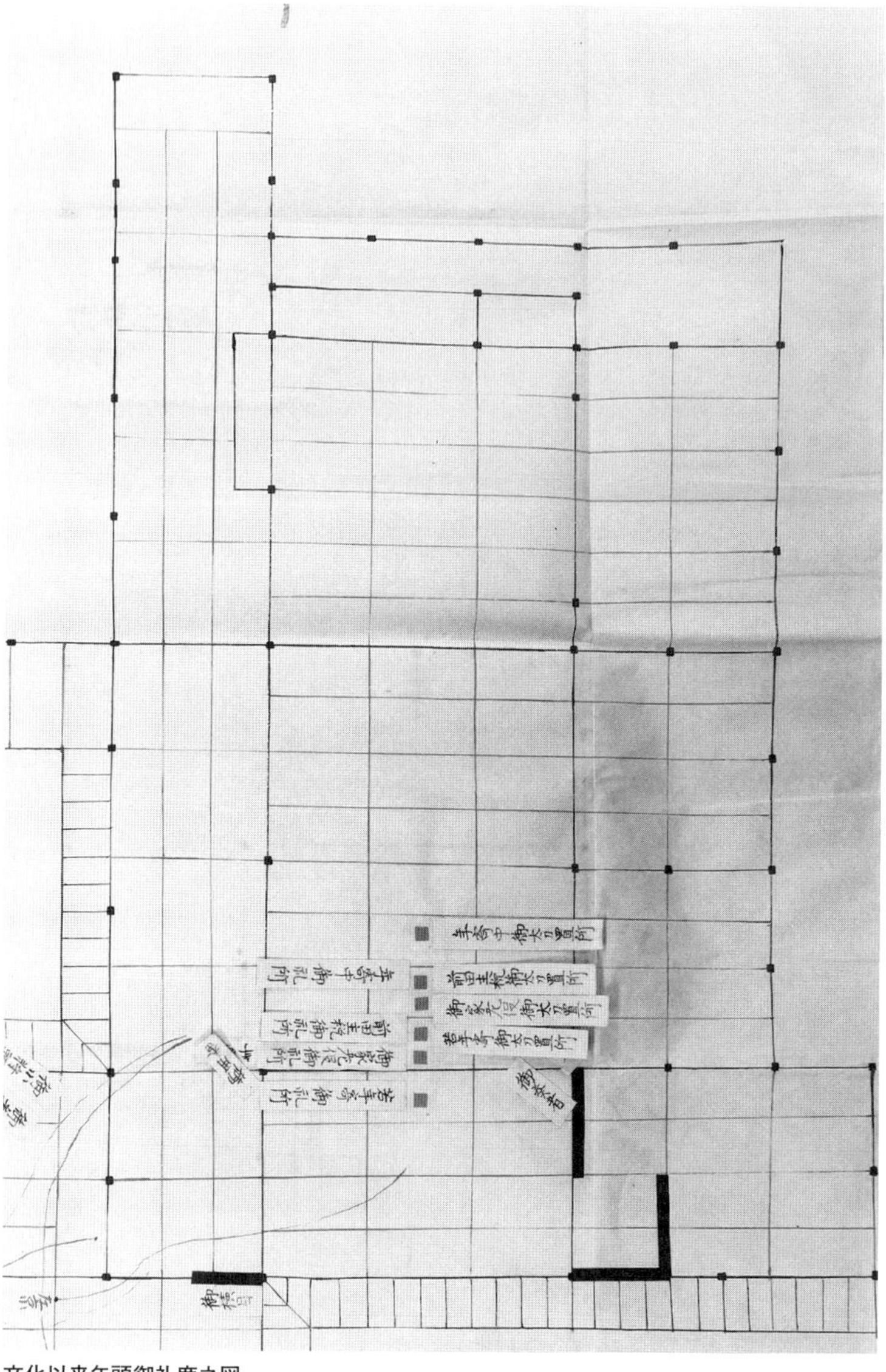

文化以来年頭御礼席之図

が、年寄・家老の加判就任者に使者によって「普為聴」されている事例でもみられる。[107]

このように加判就任の有無に基準が置かれたのは、やはりその就任により、藩政運営の合議に参加できたことが影響したのであろう。大きな分類では同じ身分階層や役職―この場合、年寄・家老―に属する者のなかでも、藩政関与のあり方で身分差が生じており、様々な場面で加判就任の有無が呼称・行動を分ける基準になっていたのである。

2　役職就任と座列

年寄の基本的な序列は、元禄十年(一六九七)の藩主綱紀の覚書に、①本多家、②長家、③横山家、④前田家(長種系)、⑤奥村宗家、⑥奥村支家、⑦村井家とある。[108] この序列は「家之列」と呼ばれ、座列の基準になっていた。しかし、そこには前田土佐守家の位置が書かれていない。同家について綱紀は、元禄二年に前田直堅が相続した際、前田土佐守家は「各別」で、家督相続した時には「何時も大老之次」としている。つまり、前田土佐守家は、座列が明確にされていないのである。座列の法則については、正徳三年(一七一三)の綱紀の御親翰からうかがえる。この御親翰は、長家・横山家・奥村支家の座列について記したものであるが、その内容はほかの年寄家にも用いられたものであり、その後も踏襲された座列制の原則であった。後年(文政期)、年寄はこの御親翰をもって「家之列」が定まったという認識を示している。[109] その御親翰の内容を説明しよう。

人持組頭就任前は「家之列」に従った座列になるが（長家・横山家・奥村支家の順）、横山家・奥村支家が人持組頭になれば、「家之列」ではなく彼らが長家より上列とされた（横山家・奥村支家・長家の順）。また、長家が人持組頭になれば、「家之列」に従った座列になるとする（長家・横山家・奥村支家の順）。そして、叙爵した場合は「家之列」に関係なく、先官順（叙爵した順）になるとしている。

これを図式化し、理解しやすいように「家之列」を並べたものが図5である。前田土佐守家の「家之列」については、後述するように二番目であったと思われるが、綱紀が明確に定めていないので、丸括弧付きとした。座列の区分は、上位から①諸大夫、②人持組頭、③相続～月番に大きく分かれる。①～③のそれぞれの範囲でそれに属する者が序列化されていたのである。座列の基準は、先に述べたように②、③は「家之列」、①は「家之列」を用いず、先官順であった。なお、相続前に新知を与えられている者は、③の次に「家之列」で位置付けられた。

こうした「家之列」を基準とする座列の法則、すなわち座列制は、役職就任や叙爵の順序を明確化するものであった。人持組頭が叙爵し諸大夫年寄となる時、人持組頭に就任する時は、基本的にそれぞれ図5②、③の範囲内で座列が高い者がそれに選ばれた。ただし、叙爵については例外があった。本多家と前田土佐守家が優先的に叙爵されていたのである。[110] 叙爵する時期は、本多家が相続後、前田土佐守家が就任後となっており、本多家の方が優先されていた。「家之列」としては、本多家が筆頭で、その次が前田土佐守家という位置付けであったことが明らかである。

本多家は、年寄のなかでも最も高禄（五万石）で、家祖政重《まさしげ》は徳川家康の重臣本多正信の次男であり、

図5　年寄の座列と「家之列」

【座列】

【「家之列」】

1. 本多家
2. （前田土佐守家）
3. 長家
4. 横山家
5. 前田家（長種系）
6. 奥村宗家
7. 奥村支家
8. 村井家

元和・寛永期には幕府との取り次ぎを行い、加賀藩を支えた。前田土佐守家は、藩祖利家の次男利政を家祖とする家であった。こうした由緒が「家之列」に反映されたのである。

では、表4を用いて実際に座列制を用いた座列の様子を確認しよう。表4は、寛政十二年（一八〇〇）十二月の年寄の座列を示したものである。

諸大夫からみよう。前田直方・奥村尚寛《ながのぶ》は安永六年（一七七七）十二月、本多政成《まさよし》は寛政九年十二月、長連愛《つらよし》は寛政十二年十二月に叙爵している。ここでは、「家之列」ではなく、先官順であったことがわかる。ただし、直方と尚寛のように同時に叙爵した場合は、「家之列」に従った座列になったと考えられる。なお、当時、前田直方は、寛政元年九月に勝手方御用主附・加判・月番を差し除かれており（体調不良が原因か）、当時は人持組頭のみ勤めていた。人持組頭は、そのグループのなかで「家之列」に従った座列になっていることが確認できる。見習の前田直養《なおやす》は直方の嫡子で、寛政十年七月に新知二五〇〇石で召し出され、この当時は見習、御仏殿幷別当屋敷請取火消を勤めていた。つまり、この表のなかで唯一、当主ではなく嫡子という位置付けであった。直養は相続前であったので、図5でいえば③に属する横山隆盛の次位となったのである。

表4　寛政12年12月の座列

座列	年寄名：役職
1	前田直方（土佐守）：人持組頭
2	奥村尚寛（河内守）：公儀御用、人持組頭、金沢城代、学校方惣奉行、加判、月番
3	本多政成（安房守）：公儀御用、人持組頭、学校方惣奉行、加判、月番
4	長連愛（甲斐守）：人持組頭、加判、月番
5	前田孝友：人持組頭、金沢城代、勝手方御用主附、学校方惣奉行、加判、月番
6	村井長世：人持組頭、学校方惣奉行、加判、月番
7	奥村質直：人持組頭、加判、月番
8	横山隆盛：見習、御宮請取火消
9	前田直養：見習、御仏殿幷別当屋敷請取火消

（註）金沢市立玉川図書館近世史料館所蔵奥村文庫「加藩熈康暦」などにより作成。

3　年寄の後見制—前田土佐守家の事例

役職就任過程からは、徐々に重要度の高い役職に就いていることがわかり、年寄が安定的に役職を勤めるための工夫がみられた。年寄の世襲を支えたものであったと評価できるだろう。それとともに、年寄の世襲制を支えたものに後見制がある。後見制とは、年寄の当主が幼くして相続した時に、一定期間、ほかの年寄が後見役となり、その当主および家臣（陪臣）をサポートする体制のことである。後見役は、原則加判に就いていた年寄から選ばれた。(三) 元禄期以降、年寄の後見の事例は九例ある。そのうちの二例は、前田土佐守家の事例であり、八代直良《なおさだ》、九代直会《なおより》が後見されている。ここでは、この二つの後見の事例から、その実態をみていきたい。

まず、前田直良の後見である。前田直良の幼名は初丸といった。父は七代直時、母は年寄本多政礼《まさつぐ》の養女であった。父直時が文政十一年（一八二八）八月十日に死去し、その跡を同十月に継いだ。

横山隆章画像（石川県立歴史博物館所蔵）

奥村栄実画像

当時、直良は九歳であったことから、直時が死去した翌日の十一日から後見役として、年寄奥村栄実・横山隆《たか》章《あきら》がつけられた[112]。

同十月六日、初丸は金沢城二ノ丸御殿に登城し、後見役の栄実に誘引され、奥書院の下段において御用番年寄から直時の遺知一万一〇〇〇石を相続するように仰せ付けられた。同十二月三日には、初丸がまだ九歳のため朔望・佳節の登城、御礼日ごとの登城の御用捨を栄実が願い、その通りに心得るようにとの回答があった。また、同月二十六日、年頭の御謡初の時に初丸は出席すべきだが、御盃頂戴などの際の立ち振る舞いが覚束《おぼつか》ないと考えられることから、栄実が御用捨を願い、許可を得ている。

その後、同十三年十二月二十六日、初丸が十一歳になったので、年頭の御謡初に出席すること、年頭規式の作法の見習をすることを栄実・隆章が願い、許可されている。天保二年（一八三一）正月二日、初丸は初めて御盃を頂戴し、近習御用（大村致知）を通じて御礼を申し上げた。同月二十五日、後見役の隆章が江戸詰になるので、その間、本多政和《まさはる》（播磨守）が代わりに後見役を勤めることとなった。同五年十一月六日、政和は、初丸の角入・袖下留、名を内匠に改名することを御用番年寄に願い、藩主斉泰《なりやす》の許可を得た。同月十一日に、角入・袖下留、改名の御礼のために登城していることから、(113)それまでに角入などを行ったのだろう。同六年十月十四日、栄実は内匠の前髪執を御用番年寄に願い、同十一月二十七日に斉泰から勝手次第と伝えられ、同十二月四日に前髪執を行った。(114)

そして、同月十四日、栄実は、内匠が前髪執を済ませ、最早家事取り捌きもできるようになったことから、「後見指止」について江戸の斉泰まで伺い、同月二十八日付の書状で許可されている。当時、内匠は十六歳であった。

次に前田直会の後見についてみよう。前田直会は、もともと藩主斉泰の子であり、幼名を静之介といった。生後まもなく、前田直良の養子となった。前田土佐守家資料館には、静之介の引き移り時の様子、その後の生活などを前田土佐守家の家老が詳細に書き留めた「静之介様御養子一巻」という史料が伝存しており、(115)同家にとって大きな出来事であったことがうかがえる。斉泰は、この養子について、直良に男子がいないことを理由にしているが、実際は天保十二年閏正月に生まれた男子がいた。のちに静之介の跡を継いだ十代直信《なおのぶ》である。直信は、側室の子であったことから、嫡子としての届けが出されず、それゆえ斉泰も認識していなかったのであろう。

嘉永四年（一八五一）四月、前田直良は江戸で死去した。道中より体調不良で、江戸到着後に重篤な状態となり、急逝したのである。三十二歳であった。その跡は、静之介が相続することになったが、当時、五歳であった。そのため、年寄横山隆章・奥村栄通《てるみち》が後見役を勤めることになった。

後見役を勤めた栄通の自筆の史料からは、後見役の二人と前田土佐守家の家臣との間で連絡し合い、静之介の成長を支えていたことがわかる。すでにその実態については、詳細な研究成果がある。(116) そこでは、①静之介家臣の任免や処罰、②名代として年頭の内証献上物持参、③静之介の当主としての成長のバックアップ（修学など）、④病弱の静之介の病状把握と的確な医療受診指示などが、後見人と前田土佐守家の家臣との間で話し合われ、決められていたことが指摘されている。しかし、病弱であった静之介は、安政三年（一八五六）二月に十歳で死去した。

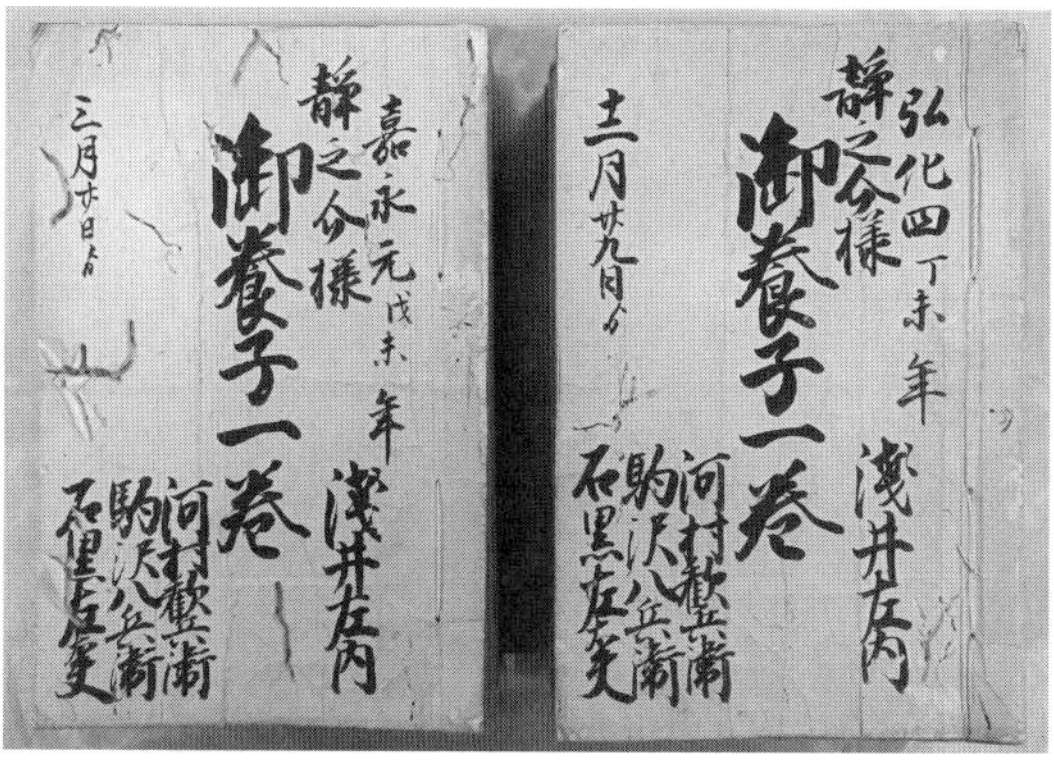

静之介様御養子一巻

以上、二つの後見の事例をみてきた。文政十年八月、初丸（前田直良）の父直時は脚気《かっけ》がもとで重体になった際、のちに後見役を勤める奥村栄実へ、初丸のことを頼み、家中についても自分の家来のように心得てほしい、と伝えている。直時の遺書からも、栄実に後見役を頼むことを想定していたことがわかる。(117) 後見役は、自分の家と同じように被後見人の家も扱うものであったことがうかがえる。こうした事例はほかにもみられる。例えば、本多政礼が長連愛へ宛てた遺書(118)には、なにか不慮のことがあれば政礼の子である政和（当時三歳）へ跡職を仰せ付けられるように頼み、数人の子どもの養育についても、政和が相続する知行で如何様にも育てるようにと頼んでいる。そして、政和が相続したならば、後見役を勤めるように願っている。加えて、政和の成長のみならず、「家中仕置之義も、貴所様御家来同事与思召宜敷御指引可被下候」と、家中についても自分の家来のように「仕置」してほしいと頼んでいる。のちに長連愛は、政和の後見役を勤めた。

後見役は、元服の前後までつけられており、その後は見習を経て加判・月番などの役職に就任し、藩政運営に関与していく。後見制は、役職就任の前段階において、年寄同士が支え合う制度であり、これにより年寄の家の安定的な存続が実現していた。

第4節　職務の内容と実態

ここでは、年寄が勤めた御用番・人持組頭・公儀御用の職務内容に加え、年寄の職務を補助していた執筆役についても論じ、職務の実態に迫りたい。(119)

1 御用番

御用番とは、年寄の月番就任者のなかから月交代で、政務全般の取りまとめを行う者の呼称である。

御用番については、家臣の養子・縁組願いなどの文書の処理、諸儀礼における誘引役を勤めていたことは知られている。養子・縁組願いのほかにも、様々な文書が御用番のもとには届く。例えば、文化十四年（一八一七）二月は奥村栄実が御用番であったが、同月二日には年寄前田直時の会所銀借用証文が栄実のもとに届き、栄実は内容を確認し、裏書きをして証文を返している。また、同日には算用者の二人が江戸から帰国したという情報が書かれた紙面が栄実のもとに届き、近習御用を通じて藩主にそれをみせ、同日近習御用を通じて返却されている。このように御用番のもとには、許可・確認を求める文書、藩主にみせる必要がある文書など、様々な種類の文書が集まってきた。(120) それを御用番は適切に処理していたのである。

職務は、先例に従って行われていたと考えられ、その先例をまとめたものに「類聚御用番記」(121) という史料がある。これには、儀礼などの具体的な状況における御用番の職務内容が書かれており、御用番を勤める者にとっては有益な情報が記されたマニュアルのようなものであった。また、御用番以外の年寄の職務に関する記述も含まれていることから、広い意味では年寄が勤めた御用の参考となる文書であったともいえる。同史料は、年寄村井長貞《ながさだ》が作成したものであり、その重要性から年寄の間で書き写され、複数の年寄家（奥村両家・横山家）が所有していた。以下、年寄奥村栄通《てるみち》が記したものを分析に用いる。栄通が記した「類聚御用番記」は三冊あり、一冊は村井長貞が記したものを栄通が書き写し、現在と異なる点などについて朱書きで追記したもの、残りの二冊（附録）は長貞が書き漏らしたことなどを栄通が記したものである。この「類聚御用番記」の内容から、御用番の職務内容の一端をみていこう。まず、御用番の交代に関する基本的な説明をしておきたい。

御用番は月交代制であったが、御用番となった者が担当月の途中で病気などにより、それを勤められなくなった場合は、月の途中で交代することがあった。一つ事例をあげよう。安政六年（一八五九）五月の御用番は奥村直温《なおはる》であったが、同月十七日に疝邪《せんじゃ》（胸・腹などの痛み）のため、御用番の振替を願い、翌月の御用番を勤める予定であった長連弘《つらひろ》も病気のため、翌々月の御用番を勤める予定であった横山隆貴《たかおき》[122]が同日から御用番を勤めることになった。[123]月番就任者のなかで、御用番を勤める順序が決められており、月の途中で交代する時は、それに従い交代していたのである。また、月の途中ではなく、翌月から御用番を勤める予定であったが、月末時点で体調が悪い場合でも順序に従い、交代していた。[124]

交代する程ではない場合は、「御用番助」という方法を用いていた。[125]「御用番助」とは、御用番が病気などのため、登城できない時にほかの年寄が一時的（一日単位など）に御用番の職務を「助ける」（勤める）ことをいった。一日、もしくは数日で快復する見込みであれば「御用番助」を用いて、快復の見通しがたたなければ、先述したように御用番を勤める順序に従い、次の者と交代したのであろう。

「類聚御用番記」（二）の「雑」という項目には、「御用番助」を用いる手順として次のように書かれて

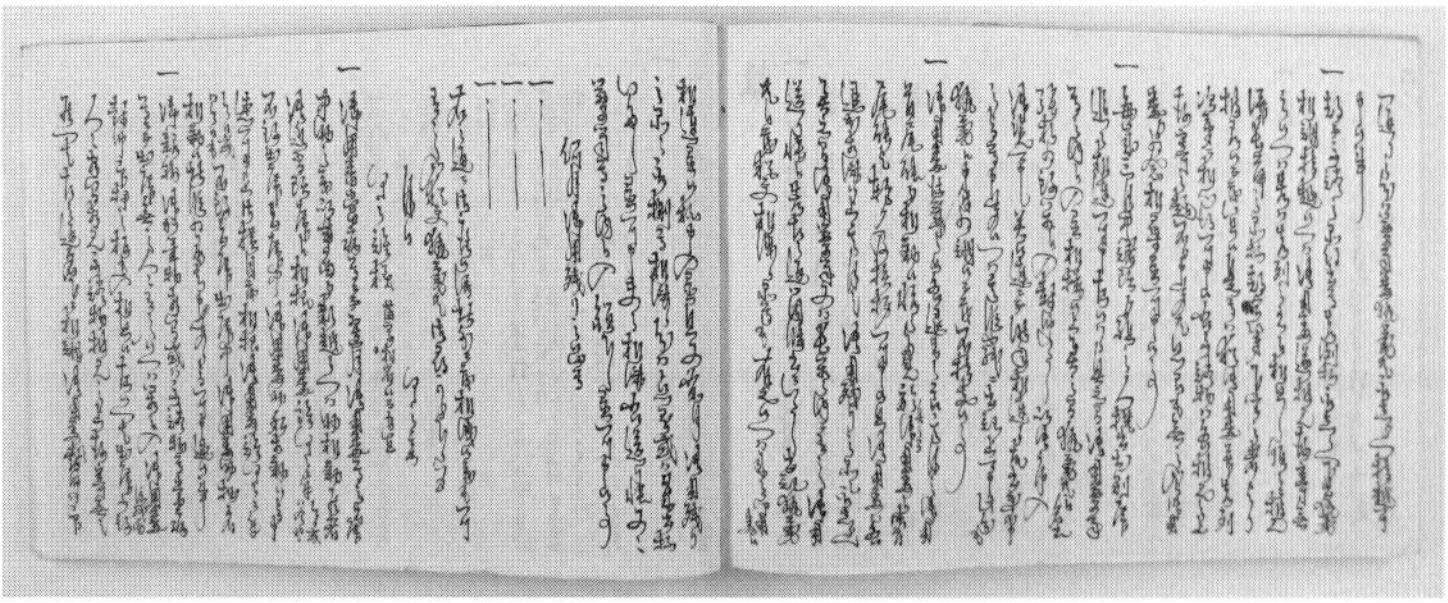

類聚御用番記（金沢市立玉川図書館近世史料館所蔵加越能文庫）

いる。御用番が登城することができなくなった場合、翌月の御用番を勤める予定の者や、出席するほかの年寄へ「御用番助」の依頼をした。次に「御用番助」を勤めることになった者が近習頭へ「御用番誰何々ニ付今日或ハ今日も不致出席、出席中御用番助私相勤候」と述べ、同じように横目へもそれを伝えることになっていた。近習頭を通じて藩主へ、また横目へもそれを周知させた上で、「御用番助」を勤めたのである。

このような事例はあるものの、基本的に御用番は月初めから月末まで一人で勤めることになっていた。御用番が月交代制であったことから、円滑に御用を勤めるためには、交代の際の引き継ぎが重要であった。そこで御用番は、「御用送り帳」という文書を作成し、翌月の御用番へ仕事の引き継ぎを行っていたのである。以下では、「類聚御用番記」を用いて「御用送り帳」について明らかにする。[126]まず、月番就任者が御用番として月の担当者になった時の様子からみよう。

御用番を勤める者は、担当月になると奥之間にある「御用之品入長箱」の鍵を前月の御用番から受け取り、「御用箪笥」、または「長箱」のなかに入っている「御用送り帳」に記された前月分の残りの御用を確認し、それらを取り捌いていった。その鍵は、常に懐中することになっていた。

この内容から、奥之間が御用番の職務遂行上、重要な場所であったことがわかる。奥之間は、「年寄中内談所」などとも呼称され、図6で確認できるように、金沢城二ノ丸御殿で年寄が詰めた松之間に隣接していた。奥之間に保管されていた「御用送り帳」の原本は、現在のところ確認できないが、こうしたものが御用番の職務の円滑な引き継ぎのために作成されていたのである。また、そのほかの記述からは、御用番の交代、「御用送り帳」の内容がさらに詳しくわかる。御用番勤めの最終日の行動を紹介しよう。

最終日は、ほかの年寄から「御首尾能」と、軽い挨拶があった。そして、御用番は、ほかの年寄中などが退出すると、その月の御用の残り分を調べ、それを「御用送り帳」に箇条書で記した。年寄中席執筆役（後述）へも、書き漏れたものがある場合は、翌月の御用番へ伝えるように頼んでいた。また、前月の残り分の御用として「御用送り帳」に書かれていたものを自身が処理した場合は、それに点や朱書などをした。それらが終われば、「御用送り帳」を箪笥《たんす》などに入れ、鎖をした。

以上をまとめておこう。御用番は、基本的に月交代制であったが、病気などにより、月の途中で交代することもあった。また、交代する程ではない時には、「御用番助」という方法を用いて、一時的にほかの年寄が御用番の職務を勤めた。御用番は、月交代で職務にあたっており、前月の御用番から引き継ぐ仕事もあった。それを記したものが奥之間に保管されていた「御用送り帳」であった。御用番は、家臣の諸願いの処理、日々の儀礼などにおける勤めのほかに、その帳面に書かれた御用などを取り捌いていったのである。月交代制という役職の性格上、こうした文書が必要であり、これにより円滑に職務を勤めることが

図6　安政2年の松之間付近間取図

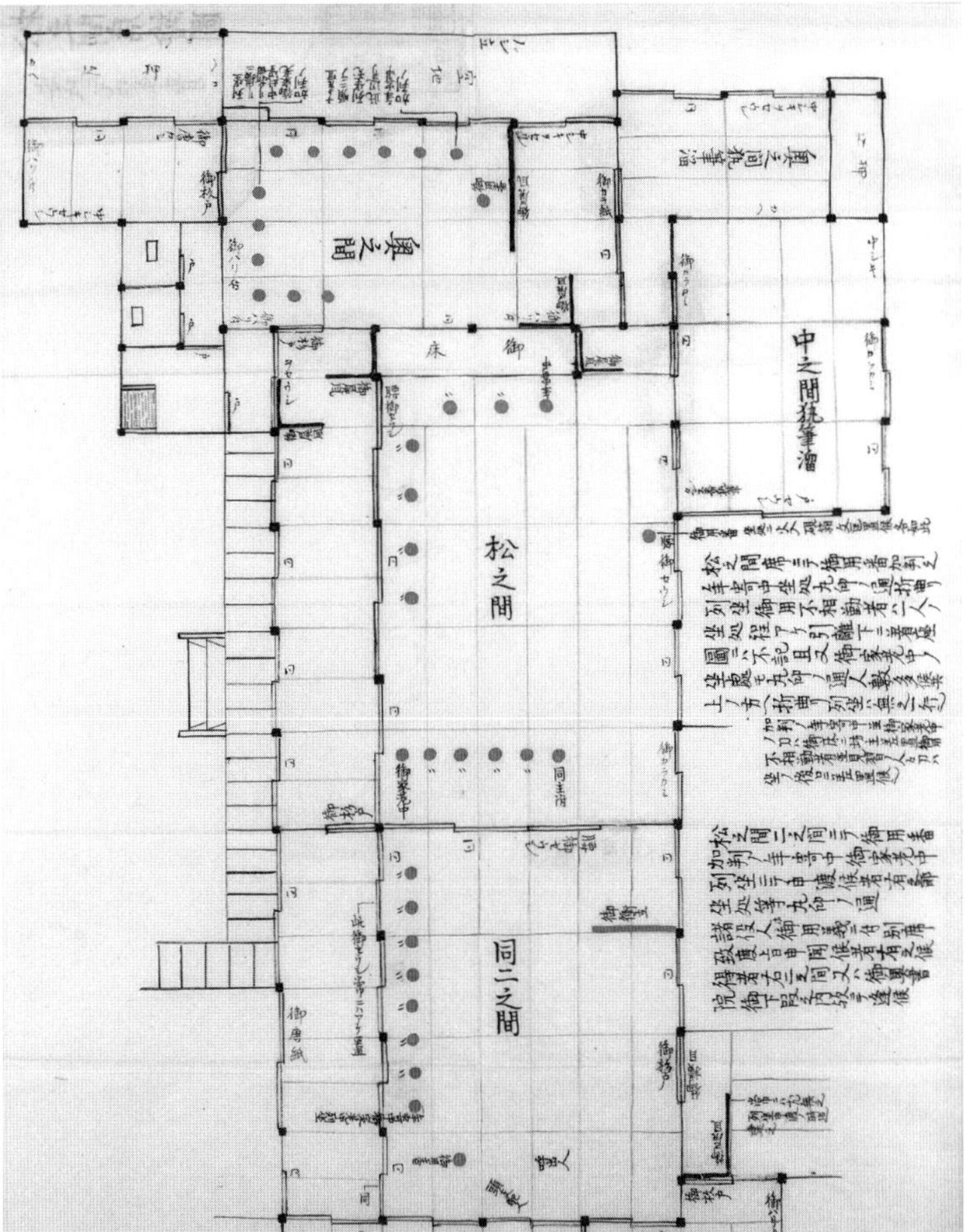

（註）金沢市立玉川図書館近世史料館所蔵大友文庫「用番方御絵図」10を加工。

できたと考えられる。

2 人持組頭

人持組頭（定員七人）は、七組に分かれた人持組士（約五〇～七〇人前後）を管理していた（元禄三年以降）。史料には「管理」ではなく、「支配」と表記されているが、実際の職務内容をみると管理というべきであろう。人持組頭は、人持組のほかにも、先弓足軽組・先筒足軽組を管理していた。人持組頭―人持組・先弓足軽組・先筒足軽組は、一つの軍事集団、すなわち「備《そなえ》」として近世初期に成立していたと考えられる。図7は、この備を図式化したものである。実際の戦になれば、人持組頭は、この集団を率いて戦場に向かっただろうが、泰平な世になるとそうした機会はなく、人的管理だけを行った。

例えば、人持組士、先弓筒足軽組頭の遺書の管理や[127]、組単位で藩に提出していた献上物[128]・出銀[129]のとりまとめは人持組頭の仕事であった。また、人持組士からの養子・縁組願いなどをうけ、御用番年寄に上申し、その結果を通達することも人持組頭が行っていた。これらのほかにも、人持組頭の勤めはいくつかあった。人持組士の状況把握の事例が中心になるが、以下でみていこう。

（一）人持組士の状況把握と報告

人持組頭は、各人持組士の情報をどのように把握していたのだろうか。それを奥村宗家が管理した人持組所属の石野家を例にみていこう。石野家の史料からは、「知行高役附歳附帳」「勝手方帳」「人馬数帳」を人持組頭の奥村宗家の当主へ提出していたことが確認できる。[130]「知行高役附歳附帳」はほぼ毎年提出しているが、「勝手方帳」「人馬数帳」の提出は二年に一度程度であった。三種の帳面全てに共通するのは、正月にこれらを報告していることである。人持組頭は、これらにより組士の役職・禄高・家計状況（借銀の額など）・家族構成・陪臣（給人・侍分・歩・足軽・小者）の数・所持する馬数などの情報を把握することができた。

図7　備の概念図

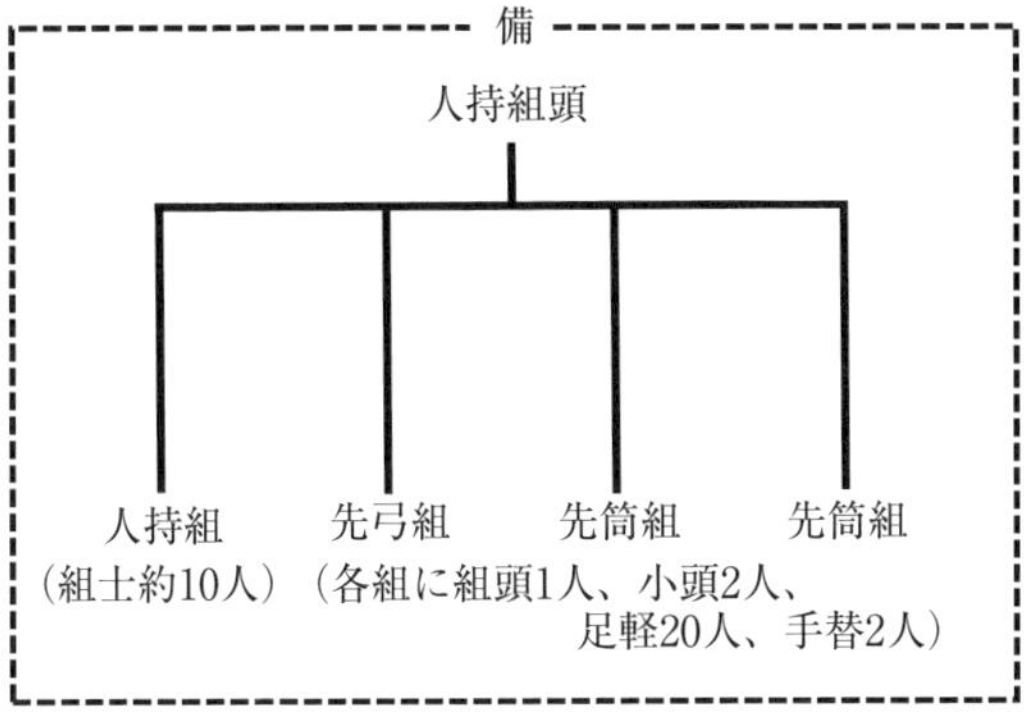

人持組頭は、一時的に自身が管理する人持組以外の組を預かること（組預かり）があった。人持組頭が参勤の御供のため江戸詰になった場合など、組の管理が出来なくなる時に組預かりが行われ、その組を預かっていた人持組頭へ組士の帳面などが提出されていた。事例をみよう。

石野家が各帳面を提出する先は、所属する組の頭である奥村宗家の当主であったが、慶応元年（一八六五）は、当時の当主奥村栄通ではなく、前田直信（前田土佐守家）へ提出している。[131]この理由は、栄通の役職就任の状況が関係している。栄通は、藩主斉泰の世子慶寧《よしやす》の御供として禁裏守衛を勤めていたが、禁門の変に伴い、慶寧が退京した責任を問われ、元治元年（一八六四）十月に遠慮を申し渡され、人持組頭を差し除かれた。[132]この処分は、慶応元年九月の人持組頭復帰まで続いたため、[133]同正月当時は、人持組頭を勤めておらず、栄通が管理していた人持組を一時的に預かっていた直信へ、各帳面が提出されたのである。

（二）組士の借銀

ここでは、前田直信が管理していた人持組に属した組士の借銀の事例をみよう。

青山徳次は、勝手方が難渋していたのか、元治二年三月に大聖寺御貸附銀から八〇貫目を借銀した。[134]返済は五か年計画であった。このことは、青山徳次の家臣である佐双久左衛門・藤村沢右衛門から、直信の家臣である高橋沖之丞・桜井東摩・箕浦彦右衛門・野口右藤次・浅尾文左衛門に報告されている。この借用証の奥書には、青山徳次の名前・印がある。借銀は、一〇〇石の米切手を引当としていたが、明治二年（一八六九）四月に詮議の結果、米切手は返却されている。[135]

同様に、慶応二年十二月に人持組士の佐々木定舒も八貫四〇〇目を借銀し、それを定舒の家臣が前田直信の家臣へ報告している。[136]奥書には定舒の名前・印がある。この借銀は、「祠堂銀《しどうぎん》為御組用御引請御借用」と書かれている。祠堂銀とは、宝円寺（藩主前田家の菩提寺）などの寺の維持のために藩が寄附した銀であり、算用場に属する祠堂銀裁許の取り扱いにより、家臣に貸し付けていたという。[137]「為御組用御引請御借用」とあるので、おそらく組単位で借用されていたものと推測される。

佐々木定舒が借銀した同じ月に、人持組士の前田国規も定舒同様、組用の祠堂銀から一二貫目を借銀している。[138]その借用証も、国規の家臣から前田直信の家臣に宛てたもので、奥書に国規の名前がある。なお、この時、国規は小松城番に就いており、小松にいたため同じ組の人持組士の寺西秀敬が代判している。すべての借銀が人持組頭に報告されていたとは考えにくいが、右でみた借銀については報告していたようである。先述したように、人持組頭は管理する人持組士から提出される「勝手方帳」をもってその家の家計状況を把握していた。こうした新たな借銀の報告は、人持組頭が人持組士の最新の家計状況を把握することにつながった。

(三) 御用番への「人撰書」の提出

人持組頭は、毎年三月に自身が管理する人持組士の現状・人柄などを御用番年寄へ報告していた。その書類を「人撰書」と呼んでいた。[139]表5は、弘化四年(一八四七)三月に年寄奥村栄通が提出した「人撰書」の内容をまとめたものである。そのなかで注目したいのが、菊池武尹・岡嶋一孝の状況を記した「役義有之候故、人柄等書出不申候」[140]という文言である。つまり、「人撰書」は、役職就任に関する「人撰」のために提出していたものであったのである。この時の「人撰書」には、「三人共人品実躰方ニ相見候得共、押立候役義ハ未難被仰付可有御座候」「年齢より未熟ニ御座候故、押立候役義ハ未難被仰付可有御座候」などと厳しい評価が並ぶ。「人撰書」の最後にも、自分が管理する人持組士には「文武格別入情、又ハ不情之者等先承知不申候事」と記されており、当時、栄通が管理する人持組士には特に優れた人物はいなかったことがわかる。

表5 「人撰書」の内容

名　前	内　　容
津田正行	「三人共人品実躰方ニ相見候得共、押立候役義ハ未難被仰付可有御座候」
横山隆淑	
生駒直匡	
菊池武尹	「役義有之候故、人柄等書出不申候」
品川武住	「追々及老年候故、烈敷役義ハ相勤兼可申様ニ被存申候」
津田庸謹	「近年病身ニ罷成、押立候役義ハ相勤兼可申候」
篠島清緝	「年齢より未熟ニ御座候故、押立候役義ハ未難被仰付可有御座候」
岡嶋一孝	「役義有之候故、人柄等書出不申候」
石野氏衍	「近年病身之処、只今ニ而者快方ニ候得共、押立候役義者相勤兼可申候」

（註）金沢市立玉川図書館近世史料館所蔵加越能文庫「官事拙筆」6、同「先祖由緒幷一類附帳」品川左門、金沢市図書館叢書（九）『諸頭系譜』上（金沢市立玉川図書館近世史料館、2013年）により作成。

先にみたように人持組頭は、組士から家政状況などの報告を受け、それを把握していた。こうした人持組士の諸情報や、そのほか日常生活で得た情報などをもとに、人持組頭は人持組士の人柄などをまとめた「人撰書」を御用番年寄へ提出していたと考えられる。

なお、「人撰書」の提出は、人持組頭—人持組の管理体制のみで行われていたわけではない。御用番年寄の職務について記した史料に「毎年三月中、諸頭ゟ組之人撰書於別席追々相達」[141]とあり、平士クラスの諸頭もその管理下の組士の「人撰書」を御用番年寄へ提出していた。「人撰書」の提出は、加賀藩の家中において広くみられるものであり、それをもとに役職の任命が行われていたのである。

3 公儀御用

公儀御用（大老）は、その職名の通り公儀（幕府）向きに関する御用を勤めた。職務内容の主なものとしては、連署での幕令、改元の伝達があげられる。まず、幕令の伝達の事例をみよう。

宝暦十年（一七六〇）八月に、「金銀吹替」（改鋳）の禁止を命じる幕令が幕府大目付から各藩の留守居（加賀藩は聞番）宛に出された。[142] これは国許の公儀御用に届けられ、公儀御用の前田孝昌《たかまさ》（駿河守）・本多政行《まさゆき》（遠江守）は、算用場奉行の前田季陳・不破方栄・高山元龍に対し、その内容を郡奉行へ伝えるように、と伝えている。そして、翌月二十四日、算用場から郡奉行の千秋就右・井上盛房へその内容を伝えている。両人は、砺波・射水郡奉行だが、ほかの地域の郡奉行へも同様に伝えられたであろう。

幕令の伝達の流れは、幕府大目付→江戸藩邸の聞番→国許の公儀御用→（御用番を経由する場合もあり）担当奉行などといったものであった。公儀御用は、江戸からの幕令を受け取り、それを領内の人々に周知させるために、担当奉行へ内容を伝えていたのである。それは公儀御用の連署で伝えられた。

次に改元通知の事例として、「天保」への改元時の流れをみよう。

文政十三年（一八三〇）十二月十日に、文政から天保への改元があった。同月十六日、御用番老中の松平康任《やすとう》（周防守）は、加賀藩の聞番である長瀬七郎左衛門を呼び出し、年号が書かれた小紙を渡した。改元の知らせは、まず江戸の藩邸内で周知され、[143] 国許へは不時立の早飛脚で二十七日夜に知らせが届き、御用番年寄がそれを確認した。そして、公儀御用の二人からほかの年寄へ知らせている。

〔史料2〕「御触抜書」[144]

年号天保与改元之旨、当月十六日被仰渡候由、従江戸表申来候条、可相触旨被仰出候間、被得其意、

御組中等江可有御触候、且又御組等之内才許有之面々者、夫々相達候様可有御申聞候、以上

（天保元年）
庚寅十二月廿九日

長　甲斐守（連愛）　印
奥村丹後守（栄実）　同

横山山城守（隆章）殿
本多播磨守（政和）殿
前田大炊（孝本）殿
村井又兵衛（長道）殿
奥村内膳（惇叙）殿

このように、公儀御用の長連愛（甲斐守）・奥村栄実（丹後守）が改元をほかの年寄に伝えている。この二人が差出人となった同様の文面は、郡奉行改作方兼帯(145)へも出されているので、(146)支配（管理）する者をもつ家臣などに対して、公儀御用が右のような文面を出し、改元を周知させていたと考えられる。

そのほか、公儀御用の職務としては、将軍の代替時の領知判物などの返却、受け取りに関わるものがある。将軍代替の際は、新たに領知判物などが発給されたが、その前に幕府は各大名に対し、朱印改を行うので、過去の領知判物・朱印状、領知目録の現物・写、領知の高辻帳、郷村高辻帳を提出させたという。(147)加賀藩では、この提出作業に公儀御用が関わっていた。十四代将軍家茂《いえもち》の事例をみよう。家茂は、安政五年（一八五八）十二月に将軍宣下をうけた。加賀藩では、家茂の将軍代替に伴い、安政六年七月に領知判

物などを提出した。その前月二十九日、次のように提出にむけて準備をしている。(148)

まず、近習御用の山森維一が表納戸奉行へ、幕府に提出する判物などを御居間書院二之間（金沢城二ノ丸御殿）に飾り置くようにと伝えた。表小納戸奉行がそれらを置き、準備を整えると、公儀御用の横山隆章（遠江守）・奥村栄通（河内守）が来て、返すべき領知判物などが書かれた覚書と照合し、確認した。それが終わると、年寄中席執筆役の三人が判物などを箱に入れた。判物を初綿に包み、詰め合わせ、それを箱に入れ、公儀御用の二人が合封した。それをさらに氈で包み、長持に入れ、藁で詰め合わせ、栄通が長持を封印した。そのあと、それを箱に入れ、藁を敷き詰め、箱を唐油紙と莫蓙で包んだ。長持の鍵は、木地箱に入れて栄通が封印し、長持の上（箱のなか）に置いた。それを年寄中席執筆役が見届け、確認した。その後、表納戸奉行の中村四郎兵衛を招き、栄通が長持を渡し、土蔵に入れ、来月三日に出すように申し渡した。そして七月三日、横山隆章は何らかの理由で出席しなかったので、栄通がその長持を松之間で受け取り、交代のために江戸へ向かう江戸広式頭の大村斎宮を招き、「御大事之品」を渡すので、「道中成限御荷物ニ離不申様可相心得」と申し渡した。

このような手順で提出していた。また、新たに下賜された領知判物などを国許で受け取るのも公儀御用の役目であった。中身は、公儀御用とともに、御用番年寄が確認した。(149)

以上のように、公儀関係の御用は、公儀御用に就いた年寄が勤めていた。公儀御用に就いた年寄は、複数の役職を経験し、叙爵した者で藩を代表する家臣であった。彼らは、幕府からの情報を藩内に伝える重要な役目を担っていたことから、基本的には在国していた。(150)

4　執筆役と年寄

ここまで年寄が勤めた役職の職務内容をみてきた。最後に、年寄の職務を補助していた執筆役の職掌について説明し、さらに年寄の職務の実態に迫りたい。以下、御用番年寄との関わりを中心に、年寄中席執筆役の職掌をみていく。

（一）年寄中席執筆役の就任者

まず、年寄中席執筆役には、どのような者が就いていたのか確認しておこう。

「北藩秘鑑」[151]（文化十年成立）には、年寄中席執筆役は「諸組入交勤役」で定員は十人。組外《くみはずれ》[152]や、算用者小頭・算用者並・算用者が勤めたとある。[153]いつ頃からあった役職かは不明であるが、元禄三年（一六九〇）に溝江太左衛門が年寄中席執筆役に就任していることから、[154]その頃には存在していた。彼らは普段、年寄が詰める松之間に隣接する「奥之間執筆溜」「中之間執筆溜」（図6）などと呼称された部屋に詰めていた。

松之間周辺の諸部屋が使用されるのは、藩主在国中の時である。藩主在府中は、新丸にあった越後屋敷に年寄などが詰めて政務にあたっていた。そのため、越後屋敷の絵図にも、「年寄中内談所」「年寄中席」「執筆」などと書かれている部屋がみられ、[155]松之間周辺にあった政務運営上必要な空間とその機能が越後屋敷にも存在したことがうかがえる。

執筆役には、年寄中席執筆役以外にも数種類あった。これらについても確認しておこう。「北藩秘鑑」には、年寄中席執筆役と同じく「諸組入交勤役」の執筆役として、勝手方席執筆役と学校方席執筆役が記されており、前者は「数不定、当時四人」で組外・算用者小頭・与力・算用者が勤める、後者は「数不定、当時四人」で組外・与力が勤めるとある。[156] また、算用者が勤める役として、家老・若年寄に付く執筆役(「家老方執筆幷若年寄執筆兼帯」[158])が記されており、「六人計、当時七人」、そのうち「両三人古役ゟ御隠密御用」を勤めたなどとある。[157] このほか、いくつか記されている執筆役も、算用者が勤めるものと説明されている。[159] このように、執筆役は組外や与力が勤める場合もあったが、多くは算用者のなかから選ばれた。[160] 算用者は、算術能力だけではなく、職務の遂行過程で事務処理能力が備わり、それが評価され、執筆役に就くことがあったのであろう。

具体的に執筆役を勤めた人物についてみよう。事例としてあげるのは、年寄中席執筆役・家老方執筆役を勤めた高桑知和である。[161] 高桑家で、初めて算用者に召し抱えられた者は、知和の祖父知清であった。知清とその跡を継いだ知和の父知貞は、算用者として公事場留書御用《くじばとめがきごよう》を勤めた(知清は四〇俵、知貞は当初四〇俵、その後一〇俵加増)。知和の詳しい経歴は、表6の通りである。主な出来事をみよう。知和は、天明七年(一七八七)五月、公事場留書御用当分御雇(公事場留書御用の下役)となり、同十月には算用者として召し抱えられ、切米四〇俵を与えられた。寛政元年(一七八九)三月に年寄中席執筆役加人、同二年七月に同本役となった。同八年十一月~享和二年(一八〇二)三月までは、御部屋御用と家老方執筆

表6　高桑知和の経歴

年　月　日	役職就任など
天明7年5月7日	公事場留書御用当分御雇
天明7年10月26日	算用者に召し抱えられ、切米40俵
寛政元年2月	御預地方御用定加人
寛政元年3月	年寄中席執筆役加人
寛政2年7月24日	年寄中席執筆役本役
寛政8年11月～享和2年3月	御部屋御用、家老方執筆役兼帯
文化2年閏8月22日	算用者小頭並、新知60石（切米差し除き）
文化2年閏8月24日	御内御用当分加人
文化9年12月24日	30石加増（計90石）
文政2年正月10日	30石加増（計120石）、組外（組外御番頭御用番支配）、年寄中席執筆役はこれまで通り勤める
文政2年正月16日	組外に組入り
文政3年7月	病死

（註）金沢市立玉川図書館近世史料館所蔵加越能文庫「先祖由緒并一類附帳」高桑安三郎により作成。

役を兼帯している。注目したいのは、その後の加増・昇進である。文化二年（一八〇五）閏八月には、年寄中席執筆役としての勤めが認められ、算用者小頭並、六〇石（切米差し除き）に昇進した。その後、同様の理由で二度三〇石の加増をうけ、禄高一二〇石となり、組外（平士身分）に仰せ付けられた（組外御番頭御用番支配）。年寄中席執筆役については、これまで通り勤めることとされた。最終的には、組外に組入りしている。算用者に召し抱えられた時は四〇俵取で、身分階層でいえば御歩並《おかちなみ》であったが、禄高一二〇石、組外に属し、身分は御目見が可能な平士になるまで昇進したのである。その後の当主も、平士身分、禄高一二〇石を維持しており、知和の代で高桑家の家格が大幅に上昇したといえる。

年寄中席執筆役を勤めたほかの者の経歴や、それ以外の各執筆役を勤めた者の経歴をみても、算用者で俵取の御歩並身分から、知行取の平士身分に昇進していることが確認できる。[162]したがって、算用者となり年寄中席執筆役を勤めることは、一つの昇進コースであったと指摘できる。

（二）年寄中席執筆役の職務

年寄奥村栄通が記した「類聚御用番記[163]」の内容から、年寄中席執筆役の主な職務内容をまとめると次のようになる。

第一に、御用番への取次、文章の執筆である。諸頭・諸役人などが別席において御用番と話をしたい時は、それが年寄中席執筆役や坊主から御用番へ伝えられた。そして、対談之間での面談後、その内容は執筆役が文章化し、ほかの年寄へ披見させ、示談することになっていた。ただし、重要なことであれば御用番が文章化した。このほか、文章の執筆の事例としては、毎年三月に、人持組頭や諸頭が御用番に提出する「人撰書」に関わるものがある。「人撰書」は、奥之間の御用箪笥などに入れられ、揃い次第、年寄中席執筆役に「名書張札」をさせ、箱に入れて封印した。そして、藩主がそれに目を通した。もし御用番が諸頭から、昨年提出したので「人撰書」を書かないなどと口達された場合は、[164]その旨を小紙に書き記すことになっていたが、これも年寄中席執筆役へ申し付け、書かせても問題なかったという。

第二に、先例の調査である。御用番が藩主に伺うことがある時は、それを記したものを窺箱に入れ、封印して差し上げていたようであるが、その必要がない内容であれば、下書きのまま近習頭を通じて藩主へ差し上げていた。このような時や、御用番が藩主に目を通してほしいものを近習頭から差し上げる時も、御用番は手をついて近習頭へ「御序」に上げるようにと述べ、伺書などを渡した。こうした伺書などの藩主へ差し上げる必要があるものについては、月交代で年寄中席執筆役が勤めていた箪笥番や、ほかの同執筆役が先例を調べて御用番へ伝えていた。また、年寄間で示談し、藩主へ伺う必要があるものなどについての先例を取り調べ、下書きを行うのも年寄中席執筆役の仕事であった。それが御用番のもとに届いたら、内容を確認し、意見がなければ基本的に先列（座列の上位）の者へ渡し、順に披見していった。

以上のように、年寄中席執筆役は御用番への取次、文章の執筆、先例の取り調べなどを行い[165]、御用番の勤めの補助をしていた。もちろん、御用番以外の年寄の職務も補助した。それは、前項でみた将軍代替に伴う領知判物返却の様子からもうかがうことができる。

これらのことから、年寄の円滑な職務遂行のためには、年寄中席執筆役が必要不可欠であったと考えられる。世襲制により、能力が劣る人物が年寄として藩政運営に関与しても執筆役が先例をさがし、報告するなどして職務を補助したことで大きな問題が生じなかったのであろう。執筆役が、年寄の世襲制維持に寄与した面もあったのである。

しかし、各執筆役については、執筆役が身分をわきまえず、諸役人の応対時や先例調査の報告時に、自身の考えを伝えることが問題視されていた[166]。執筆役のなかには、先例を把握し、年寄・家老などよりも御用の取り捌き方を熟知していた者がいたと考えられる。そのため、職務経験のなかで得た知識をもとに助言することもあったのであろう。

以上から、世襲制・家格制を軸にして、役職に就いた上級家臣の職務を支えた有能な吏僚の執筆役、という構図がみえてくる。これは、萩藩毛利家の当職（国許最高位の役職）とその下役である手元役・右筆《ゆうひつ》役・筆者役との関係や、(167) 上級家臣を幕府の老中・若年寄に置きかえれば、彼らとそれに付いて政務処理を補助した奥右筆《おくゆうひつ》との関係に類似している。(168) もちろん、これらの役職と執筆役とでは、職掌が異なる部分も多いだろうが、藩政・幕政運営の中心を担った政務担当者を支える有能な吏僚の存在は、近世武家社会の政治機構において共通するものであったと考えられる。そのため、抱えていた問題にも共通性がみられる。それは有能な吏僚への賄賂《わいろ》についての問題である。藩政運営において影響力をもっていた執筆役は、たびたび賄賂を受け取ることがあり、それが問題視され、役職を差し除かれることもあった。(169) 同様に、幕政において影響力をもっていた奥右筆へも賄賂が横行していた。(170) 賄賂が問題視されていたということは、執筆役・奥右筆が様々な決定にまで影響力をもち、政務運営において大きな権力をもっていた証左であるといえる。

おわりに

以上、年寄の成立過程、役職就任過程と後見制、職務の実態などをみてきた。

職制改革後の様相、年寄が就いた役職とその職掌、叙爵の制度、年寄の座列制などを考察した結果、年寄の成立期は宝永・正徳期頃であるといえる。もちろん、その後も多少の職掌の変化、就任する役職の増加はあった。

こうして成立した年寄が、幕末まで藩政運営の中心として存在し続けた。年寄の役職就任過程からは、徐々に重要度の高い役職に就いていることがわかり、年寄が安定的に役職を勤めるための工夫がみられた。この点は、後見制と同様、年寄の世襲制維持に寄与したものであったといえる。また、年寄中席執筆役も、年寄が安定的に職を勤めるためには必要な者であったといえる。基本的に御用を取り捌く際には、先例が参照されていたことから、先例調査を職掌とした執筆役は重要な役割をはたしていたのである。執筆役は、賄賂を受け取っていた事例もみられることから、藩政運営における様々な決定にまで影響力をもっていたと考えられる。賄賂のほかにも、私知を伝える行為が問題視されていたが、年寄の職務遂行上、不可欠な者として執筆役は存在し続けた。

年寄の集団内部は、由緒や禄高を基準に「家之列」で順位付けされており、それが役職就任や叙爵の順序に用いられていた。これは、家同士の争い回避に作用したと考えられる。前田土佐守家は、「家之列」に明記されていなかったが、本多家と同様に別格として扱われていた。禄高一万一〇〇〇石で八家のなかで禄高は最も低いが、その由緒が評価され、座列は高かった。

「家之列」で順位付けされる一方で、八家が世襲的に同じ家格に属するという状況は、比較意識、家に対する意識を高め、各家では由緒にもとづく家意識が醸成されていったと考えられる。例えば、前田土佐守家では、藩主家一門、利家の血筋を引く家としての意識が醸成されたと推測される。それが本章でみたように、前田直堅の大老辞職の願いという言動につながったとみることも可能である。また、前田土佐守家五代当主の前田直躬は、男子がいるにもかかわらず、藩主綱紀の子を養子に願っているが、(171) これも藩主家の血筋を引く家としての意識が言動にあらわれたものであろう。直躬は、享保十九年（一七三四）正月に、藩主家と同じ剣梅鉢紋を付けた大紋を着用して登城するなど、藩主家を意識した行動がみられる。[172]藩主家側は年寄を八家に限定し、職制を整備することで制度上の平準化を図ったが、由緒にもとづく各家の特徴や家職[173]は認め、ある程度の差異は存在した。その差異の多くは、長きにわたり藩主家との関係のなかで形成された由緒にもとづいているため、その時々の藩主が容易に変更することはできなかった。

各家では独自の家意識が醸成された一方で、身分集団としての年寄は家臣団の最上位に位置し、特権的な階層であった。年寄は大きな権力をもちつつも、自身も世襲制の弊害を認識していた。年寄奥村尚寛（奥村宗家）は、年寄のなかには、自分と同様で「深キ詮義」ができる人がおらず、そもそも「惣而可御用立人」がいない状態だと述べている。[174]また、年寄奥村栄実（奥村宗家）は、世襲制では加判などを勤める者に若者が多くなり、危険だと述べている。そして、八家に限らず、人持組のなかから藩政を担う者を選ぶことを提案している。[175]

しかし、こうした危機感をもちつつも、年寄を中心とした上級家臣団体制は変化しなかった。世襲制によって能力の低い年寄が藩政運営に関わることで多少の弊害が生じたとしても、長年維持されてきた体制を変えることは容易ではなかったのである。年寄の地位を変更し、新たな者を藩政運営の中核に置くことは、藩主家との主従関係の歴史や家の由緒を軽視する行為として受け取られる。由緒は、家臣の家格などの基準として用いられていたが、由緒を重視しないことは家中秩序のゆらぎにも直結し、新たな混乱を生じさせるおそれがあった。藩主には、こうした懸念もあっただろう。

とはいえ、累代にわたる主従関係や由緒を基軸に成立した年寄の地位を、時の藩主が変更する行為自体が道徳的観念に反し、実行できなかったという方が実情に近いのではないだろうか。[176]藩主には、譜代家臣の累代にわたる忠勤に対して、最大限の恩顧をもって報いなければならないという道徳的制約が課せられていたと指摘されている。[177]これを援用すれば、由緒・功績ある家臣の家―上級家臣の家―を評価し、その忠勤に対して適切な役職に就かせ、その家の地位と存続を保証することなど[178]は恩顧をもった報いにあたり、藩主にはこうした道徳的制約が課せられていたといえるだろう。さらなる検討を要するが、この理由から年寄を中心とした上級家臣団体制が大きく変化しなかったのではないだろうか。そして、その体制を維持し、年寄の安定的な職務遂行を実現するために、本章でみた役職就任過程の工夫、後見制が生み出され、さらには執筆役もその実現に寄与したのである。

こうして世襲制の弊害という問題を抱えつつも、年寄は家臣団の最上位に位置し、藩政運営を主導する集団として幕末まで存続したのである。

註

(1)『金沢市史』通史編2近世(金沢市、二〇〇五年)三二六頁。

(2)木越隆三「加賀騒動　八家を軸に騒動を再考する」(福田千鶴編『新選　御家騒動』新人物往来社、二〇〇七年)。

(3)清水聡「元和期加賀藩における幕藩制的秩序への編成と藩政の成立―出頭人政治の創出とその政治的意義―」(『加能史料研究』一七、二〇〇五年)、木越隆三「横山長知と藩年寄衆の成立」(石川県教育委員会事務局文化財課金沢城研究調査室編『金沢城代と横山家文書の研究』(石川県教育委員会事務局文化財課金沢城研究調査室、二〇〇七年)、同「年寄連署状と初期加賀藩における藩公儀の形成」(『加賀藩研究』五、二〇一五年)、岡嶋大峰「元和・寛永期における加賀藩年寄政治の展開と特質」(加賀藩研究ネットワーク編『加賀藩武家社会と学問・情報』〈岩田書院、二〇一五年〉)など。
(4)木越右註「横山長知と藩年寄衆の成立」、同「年寄連署状と初期加賀藩における藩公儀の形成」、清水聡「加賀前田家における隠居利常の政治的位置と藩機構の形成過程」(『立正史学』一一三、二〇一八年)など。
(5)文化期頃にまとめられた湯浅祇庸『藩国官職通考』(石川県図書館協会、一九七〇年)には「御年寄衆　八家」とある。ただし、この時期に「八家」を「はっか」と呼称していたのかは定かではない。
(6)以上、拙稿「「御家」形成と由緒―年寄村井家の養子相続と前田綱紀の意志」(『北陸史学』七一、二〇二三年)による。
(7)石野友康「加賀藩における貞享の職制改革について」(『加能地域史』三三、二〇〇〇年)。
(8)木越隆三「加賀藩改作仕法の基礎的研究」(慶安編)」(『石川県立錦丘高等学校紀要』二二、一九九四年)。
(9)清水前掲註4「加賀前田家における隠居利常の政治的位置と藩機構の形成過程」。
(10)明暦三年三月二十三日、利常が参勤する前に、留守を預かる年寄衆へ職掌を申し渡している。「押立たる儀」は、本多政長・長連頼・横山忠次・前田孝貞・奥村庸礼の五人の連判とされた。五人が裁許する内容は、公儀御用御法度・キリシタン宗門改・家中の縁組・参宮や養生のための上京や湯治の暇・養子・屋敷・訴訟・喧嘩裁許などであり、つまり公儀向き、主従制に関わることであった(以上、清水右註)。
(11)「御定書」(『加賀藩史料』万治元年十月二十三、二十七日条)。
(12)「袖裏雑記」(『加賀藩史料』万治元年十月二十七日条)。
(13)以上、「袖裏雑記」(『加賀藩史料』万治元年閏十二月十八日条)。これは、承応二年二月に米沢藩主上杉喜平次に宛てたものと同内容の性格をもつことから、幕府の大名に対する画一化をうかがうことができるという指摘がある(原昭午『加賀藩にみる幕藩制国家成立史論』〈東京大学出版会、一九八一年〉一六九頁)。幼少藩主の相続に対し、将軍家光が下知状を出した事例としては、三宅正浩が検討した慶安三年の熊本藩主細川六丸宛の家光黒印状がある。「万事家老之輩遂相談、仕置可申付候」という箇所をはじめ、内容は綱紀宛下知状とほぼ同じである。三宅は、この文言から「家老合議による政治が規定されている」と述べている(『近世大名家の政治秩序』〈校倉書房、二〇一四年〉三一五・三一六頁)。前田家の場合、重臣は「国之仕置」「国中仕置」を担当する者で分けられており、「家老」として統合されていないが、おそらく「家老」とはこの両グループのことであっただろう。
(14) 朝尾直弘「将軍政治の権力構造」(『朝尾直弘著作集』三、岩波書店、二〇〇四年)二六二頁(初出は、岩波講座『日本歴史』10、岩波書店、一九七五年)。
(15) 金沢市立玉川図書館近世史料館所蔵(以下、特に註記しない限り未刊行史料は同館所蔵)加越能文庫「本多氏記録」一(一六・三一―一六七)、寛文元年中(五月以降)。
(16) 加越能文庫「先祖由緒幷一類附帳」今枝弥平次(一六・三一―六五、以下、同史料の史料番号は省略)。
(17)「袖裏雑記」(『加賀藩史料』寛文元年七月六日条)。
(18)「袖裏雑記」(『加賀藩史料』寛文元年七月十九日条)。
(19)「袖裏雑記」(『加賀藩史料』寛文元年八月十七日条)。
(20) 小池進『保科正之』(吉川弘文館、二〇一七年)二三九～二四三・二五八・二六二頁。
(21) 石野前掲註7「加賀藩における貞享の職制改革について」表1。
(22) 近藤磐雄『加賀松雲公』中(羽野知顕、一九〇九年)四八五・四八六頁。
(23) 以上、『石川県史』(石川県、一九七四年)四二九・四三〇頁。
(24)「袖裏雑記」(『加賀藩史料』延宝八年九月二十五日条)。
(25) 職務規程のなかに、月番の年寄が「一緒に可相窺用事者、四人共に可罷出義勿論之事」とあり、月番(御用番)の年寄と一緒に伺うのは、同列の者であると考えられることから、この四人とは「年寄中」であっただろう。
(26) たとえば、貞享三年五月二十九日付の「犀川橋より上で殺生禁止」に関する達しは、「国之仕置」衆の本多政長、「国中仕置」衆の奥村庸礼・前田孝貞、若年寄の奥村時成が差出人となっており、同年七月二十一日付の「金沢地子肝煎増員願い」に関する書状の宛名も同様の「年寄中」であった(『国事雑抄』下(石川県図書館協会、一九七一年)八二四頁、「国事雑抄」(『加賀藩史料』貞享三年七月二十一日条))。
(27) 職制改革の内容を書き留めた史料(加越能文庫「葛巻昌興日記」二〇、一六・四〇―七五)には、当時大老であったと考えられる奥村庸礼が書かれていない。しかし、庸礼が大老であったことは、発給文書などから確認できるので表1に加えた。
(28) 石野前掲註7「加賀藩における貞享の職制改革について」。

(29)加越能文庫「御親翰帳書抜」一（一六・二五－二）。
(30)前掲註27「葛巻昌興日記」二〇。
(31)石野前掲註7「加賀藩における貞享の職制改革について」。
(32)月番とは、月交代で政務を主任する者のことである。月番は職名であるが、それが当番になる時は用番といった（日置謙『加能郷土辞彙』（北国新聞社、一九七三年）、「月番」の項）。
(33)前田孝貞・奥村時成は、元禄元年時点で御用番になっていることから（加越能文庫「参議公年表」五、一六・一一－七五）、職制改革時にも月番に就いていたと考えられる。なお、職制改革以降、管見の限り、大老の本多政長・奥村庸礼が月番に就いたことは確認できない。
(34)加越能文庫「松雲院様御近習向留帳抜萃」一四（一六・四二－一）。
(35)加越能文庫「先祖由諸并一類附帳」斯波蕃。
(36)奥村文庫「加藩熈康暦」（〇九四・〇－二九）。
(37)前掲註34「松雲院様御近習向留帳抜萃」一四。
(38)大名家における「大事」「小事」については、福田千鶴『幕藩制的秩序と御家騒動』（校倉書房、一九九九年）が詳しい。
(39)前掲註34「松雲院様御近習向留帳抜萃」一四。
(40)前掲註36「加藩熈康暦」。
(41)同右「加藩熈康暦」。
(42)№3・20・22の内容も⑯「公事方事」にあたるので、職制改革時に定められた職掌に従えば年寄の職掌となる。しかし、№3・20・22は、№1と発給者が異なる。№1の奥村悳輝を年寄兼帯の人持組頭と考えれば、年寄の職掌を年寄と年寄兼帯の人持組頭が文書を発給しているので問題はないが、№3・20・22の場合、年寄のほかに大老や人持組頭も連署して発給している。この明確な理由は不明である。これらは№1と比べて重要案件であるため、年寄以外の者と複数人で連署しているのではないだろうか。
(43)日置前掲註32『加能郷土辞彙』、「加判」の項。
(44)奥村悳輝と同様に年寄の時に月番に就いて、その後人持組頭に就任した者として、前田孝行があげられる。孝行は、職制改革で若年寄に就任した。元禄八年六月二十八日、年寄に就任し、同日月番にも就いた。その後、同十年六月に、月番に就いたまま人持組頭に就任した。表2をみると、ほかの人持組頭と同様に、文書の発給に関わっていたことがわかる。

(45) 前掲註36「加藩熈康暦」。

(46) 加越能文庫「先祖由緒幷一類附帳」村井恒。湯浅前掲註5『藩国官職通考』(一四頁)によると、村井親長は月番就任日に年寄兼帯御免となっているが、このことは、ほかの史料からは確認できないので、本章ではこの記述に従わなかった。しかし、この史料に従っても、年寄を兼帯していない人持組頭の親長が月番を勤めていたことになるので、いずれにせよ人持組頭の藩政関与が認められることになる。

(47) 前掲註36「加藩熈康暦」。御用番は、儀式時に藩主を前に言葉を発することがあったので、うまく言葉を発することができなかった長尚連は月番に就任しなかった(加越能文庫「袖裏雑記」二五、一六・二八－二〇)。

(48) №12～15の期間には、大老に本多政長・長尚連が就いていた。彼らが上記の期間幕令の伝達などに関与しなかった理由は不明である。ただし、これらの事例は例外で、基本的に大老が勤める御用であった。

(49) 前掲註34「松雲院様御近習向留帳抜萃」一四。

(50) 加越能文庫「奥村栄実意見書」一(一六・四〇－一〇六)。

(51) 加越能文庫「国格類聚」四(『金沢市史』資料編4近世二、金沢市、二〇〇一年、五三頁)。

(52) 加越能文庫「参議公年表」七(一六・一一－七二)、前掲註36「加藩熈康暦」。

(53) 前掲註36「加藩熈康暦」の職制改革が行われた日の記述に、横山正房は「御用番御免也」とあることから、月番を勤めていなかったと考えられる。

(54) 加越能文庫「先祖由緒幷一類附帳」前田豊・前田貞事。

(55) 加越能文庫「先祖由緒幷一類附帳」前田豊。

(56) 加越能文庫「先祖由緒幷一類附帳」前田貞事。

(57) 前掲註36「加藩熈康暦」には、貞享三年の職制改革の箇所に「備後《前田直作》組御預ハ無之体也、柱石史ニ九郎左衛門《長尚連》・左衛門《横山任風》も組無之」とあり、これに従えば当時人持組は四組であったことになる(柱石史とは、加越能文庫「金都柱石史」一～四(一六・三四－九四)のこと)。その後、どの時点から六組になったのかは不明であるが、元禄十四年七月の人持組改編前の組数は六組で、本多政長・長尚連・横山任風・前田孝行(長種系)・奥村有輝(奥村宗家)・奥村悳輝(奥村支家)

が人持組頭として人持組を支配していた。そして、七組編成となったことで、右のメンバーに村井親長が加わったことが確認できる（加越能文庫「人持組々分名書」、一六・二六－四九）。

(58) 前掲註36「加藩熈康暦」。

(59)「前田備前家記」（『加賀藩史料』元禄十六年七月十一日条）。

(60) 同右。

(61) 同右。

(62) 加越能文庫「前田直行家譜稿」（一六・三二－一九八）。前田直堅は当時二十一歳で、神護寺請取火消を勤めていた。

(63)「同右」。このほかの理由として、前田直堅が近い将来、大老・人持組頭に就任するための見習の意味もあったと考えられる。

(64) 湯浅前掲註5『藩国官職通考』一四頁。

(65) 横山正房・前田貞親の加判就任日は不明だが、この記述から両人が加判を勤めていたことがわかる。

(66) 越後屋敷とは、藩主在府時に重臣らが政務を行っていた場である。詳細は、前掲註1『金沢市史』通史編2近世（三六六頁）参照。

(67) 以上の当時状況、家老への職掌申し渡しの説明は、加越能文庫「御家老方旧記五種」一（一六・四一－八一）による。

(68) 加越能文庫「御家老若年寄前録」一・三・四（一六・二六－八五）。

(69) 家老の時に月番に就いた八家の者として、前田孝昌（長種系）と奥村質直（奥村文家）があげられる（加越能文庫「先祖由諸幷一類附帳」前田豊・奥村則友）。

(70) 家老の職掌は、不明な部分が多い。これについては、今後の課題である。

(71) 日置前掲註32『加能郷土辞彙』、「年寄衆」の項など。

(72) 加越能文庫「本多家古文書等」三（一六・三四－五八）。この史料の宛名は不明である。

(73) 加越能文庫「先祖由緒幷一類附帳」村井恒。

(74) 前掲註16。

(75) 石川県史調査委員会・石川県立図書館史料編さん室『石川県史資料近世篇（9）諸士系譜』二（石川県、二〇〇九年）。

(76)森田平次『金沢古蹟志』中（歴史図書社、一九七六年）三三九頁。
(77)前掲註75『石川県史資料近世篇（9）諸士系譜』二。
(78)前掲註1『金沢市史』通史編2近世、三三九頁。なお、同頁には、元禄十四年に人持組が七組になるまでの人持組頭・人持組数の変遷が書かれているが、職制改革で人持組頭に就任した者を前田直堅としている。これは前田直作の誤りであり、本文中でも直作のことであると判断して引用した。
(79)前掲註36「加藩熙康暦」。
(80)加越能文庫「御内用之品御親翰等之留」二（一六・四一－三一）。
(81)加越能文庫「先祖由緒幷一類附帳」前田三吉。
(82)本文前項で述べたように、元禄十四年七月九日は、人持組数が七組編成になったほか、人持組頭の村井親長が金沢城代、見習であった本多政敏・奥村有輝が人持組頭に就任し、政敏は月番にも就任した。また、それまで人持組に入っていた前田貞親が「組附指除」になった。
(83)加越能文庫「前田家譜」（一六・三一－一八一）。
(84)与力知とは、重臣（多くは人持組士以上）に付けられた与力（寄親付与力）を召し抱えるための知行のことをいう（前掲註1『金沢市史』通史編2近世、二七九頁）。
(85)前掲註80「御内用之品御親翰等之留」二。この史料の宛名・差出人は不明であるが、年寄などの重臣が差出人であったと考えられる。
(86)以上、清水聡「元禄期加賀前田家における諸大夫家臣の再興とその意義」（『地方史研究』三四四、二〇一〇年）。
(87)堀新「近世武家官位の成立と展開―大名家の官位を中心に」（山本博文編『新しい近世史1 国家と秩序』新人物往来社、一九九六年）。
(88)「政隣記」（『加賀藩史料』元禄十五年四月二十五日条）。
(89)前田土佐守家資料館所蔵「大老蒙りたる節之心覚書」（家政七八七）。
(90)加越能文庫「御親翰帳之内書抜」一（一六・二五－二六）。宛名は不明である。
(91)林匡「薩摩藩家老の系譜」（『黎明館調査研究報告』二七、二〇一五年）。
(92)前掲註34「松雲院様御近習向留帳抜萃」一四。

(93)「松雲公御夜話」(『御夜話集』下編翻刻、石川県図書館協会、一九七二年、四九七・四九八頁)。引用箇所には、日付が書かれていないが、前掲註47「袖裏雑記」一〇の享保元年の箇所に類似した記述があるので、引用箇所も享保元年頃の話ではないかと考えられる。

(94) 福田千鶴は、「初期年寄型家老は藩内において特別な地位を与えられ、身分格式としては家老だが、大名の一門化を果たし、藩政から」乖離するケースがあるとし、それを家格型家老と呼称している。その典型例として、熊本藩家老の松井家をあげている(前掲註38『幕藩制的秩序と御家騒動』二一九頁)。

(95) 前掲註5『藩国官職通考』三・四頁、日置前掲註32『加能郷土辞彙』、「八家」の項。

(96) 年寄の召し出し方は、父、あるいは養父の死去により、家禄の全てを相続する場合と、相続前に年寄の子が召し出される場合があり、後者の場合は新知二五〇〇石を拝領した。新知は、相続時には差し除かれた。

(97) 木越前掲註2「加賀騒動　八家を軸に騒動を再考する」。

(98) 前田孝昌(長種系)は家老・若年寄、奥村有定(奥村宗家)は若年寄に就いている。

(99) 前掲註47「袖裏雑記」三〇。

(100) 日置前掲註32『加能郷土辞彙』、「加判」の項

(101) 加越能文庫「村井家雑録」(一六・四一-一六四)。

(102) 前掲註47「袖裏雑記」二〇(宝暦十四年二月条)には、奥村栄輇(奥村宗家)は「余程勤馴申儀」であることから、人持組頭に仰せ付けると書かれている。

(103) 長山直治『寺島蔵人と加賀藩政―化政天保期の百万石群像―』(桂書房、二〇〇三年)、宮下和幸「文久、元治期における加賀藩の意思決定システムと政治運動」(『加賀藩研究』三、二〇一三年)。

(104)「留帳鈔録」(『加賀藩史料』明和八年八月十一日条)。

(105) 奥村文庫「官私随筆」三(〇九四・〇-七二)、文政八年六月一日条。文政十年四月には、加判御免の者でも跡組を一時的に預かることができるようになった(前掲註57「金都柱石史」一)。このほか、本文中で後述するように、年寄家の当主が幼少の時には後見役が付けられたが、この後見役は基本的に加判就任者のうちから選ばれたという事例がある(石野友康「加賀藩前田家の庶子と重臣層」(『加賀藩武家社会と学問・情報』岩田書院、二〇一五年))。

(106) 奥村文庫「御用方手留、同附録」一九(〇九四・〇-三九)、安政二年九月二十九日条。

(107) 拙稿「加賀前田家年寄の家督相続・役職就任時における儀礼―儀礼的行為からみられる身分差に注目して―」(『加賀藩研究』九、二〇一九年)。
(108) 『国事雑抄』中(石川県図書館協会、一九三二年)三八八・三八九頁、清水前掲註86「元禄期加賀前田家における諸大夫家臣の再興とその意義」。
(109) 以上、加越能文庫「御親翰留」(一六・二五－二八)。
(110) 加越能文庫「諸大夫由緒書」(一六・三一－一九)。
(111) 例外もあったようで、前田直良の後見役を勤めた奥村栄実は、当時加判をはじめ、月番・勝手方御用などを差し除かれていたが、最終的には父直時の遺言もあったことから、栄実が勤めることになった(石野前掲註105「加賀藩前田家の庶子と重臣層」)。
(112) 前掲註57「金都柱石史」二。以下、初丸の後見役についての説明は註記するもの以外、同史料による。
(113) 前田土佐守家資料館所蔵「前田土佐守家家譜幷諸事留」(家政九七)。
(114) 同右。
(115) 前田土佐守家資料館所蔵「静之介様御養子一巻」(家政四二三・四二四)。
(116) 石野前掲註105「加賀藩前田家の庶子と重臣層」。
(117) 以上、石野右註。
(118) 穴水町歴史民俗資料館寄託長家史料「本多政礼遺書」(四五八)。
(119) 本章では触れないが、年寄が勤めた役職の一つである金沢城代については、石野友康「金沢城代とその職務」(石川県教育委員会事務局文化財課金沢城研究調査室編『金沢城代と横山家文書の研究』(石川県教育委員会事務局文化財課金沢城研究調査室、二〇〇七年)などがある。
(120) 以上、加越能文庫「御用番方幷御城方御用之覚」(一六・四一－一五四)、文化十四年二月二日条。
(121) 加越能文庫「類聚御用番記」一～三(一六・二七－一一三)。同史料の内容構成については、拙稿「加賀前田家年寄の御用番勤め―「類娶御用番記」の検討から―」(加賀藩研究ネットワーク編『加賀藩政治史研究と史料』岩田書院、二〇二〇年)が詳しい。
(122) 横山隆貴は、家督相続前の安政五年四月に死去した(加越能文庫「先祖由緒幷一類附帳」横山三郎)。

(123) 前掲註106「御用方手留、同附録」一一、嘉永六年五月十七日条。
(124) 安政二年六月の御用番は、当初、奥村栄通が勤める予定であったが、「腹合」(胃腸の不調)により、勤められる状態ではなかった。さらに、その翌月の御用番を勤める予定であった本多政通も「腹合」のため、それを勤められないので、翌々月の当番(本来は八月の予定)である奥村直温が六月の御用番を勤めた(前掲註106「御用方手留、同附録」一八、安政二年五月晦日条)。
(125)「御用番助」に類似したものには、「学校主附助」があった(加越能文庫「御用番方毎日書立書抜」三、一六・四一―二〇二、文久二年十二月十九日条)。これは、年寄が勤めた学校方御用主附を一時的に勤められない時に、ほかの年寄がそれを勤めるものであったと思われる。
(126) 以下、「御用送り帳」に関する説明は、前掲註121「類聚御用番記」二、「雑」の項による。
(127) 奥村文庫「組用方手留」(〇九四・〇―七〇)。
(128) 前田土佐守家資料館所蔵「御組中御家督等御祝儀に献上之御太刀代銀等請取状」(家政八四五)、同「御組中御入国御礼之節献上之御太刀幷御馬代銀請取状」(家政八四六)。
(129) 出銀とは、知行一〇〇石に付、一年で銀二五匁を藩に納めるものをいう。三月に一〇匁、十月に一五匁を会所にある出銀奉行に差し出した。この銀は、主に藩士が他国に勤務する時、あるいは使者となった時の費用に充てるものであった。もし、支給される銀で不足する場合は、会所銀の借用を許されたという(日置前掲註32『加能郷土辞彙』、「出銀」の項)。前田土佐守家資料館には、慶応二年十月二十二日に役出銀取立方が前田直信へ差し出した出銀の受取証が伝存している(同館所蔵「組中幷御自分暨与力共秋出銀請取状」家政八四七)。
(130) 市史文庫「石野氏泰家文書」五・六(三四・二一一―七)
(131) 同右「石野氏泰家文書」六。
(132) 前掲註106「御用方手留、同附録」五三、元治元年十月十九日。
(133) 加越能文庫「御礼之次第」(一六・三三―五〇)。
(134) 前田土佐守家資料館所蔵「青山将監大聖寺御貸付銀借用証文」(家政八四二)。
(135) 前田土佐守家資料館所蔵「青山将監借用銀返済引当米返還に付請取状」(家政八五三)。
(136) 前田土佐守家資料館所蔵「佐々木孫兵衛御寄附等祠堂銀借用証文」(家政八五一)。

(137) 日置前掲註32『加能郷土辞彙』、「祠堂銀」の項。
(138) 前田土佐守家資料館所蔵「前田式部御寄附等祠堂銀借用証文」（家政八五二）。
(139) たとえば、加越能文庫「官事拙筆」一六（一六・四一－二〇四）の嘉永四年三月二十三日条には、「当月可差出組之人撰書」とある。
(140) 同右「官事拙筆」六、弘化四年三月二十八日条。
(141) 前掲註121「類聚御用番記」二。
(142) 国立公文書館所蔵内閣文庫「金沢藩雑録」七（一五一－〇一〇〇）。本文中のこの幕令に関わる説明は同史料による。
(143) 「諸事留牒」（『加賀藩史料』文政十三年十二月十六日条）。
(144) 奥村文庫「御触抜書」三（〇九四・〇－一）、天保元年十二月二十七日条。
(145) 文政四年、郡奉行と改作奉行を統合し、改作方が行ってきた事務を郡奉行が兼帯するかたちとなり、郡奉行改作方兼帯という役職が誕生した。しかし、天保四年に再び、郡奉行と改作奉行に分かれ、もと通りとなった。
(146) 前掲註142「金沢藩雑録」三七。
(147) 藤井讓治「江戸幕府の地域把握について―徳川将軍発給の領知判物・朱印状―」（『福井県文書館研究紀要』一、二〇〇四年）。
(148) 前掲註106「御用方手留、同附録」三三、安政六年六月二十九日条。
(149) 前掲註106「御用方手留、同附録」一四、嘉永七年六月十四日条。
(150) 参勤の御供などで国許を離れることもあったが、その数は少ない。詳細は、別稿で論じる予定である。
(151) 郷土資料「北藩秘鑑」四（〇九〇－六七四）。
(152) 身分階層でいえば平士に属する組外とは、本来的には諸組から外れた者を指したが、組から外れた者はグループ化されており、それが一種の「組」のようなものとなっていた。
(153) 前掲註151「北藩秘鑑」四には、「組外ゟハ御内分《々》御用、御算用者小頭・同並ハ御内々御用当分加人、御算用者時ニゟ御内御用も勤之」とある。この「御内」とは、「内密な」という意味であろう。したがって、「御内分《々》御用」と「御内御用」とでは、前者の方がより内密な御用を勤めていたと考えられる。
(154) 加越能文庫「先祖由緒并一類附帳」溝江六郎。

(155) 郷土資料「越後屋敷絵図」(〇九〇―五六四)。

(156) 勝手方席執筆役は、組外・算用者小頭が御内々御用を勤め、与力・算用者が御内御用を勤めた。学校方席執筆役は、組外が御内々御用、与力が御内御用を勤めた。

(157) 人持組に属する者のうち、家老は概ね三〇〇〇石以上の者が就き、若年寄は家老の前職として就くことが多いため、三〇〇〇石以上の者もみられるが、就任した者の下限は例外を除けば約一五〇〇石である(金沢市図書館叢書(九)『諸頭系譜』上(金沢市立玉川図書館近世史料館、二〇一三年)と加越能文庫「先祖由緒并一類附帳」(各家)を用いた分析結果による)。

(158) ここでは兼帯となっているが必ずしも兼帯ではなく、家老と若年寄それぞれに付く執筆役も存在した。

(159) 「御算用者〆勤役」として、御用所執筆役(定員八人)・御次執筆役(定員四人)が記されている(前掲註151「北藩秘鑑」四)。

(160) 算用者(小頭・並も含む)は、職務として算用を行う者であったが、その集団自体は家臣の所属先をあらわす組としての機能をもっていた。つまり、算用者という「組」に属しながら、執筆役を勤めたのである。

(161) 以下、高桑家に関する説明は、加越能文庫「先祖由緒并一類附帳」高桑安三郎による。

(162) 広瀬克房は年寄中席執筆役、竹中伊兵衛は家老方執筆役・年寄中席執筆役・学校方席執筆役・勝手方席執筆役、芝山興之は家老方執筆役并若年寄方執筆役兼帯、牛円市好は御用所執筆役、坪内錫類は御次執筆役をそれぞれ勤め、昇進している(加越能文庫「先祖由緒并一類附帳」広瀬辺・竹中雀・芝山宏・牛円元七郎・坪内九平)。

(163) 前掲註121「類聚御用番記」二、「雑」の項。

(164) これは「人撰書」の内容が、昨年提出したものと変更がない場合のことを指していると考えられる。

(165) 執筆役が「調筆、先例照会を本務と」していたことについては、すでに松方冬子の指摘があるが(「加賀藩の機構と江戸家老」『史学雑誌』一〇二―九、一九九三年)、本文中で示したような具体的な事例をもって指摘したものではない。

(166) 加越能文庫「御親翰拝写」(一六・二五―三七)。

(167) 山崎一郎「萩藩当職所の文書管理と当職所記録方」(国文学研究資料館『幕藩政アーカイブズの総合的研究』思文閣出版、二〇一五年)。同論文では、各役職の職掌を次のように説明している。当初、手元役は取り次ぎ、当職が授受した文書の記録、日記の作成などを職掌としていたが、次第に当職の仕事を実質的に担い、諸役所を統括して指示・伝達を行うようになった。右筆役は、手元役とともに当職所の実務を担い、当職所から諸役所への発給文書には手元役とともに名を連ねていた。筆者役は、手元役が当初行っていた記録作成や日記の記入などを担った。なお、井上勝生は、近世後期になると藩政の実権は、当職・当役といった上級家臣から彼らに付いた手元役・右筆役に移ったことを指摘している（井上勝生「幕末期における御前会議と「有司」」（『幕末維新政治史の研究』塙書房、一九九四年））。

(168) 奥右筆の先行研究としては、本間修平「徳川幕府奥右筆の史的考察」（服藤弘司・小山貞夫編『法と権力の史的考察』創文社、一九七七年））がある。奥右筆は、諸役から老中・若年寄へ提出される書類を取り次ぎ、老中・若年寄の決裁を要する書類を整え、先例を調査・検討するほか、老中・若年寄からの諮問に対応し、奥右筆がその採否について説明していたという。また、時代が下るにつれ、奥右筆は権限を拡大し、老中・若年寄と内談し、政策判断にまで介入する存在となった（以上、同論文）。

(169) 前掲註109「御親翰留」（文久二年六月条）からは、詳細な事情は不明だが、年寄中席執筆役の永井廉之助が賄賂の受け取りを理由に同役御免となっていることが確認できる。賄賂の実態として具体的なことがわかる事例に、家老方執筆役（算用者小頭並）の篠崎知大夫の事例がある。知大夫と親しい関係にあった御歩の大町宗蔵からの願いによって、丹羽武左衛門が召し出されたが、その際、売女同道の「振舞」、つまり賄賂があった。そのほかにも宗蔵を通じた諸願いの際には賄賂があったという。天明五年七月に、知大夫は閉門、宗蔵は遠慮に処された（以上、前掲註47「袖裏雑記」三〇）。

(170) 本間前掲註168「徳川幕府奥右筆の史的考察」。

(171) 前田土佐守家資料館所蔵「養子願難心得旨被仰出書」（家政四一〇）。

(172) 詳細は、石野友康「享保十九年剣梅輪鉢紋一件について」（『市史かなざわ』三、一九九七年）。

(173) 例えば、奥村宗家は、家職として藩主の子女誕生時に蟇目役を勤めていた。詳細は、拙稿「加賀前田家の蟇目役と奥村家」（加賀藩研究ネットワーク編『加賀藩武家社会と学問・情報』岩田書院、二〇一五年）。そのほか、奥村宗家は、毎年年末に藩主家に鏡餅を献上する役も勤めていた（前掲註106「御用方手留、同附録」一九、安政二年十二月二十八日条など）。

(174) 郷土資料「新井家旧蔵本　白蛾白羽問答書」（K二一―八〇〇）。

(175) 加越能文庫「奥村栄実意見書」一（一六・四〇―一〇六）。

(176) この文章は、大藤修の「主君の「御家」は従家の代々の忠誠・奉公に支えられてこそ存続しうるものであり、そこでの主従関係は主家と従家の超世代的な関係である以上、先祖の勲功ある家臣の「家」を、時の主君の恣意によってとりつぶすことはできない」(『近世農民と家・村・国家—生活史・社会史の視座から—』吉川弘文館、一九九六年、二六頁)という指摘をもとに作成した。「とりつぶす」までには及ばなくても、古くから仕え、功績ある家臣の家の地位を時の藩主の恣意によって大きく変更することはできなかったと考えられる。

(177) 笠谷和比古『近世武家社会の政治構造』(吉川弘文館、一九九三年)一六一頁。

(178) 綱紀は、年寄村井家の養子相続について具体的な意向を示しており、これには正統な血筋での存続を保証する意図があったと考えられる。詳細は、前掲註6「「御家」形成と由緒—年寄村井家の養子相続と前田綱紀の意志」を参照のこと。

第3章 前田土佐守家の明治維新

―年寄・一門・男爵

前田直信

前田直行

はじめに

本稿では、幕末維新期から近代にかけての前田土佐守家について、年寄・一門・男爵の視点により分析することを目的としている。具体的に対象となる当主は、前田直信《なおのぶ》および前田直行《なおつら》の二代であり、直信についてては幕末維新期の当主ということもあって取り上げられることも少なくなく、政治史研究においての直信の言動が分析・評価されている。[1] 一方で直行については、前田土佐守家資料館が刊行する『起居録《ききょろく》』への掲載、および展示で取り上げられることはあるものの、[2] 研究対象となることはほとんどなかったようにおもわれる。しかし、幕末生まれで戦前まで生きた直行は、旧重臣かつ一門筆頭であった家の当主であり、さらに男爵となって「皇室ノ藩屏《はんぺい》」としての責務も有した人物であることから、研究対象としての魅力がある。

以上により本稿は二節構成とし、まずは幕末期に至るまでの前田土佐守家について取り上げ、特徴ある家柄であることを確認する。前田利家《としいえ》と芳春院《ほうしゅんいん》の血を引く家柄である土佐守家が家臣となった経緯や、陪臣叙爵《ばいしんじょしゃく》や当主の上京といった、土佐守家に対する「格別」の扱いについて触れるとともに、当主家との関係がうかがえる剣梅輪鉢紋使用一件、そして加賀騒動についてまとめてみたい。その上で、前田直信・前田直行両名について整理していくが、直信については幕末維新期という変革期において、いかなる考えをもって行動したのか、当時の藩主家との関係性についても言及し、直行については家柄ゆえの地域アイデンティティとの繋がりや、壮年期に男爵となったことによる前田侯爵家との関わりなどについて、時代背景を踏まえながら評価したい。

第1節　一門の筆頭たる前田土佐守家

1　本家の家臣に

一門のなかでも筆頭といえる前田家［直之《なおゆき》系］は、従五位下諸大夫に叙爵された歴代当主のうち四名が

図1　前田土佐守家系図

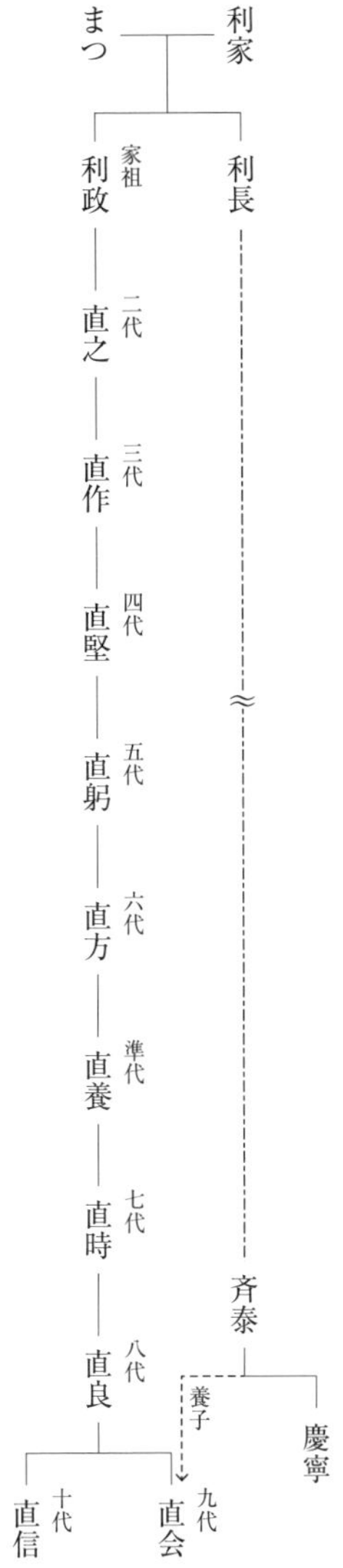

（註）『前田土佐守家資料館所蔵目録』（金沢市、2001）より作成。

土佐守を受領名としたことから、一般には前田土佐守家と呼ばれる。家祖にあたる前田利政《としまさ》は、前田利家の次男（母は芳春院）として尾張国荒子で誕生しており、前田利長《としなが》は実兄である。文禄二年（一五九三）に元服、名を孫四郎利政と改め、秀吉から能登国二一万石の所領を許されるとともに、従四位下侍従《じじゅう》に任じられたため、能登侍従と称すようになる。慶長四年（一五九九）に父の利家が大坂で病没すると、翌五年七月、当時国許に戻っていた利政は、兄の利長とともに徳川側として出軍している。大聖寺城の山口宗《むね》永《なが》父子を攻めて勝利したのち、急遽金沢に引き返すことになるが、そのさなかに小松城の丹羽《にわ》長重《ながしげ》と浅井《あさい》畷《なわて》で交戦し、手痛い被害を出している。その後、利長が再度出陣を掲げたときに利政は能登から動かず、たび重なる説得にも応じなかったことから利長のみが出陣し、関ヶ原後の論功行賞によって利政は能登国を除封、改易されている。(3) 改易後、利政は京都嵯峨に隠棲したが、これについては嵯峨が豪商角倉《すみのくら》の拠点であること、のちに利政の娘が角倉に嫁いでいることから、両者の関係性を見てとる向きもあり、さらに著名な文化人である本阿弥光悦《ほんあみこうえつ》らとの交流もみられた。また、大坂の陣のときには豊臣・徳川の双方から誘いがあったともいわれるが、それには応じていない。その後、元和三年（一六一七）に上京した母の芳春院と久方ぶりに再会し、寛永十年（一六三三）に五十六歳で没している。

家の創始は子の直之であり、慶長九年に京都で誕生すると早くに江戸へ向かい、祖母芳春院のもとで養育されたという。その後、前田利長によって金沢に呼び寄せられると、前田利常の代には直之を将軍の小姓として仕えさせようとする動きが本格化し、幕府に対して極秘に打診したものの、結局は幕府への出仕は実現しなかった。(4) 元和元年、直之は利常《としつね》から新知を拝領すると（二〇〇〇石）、同三年に芳春院の遺言によって化粧料を受け継ぎ、寛永十二年の段階では禄高が一万五〇石となっていた。また、光高《みつたか》期には御一家衆を組に編成し、その組頭に直之を任じたとされ、利常死去後の万治二年（一六五九）には、小松城代に任じられて小松城に入るなど、前田家家臣団において重臣の処遇を受けており、寛文初年には前田綱紀《つなのり》から御紋の使用が許され、子々孫々まで御紋を用いるようにとの御意があったとされる。(5)

そして、延宝二年（一六七四）に直之が小松で死去すると、子の直作《なおなり》が相続し、貞享三年（一六八六）の職制改革では父と同様、組方の最高職となる人持組頭《ひともちくみがしら》に任じられたが、直後に中風を発症して元禄二年（一六八九）に死去している。直作の遺領を相続した直堅《なおかた》は、「各別之御由緒有之ニ付、列大老之次ニ被仰付候」(6)と、家柄によって高い序列となり、同十五年には従五位下諸大夫に叙爵され、近江守を称している。さらに同十六年には年寄席に出座するよう命じられ、宝永二年（一七〇五）に一万一〇〇〇石に加増されて人持組頭となると、翌三年には大老となり、一門筆頭として「格別」の家柄でありながら、藩政に深く関与する前田土佐守家の位置が確立している。

直堅嫡男の直躬《なおみ》は、享保十年（一七二五）に新知二五〇〇石で召し出されると、同十四年の直堅死去にともない家督を相続している。同十六年に御用加判および月番を命じられ、ついで従五位下諸大夫に叙爵されて土佐守を称しており、さらに元文五年（一七四〇）には人持組頭に就任している。叙爵した年寄として藩政の中心にいた直躬は、のちの加賀騒動において重要人物となったが、享保十九年には前田吉徳《よしのり》とのあいだに剣梅鉢紋の使用をめぐる事件をおこしている。

この一件は前田直躬、ひいては一門筆頭の前田土佐守家を語る上で重要であることから、ここで取り上げておきたい。(7) 享保十九年(一七三四)正月、直躬が当主家の御紋である剣梅鉢紋を使用した大紋で登城したところ、それを同席の本多政昌《まさあきら》に咎められたため、直躬と藩主前田吉徳とのあいだで確認がなされ、時服上下、羽織、着用具足には御紋の使用を許可するが、武箸・幕・提灯・鞍覆は許可しないとする話になったという。しかし四月中旬、参勤にかかる道具類などにも剣梅鉢紋をあしらっていたことが発覚したことで、吉徳は直躬を呼び出し、ひとまず平生に剣梅鉢紋を用いることは延期するように命じると、直躬は下賜されていた梅鉢紋すら返上すると反発したことで吉徳が激怒し、直躬はその非礼を謝罪することになったというものである。

2　剣梅輪鉢紋使用一件

加賀前田家では、古くから梅鉢紋を使用して菅原姓を主張するなどの梅鉢信仰がみられたが、前田利常の頃までは確固たる紋として定まっておらず、前田綱紀の代である延宝年間になって剣梅鉢が定紋になったといわれる。その後、貞享元年(一六八四)の法令によって剣梅鉢紋の使用を限定したことで、当主家の紋として確立したとされ、一門に対して紋を下賜する場合、元禄期には既に剣梅鉢紋は許可されておらず、無剣の梅鉢紋であったことがわかっている。この時期は、徳川将軍家との良好な関係によって家格を確立させるとともに、職制を整備して安定的な家臣団体制を編制していく時期であり、剣梅鉢紋が当主家の定紋として独占され、無剣の梅鉢紋が一門に下賜されたことは、当主家の権威を高めるべく意図的になされたものと評価される。[8] 一方で、直躬の主張も単なるわがままとはいえず、寛文初年に曾祖父の前田直之が綱紀から御紋の使用を許されたという理由があり、許可された御紋を使用しないのはむしろ礼を失する行為だと直躬は主張している。これについては、先代の直堅も元禄九年（一六九六）に同様の一件を起こしており、以降は時服などでは剣を省いたが大紋には剣がつけられていたとあるため、前田土佐守家としては、直之が綱紀から許された御紋とは剣梅鉢紋であると認識していたことは間違いないという。[9]

つまり、享保十九年に発生した剣梅鉢紋の使用をめぐる一件とは、剣梅鉢紋を定紋とし、それを当主家の権威付けに利用した先代前田綱紀の意向に沿った藩主吉徳と、剣梅鉢紋の使用に関するルールが定まる前に使用が許可されている以上、その使用は問題ないとする直躬との衝突であった。一方で、吉徳からすれば先代が定めたルールからの逸脱は、たとえ前田土佐守家であっても許すことができないものの、前田利家と芳春院の血筋にある同家に対して特別な意識があったことも確かであり、それは直躬とのやりとりからもうかがえる。この一件については、当主家と一門の軋轢《あつれき》とも評価できるが、この一件で直躬が謝罪に追い込まれたことは、将来に禍根を残したとおもわれる。その後、吉徳が重用する大槻朝元《おおつきともとも》を厳しく批判した直躬は、吉徳によって御用加判および月番を免除されてしまうが、このような直躬の批判的な姿勢こそが加賀騒動へと繋がっていくのである。

3　加賀騒動と仮養子の評価

前田吉徳に重用された大槻朝元は、長らく近習御用を勤めるなかで台頭し、政務に関与するようになっていく。急速な大槻の台頭に対して、藩上層部は危機感をもったとおもわれるが、とりわけ前田直躬はその批判の急先鋒であり、幾度も大槻批判を展開したことから、延享元年（一七四四）七月には吉徳によって月番加判を免除され、政治に関与することができなくなった。(10) 前田利家と芳春院の血筋で一門筆頭といえる前田土佐守家であっても処分が下されたことは、これまでにない事態であった。

このような状況のなか、前田吉徳は病により翌二年六月に金沢で死去しているが、大槻にとっては後ろ盾を失ったことになり、同三年七月には年寄本多政昌邸で蟄居、さらに遠島を命じられて成瀬当延邸に預けられると、寛延元年（一七四八）には越中五箇山に配流となった。その上、知行は没収されて城下の屋敷もなくなり、さらに母子は一門預りとなって家来も分散するなど厳しい処分がなされたが、これで一件落着とはならず、世間を賑わせる加賀騒動へと発展していく。

その加賀騒動は、芝居や小説などによって当時から世間に広く知られており、後期御家騒動の代表例として捉えられている。その内容を簡単にまとめると、前田吉徳によって重用された大槻朝元が吉徳の側室真如院《しんにょいん》と密通し、真如院の子である勢之佐を後継者とすべく、藩主の前田重煕《しげひろ》を毒殺しようとしたが、それを年寄前田直躬が察知したことで危機を脱したというものであり、真如院の娘付きの女中であった浅尾が置毒の実行犯であるとして蛇責めされたとのエピソードは有名である。しかし近代に入ると、それは事実ではないとする風潮から再検討がすすみ、現在では大槻と真如院の接触自体はうかがえるが、真如院の置毒への関与は信憑性に欠けること、この一件で最大の恩恵を受けたのが勢之佐と真如院ではなく、嘉三郎（前田重靖《しげのぶ》）とその母善良院《ぜんりょういん》であったことから、この置毒一件は実子を当主にしたい善良院と大槻排除を徹底したい前田直躬の利害が結びついたものとする見解が出されている。(11)

一方で、加賀騒動については大槻側の史料が残っておらず、大槻を糾弾した前田直躬が書き記した史料などに偏っており、騒動の全体像を分析することが困難であることは否めない。近年では、会津藩主の家譜である「会津藩家世実記」の記述を重視した見解があり、置毒発覚後の寛延元年十月、藩主前田重熙が会津藩主松平容貞《かたさだ》のもとを訪れ、仮養子を現在の勢之佐から嘉三郎に仮養子を変更したいと相談していたことが同史料に記されていることから、置毒以前から勢之佐が重熙の仮養子になっていたことは明らかだとされる。つまり、真如院からすれば勢之佐が既に重熙の仮養子である以上は、大槻と図ってまで重熙を毒殺する必要がなく、むしろ善良院の側に画策する必要が生じると指摘されており、この見解も先に挙げた善良院と前田直躬の結託説を補強しているとおもわれる。(12)

そのなかで、この仮養子に着目することによって、あらたな知見も示されている。仮養子とは、実子がいない当主が帰国する際、仮に養子として定めるもので、当主が再び参府すると幕府から返却の上、破棄されるものである。毎回この手続きがとられることを踏まえると、仮養子は家督相続の可能性があるものの、養子と比べると極めて不安定な立場であったとされる。(13) 前述の「会津藩家世実記」では、勢之佐を仮養子から外す場合は「病気」を理由にすべきとあり、仮養子の変更にもそれなりの理由が求められたようだが、後継者といえる養子とは大きな差があったという。また、当主が若い場合は何より実子の誕生が求められたのは当然であり、その場合どうしても養子はとりにくくなってしまう。仮養子とは、そのような実子を期待する大名家にとってリスク回避の面があった。

真如院からすれば、自身の子である勢之佐は重熙の仮養子になってはいるが、確実な後継者とはとてもいえず、正式な養子の話もなかったとすれば、万が一重熙に実子が生まれれば当主となる可能性は途絶え、この段階では叙爵もしていないために部屋住《へやずみ》格大名にもなれなかった。だからこそ、実子はもちろん、養子もいない状況で重熙が死去することが望ましかったのであり、ここに毒殺を計画する余地が出てくるが、このような状況ゆえに芝居や小説の題材として取り上げられる魅力にもなったのであろう。(14) その一方で、この視点から善良院の立場を考えるとこれも難しい。仮養子ですらない子の嘉三郎が当主になるには重熙の存命中に養子になるか、少なくとも仮養子となる必要があったが、その場合は勢之佐を追い落とす必要が生じる。結果、一連の騒動によって勢之佐が追い払われて仮養子となったが、それだけではまだ不十分であり、正式な養子縁組がなされることなく、ここで重熙に実子が誕生してしまうと当然大名にはなれなかった。結果的に嘉三郎、すなわち重靖は従五位下諸大夫に叙爵されて部屋住格大名となり、さらには実子がいないまま重熙が急死したことで家督を相続できたが、ここに至るまでには越えるべきハードルがいくつもあったといえる。

以上、この加賀騒動については、真如院と勢之佐、善良院と嘉三郎の視点からみた場合、その要点は仮養子の評価如何にかかっているといえよう。つまり、仮養子の立場が安泰であるならば、当然ながら真如院は毒殺を企図する必要はなく、むしろ善良院の方が難しい立場にあったことになる。一方で、仮養子の立場が極めて不安定なものに過ぎないならば、真如院は勢之佐の地位を一日でも早く確立すべく、何らかの動きをもって状況を打開しようとしてもおかしくはない。現状では史料の問題もあって結論を出すことができないが、当時幕府が認めていた仮養子というシステムを踏まえた議論は、加賀騒動の評価に大きな影響を与えるはずである。また、大槻排除の徹底によって人材抜擢のハードルがかなり高いものになったことは、藩上層部の体制を固定的かつ安定化させることに繋がり、一門の筆頭といえる前田土佐守家の位置を確固たるものにしたともいえよう。

4　当主の上京

また、前田土佐守家は京都との縁が深い家柄といわれる。家祖の前田利政は関ヶ原の合戦後に改易されると、京都嵯峨野で隠棲しており、利政の子直之は京都で誕生したほか、長女が豪商角倉家に嫁ぐと、二女が公家の四辻《よつつじ》家、三女が竹屋家に嫁ぐなど京都で姻戚関係が広がっている。そして、前田直躬は宝暦十三年（一七六三）に当時武家の入門者を増加させていた冷泉《れいぜい》家への入門を果たしている。(15) 冷泉家は「和歌の家」としての格式をもち、幕府が冷泉家を歌道の顧問としたことで幕臣、さらには大名家にも浸透していったといわれるが、直躬は入門後、書簡でのやりとりによって冷泉為村《ためむら》より指導を受けたという。

また、家祖利政の母である芳春院は、以前より親交があった大徳寺住持である春屋宗園《しゅんおくそうえん》の弟子玉室宗珀《ぎょくしつそうはく》を開祖として、慶長十三年（一六〇八）に大徳寺内に塔頭《たっちゅう》芳春院を建立し、前田家の菩提寺としている。近世を通じて五十年忌、百年忌、百五十年忌、二百年忌と芳春院の年忌法要が執行されたが、芳春院の血筋であり、その化粧料を受け継いだ前田土佐守家の当主が総奉行などに任じられて京都に派遣されている。五十年忌は別の家が担当したが、土佐守家としては幼少の直之が芳春院に養育されており、その高恩に報いるためにも、「年寄中之内をも可被遣御様子ニ御座候ハヽ、私儀右御用被仰付候様ニ奉願候」と、百年忌の御用を担当したいと当主直堅が藩主前田綱紀に願い出、「右所存之趣ニ候へハ、又各別候条、此度之惣奉行近江守江直可申渡候」と綱紀は了承している。[16] 享保元年（一七一六）七月、直堅は総奉行として上京すると、法要後には家祖利政の法事茶会を催し、縁のある公家に使者を派遣するなど行動している。明和三年（一七六六）の百五十年忌では、直躬の嫡男である直方《なおただ》が藩主前田重教《しげみち》の名代として上京し、百年忌と同様、家祖利政の法事茶会を催しているが、このときは父の直躬から託された「唐子図」を持参し、冷泉為村に讃を染筆してもらっている。[17] そして文化十三年（一八一六）の二百年忌では、当主の直時《なおとき》が総奉行となって京都に派遣されているが、このときも法要後に家祖利政の法事茶会をおこなっており、土佐守家としては芳春院のみならず家祖利政の菩提を弔う重要な上京であったことがわかる。当時は、京都詰人など一部の家臣以外は京都に行くことはなく、年寄や家老といった上層部が上京する機会はなかったと考えられる。前田土佐守家はその出自や家柄により、近世を通じて唯一上京する機会があった重臣家といえよう。

5　本家からの養子―直会

弘化四年（一八四七）に前田斉泰《なりやす》の八男として誕生した静之介は、その年の暮れに前田土佐守家の当主直良《なおさだ》の養子となることが決定した。実は、直良には側室（重臣篠井《ささい》家の分家の出）との間に子が誕生していたが（のちの直信）、正室を迎える前に誕生した庶子であり、誕生翌日には重臣篠井家の本家に養子として出されているが、これについては直良と正室とのあいだに嫡子が誕生する可能性を見据えたためとの指摘がある。[18] その後、年寄奥村栄実《てるざね》の娘と正式に婚姻した直良だが、二人のあいだに子がいなかったことから、「御前いまた御男子御出生茂無之ニ付、静之介様御養子ニ可被遣与被思召候」[19]と、いまだ嫡男が誕生していないという判断によって静之介が養子に入ることになった。

その静之介が養子に入る際の諸手続については、「静之介様御養子一巻」[20]が詳細である。乳児である静之介を迎え入れるため、屋敷の表向・奥向の両空間に手を加えて直良夫妻が近くにいられるように配慮し、地震対策として建物の二・三階部分を取り払うなどの指示も出されており、前田家一門の筆頭として、本家から養子を迎えるために相当な気遣いをしていたことがうかがえる。そして嘉永四年（一八五一）に直良が死去すると、幼年の静之介が家督を相続して直会《なおより》と称したが、安政三年（一八五六）にわずか十歳で死去している。

ちなみに、前田斉泰には多くの男子が誕生している。嫡男は正室の溶とのあいだに生まれた慶寧《よしやす》で、斉

図2　前田斉泰の男子一覧

斉泰

- 慶寧　加賀前田家十四代
- 釣次郎　夭逝
- 利義　大聖寺前田家十二代
- 慶栄　鳥取池田慶行養子
- 利行　大聖寺前田家十三代
- 純六郎　夭逝
- 利鬯　加賀前田家家臣前田貞事養子、のち大聖寺前田家十四代
- 直会　加賀前田家家臣前田直養養子
- 亮麻呂　東本願寺法主猶子として越中善徳寺へ
- 簡之允　夭逝
- 利同　富山前田家十三代
- 利武　明治一四年分家、のち男爵

（註）石野友康「加賀藩前田家の庶子と重臣層」（加賀藩研究ネットワーク編『加賀藩武家社会と学問・情報』岩田書院、2015）より作成。

泰の隠居後には家督を相続している。他の男子では、土佐守家に入った直会のほかにも、鳥取池田家の養子となった慶栄、さらには分家の富山に利同《としあつ》、大聖寺には利義《としのり》・利行《としみち》・利鬯《としか》が立て続けに養子に入っている。富山については、極度の財政難や利保《としやす》・利声《としかた》父子の対立などにより、安政三年から本家による教諭が開始されると、同六年には斉泰の子である利同が入り家督を相続している。その後、文久二年まで本家の家老や十村《とむら》が常駐して藩政に介入したとされるが、その後も富山御用主附に任命された家老や、富山財用方御用・富山御横目主附となった者が確認できるため、慶応末期まで本家の関与が続いていたと推察される。また、大聖寺についても嘉永二年に斉泰の子である利義が養子となって家督を相続したが、利義が安政二年に死去したため、同じく斉泰の子の利行が利義の養子となる旨を幕府に届け出たが、その利行が

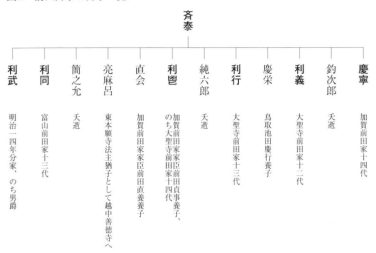

金沢で死去してしまった。これにより御家存続にも関わる事態となったが、既に家臣の養子となっていた斉泰の子利鬯を大聖寺に入れることを決定し、利行死去の発喪を遅らせて先に養子の手続きを済ませることで事なきを得ている。その大聖寺に対しても、飛弾守（利鬯）様御勝手方御用に任じられた者が慶応末期に確認できる。富山の場合は大名父子の対立や財政難、大聖寺は当主の相次ぐ早世という不確定な事情があったにせよ、本家の血筋が両分家に入り、斉泰の子が加賀・富山・大聖寺の家督をそれぞれ相続したことになる。これは分家を創出した前田利常以来（光高・利次《としつぐ》・利治《としはる》）のことであり、結果として本家が分家に関与する体制が整ったことになる。そのほか、分家の七日市に対しても慶応三年（一八六七）と明治二年（一八六九）に藩政監督という名目で、それぞれ二名の加賀藩士が七日市に派遣されていたことが確認できるが、[21]これは慶応二年に発生した藩主利豁《としあきら》の排斥計画を介入によって未然に防いだ加賀藩側の対応といわれており、[22]もちろんその影響はあったはずだが、幕末維新期という「御家」の存続が危ぶまれる時期にあって、いかに加賀前田家、つまり本家を存続させるかとの問いにこたえるために、三分家への家臣派遣という「同族」としての関係性強化が目指されたとも考えられる。

第2節　幕末維新期から近代へ　―直信と直行

1　幕末維新期を生きた前田直信

そして、直会の跡を継いだのが前田直信である。天保十二年（一八四一）に誕生した直信は、前述したように直良の庶子であり、誕生の翌日には重臣篠井家の本家に養子として出されたが、直会が死去してしまったことで筋目の者として呼び戻され、安政三年（一八五六）に家督を相続している。前田土佐守家としては、藩主前田斉泰の子である直会が養子となって相続したことにより、前田利家と芳春院の直系の血筋は一旦途絶えていたが、直信が相続したことによって血筋は維持されることになった。家督を相続した直信は、同年中に御用加判となり、さらに叙爵して従五位下諸大夫、土佐守となる。同四年に月番、同五年には人持組頭へと異例の早さで任じられるなか、万延元年（一八六〇）には年寄横山隆章《たかあきら》の死去にともない、十代ながら年寄の筆頭（年寄最前列）となるに至る。これは安政から万延にかけて複数の年寄が相次いで死去したためであり、直信が年寄の中心となって経験豊富な藩主を支えなければならない立場となった。

そして、文久二年（一八六二）六月、前田直信は国事に関する意見書を提出している。

〔史料1〕

（前略）此度上意振与ハ御模様も違申候得共、是迄従公辺時々御触渡等之義、御趣意一貫不仕義無御座共難申様奉存候間、此後之処ハ御趣意貫通公武御一和ニ而御国威を被為立候様之御場合江被為至候へハ、此上も無御座義、尤左様可被為在義与ハ奉存候へ共、万ニ一少ニ而も公武之御間御解兼之義被為在候時ハ、只今一向キニ公辺江御忠節而已ニ思召を被為尽候而、却而御危難も生し、神州億兆之人心離れ、衆口に被為懸候様之義被為在候而ハ、甚奉恐入候御義歟共奉存候、其故ハ、皇国ハ上将軍より下卑銭（賤）民ニ至迄、王臣に非さるハ無御座故か、古来王道衰へ武家盛んにしてすら朝家ニ省けハ世之悪名を請候体ニ御座候、（中略）然処、此度上意振等御沙汰之通り復古之御政道ニ御改りニ候へハ、御一段ニ奉存候得共、万一此上ニ御違勅等之廉相顕れ候而ハ、群雄蜂之如く起り、是を御助之御方も、上禁庭ゟ、中諸藩怨敵と成、下浪士雑卒迄も怒気ニ堪兼、御不慮之変事浪籍等御足元ゟ出来、仮令強国勇武たり共、御持保如何可被為在哉、其上万人之嘲哢、後世之批判、実ニ御危難至極之御場所無御座共難申哉、就而ハ公辺御続柄等之重キ所与天朝御本主之重キ所与競へ見申候時ハ、何れ天朝之重キ所外れ申間敷哉、左候迚無謂公辺江御粗意被為立候訳ハ可被為在様も無御座、（中略）猶以て御誠実ニ禁庭御尊崇之道相立、叡慮を重んセられ、天意を押弘められ、公武之御間水魚之如く御一和永久無御違変処達而被仰上、御上洛御供奉被為在候而も始終右之御趣意顕れ候ヘハ、公武之御間を御引直シ之御趣意ニ被為成候故、御身ハ関東ニ被為在候而も、却而叡慮を被為休め、上ハ皇天ゟ、下万民ニ至迄奉感服、於公辺も無此上御為筋ニ候得ハ、是両全之道ニも相叶可申哉、右様思召立被為在候而も、公辺向思召通り被為成兼、万一御違勅等之場合ニ被為至候ハヽ、将軍之御名ハ有之候而も上下人心離れ背き、国家傾覆之害甚キ時ハ、所謂独夫之類ニも被為成候間、時節至来与被思召、何れ朝庭御守護一向キ之義ニ御一決被為在候義、御専一歟ニ奉存候、（後略）(23)

できる限り部分引用にとどめたが、加賀藩が国事と向き合った段階の意見として極めて示唆に富む内容である。写しであるためか宛名は記されていないが、内容から藩主もしくは世嗣に提出したものとおもわれる。ここで直信は、幕府の姿勢を御趣意一貫仕らずなどと批判した上で、幕府が態度を改めて公武一和になることが必要であり、前田家が周旋して水魚のごとく公武が一和となれば、将軍上洛に供奉することや斉泰・慶寧が江戸に向かうことになっても問題ないとする。これは明らかな幕政批判であり、朝廷・幕府の関係が困難な状況において、幕府にのみ忠節を尽くしてはかえって危難も生じると述べている。また、万が一にも違勅となった幕府を支持した場合、上は朝廷から下は浪士雑卒に至るまで怨敵とみなされ、前田家は「万人之嘲哢、後世之批判」をうけてしまうとして、「公辺御続柄等之重キ所」と、「天朝御本主之重キ所」を天秤にかけるような状況、すなわち幕府と朝廷のいずれかを選択せざるを得ないような状況になった場合は、何より朝廷を選択すべきと発言している。

この直信の意見は、「皇国ハ上将軍より下卑餞《賤》民ニ至迄、王臣に非さるハ無御座」とあるように、この国が「皇国」であり、（将軍含め）自分たちが「皇国」に属する者であるとの認識が背景にあったためとおもわれる。だからこそ、ここから逸脱すれば厳しく批判され、前田家存続の危機に繋がると考えたのではないか。それゆえ幕府が「違勅」の状態にあって「皇国」の害となるに至ったならば、そのときは「時節至来」と捉え、徳川家と袂を分かつべきだと主張したのである。朝廷尊崇を第一としながら、徳川家との関係を考える必要性について、前田家一門かつ年寄筆頭の前田直信が文久期の段階で言及していたことが注目される。この書状は、あくまでも前田直信の見解にすぎないものの、ここに至って藩としての国事に対するビジョン、すなわち藩是（藩の最高政治意思）の創出が求められる状況になっていたといえよう。他藩では、この時期に鳥取・秋田・長州などで藩機構の大幅改編や国事を担当する新職を設置するなど、具体的な対応がなされている。

そして文久三年、徳川家光《いえみつ》以来約二三〇年ぶりに将軍徳川家茂《いえもち》が上洛するが、この上洛に藩主斉泰は供奉することを願い出、許可されると直信には先立って上京するよう命じている。[24] 上京した直信は建仁寺に入ると、摂家の二条家・鷹司《たかつかさ》家、そして久我家といった前田家と「通路」を有している公家のもとへ御内御使者を勤めており、さらに上洛した斉泰に供奉して参内している。その後、元治元年（一八六四）に禁門の変が発生すると、在京の世嗣前田慶寧が無許可で退京したため、当時金沢にいた直信は慶寧に「御慎」を伝える使者を斉泰から命じられ、滞在先の近江海津まで向かっている（後述）。先の文久三年の上京や、この元治元年の世嗣に対する使者については、叙爵した重臣かつ一門筆頭の立場にあった直信だからこそ与えられた任務だと考えられ、慶応元年（一八六五）には斉泰の名代として京都で三カ月警衛の任務に就くと、その後上洛してきた斉泰とともに参内し、さらに斉泰や慶寧が臨時で出張することがあれば組を率いて同行するように命じられるなど、かなり信頼されていたことがうかがえる。

その後、慶応二年四月に斉泰から慶寧へと代替わりがあり、さらに政局も混迷の度を増すなか、直信自身は病もあって政治の舞台からは遠ざかっていたようである。しかし、同四年正月の鳥羽・伏見戦争後、藩をとりまく状況が容易でないなかで隠居斉泰の上洛が決定すると、直信にも御供が命じられ、これまで同様先に上京しており、その後上洛した斉泰とともに参内し、天皇の大坂行幸にも同行している。帰国後、越後方面の情勢が緊迫化したため、薩摩・長州に加えて加賀にも北国筋を鎮圧するようにとの朝命が出されると、藩は洋式編制の部隊を越後筋へ派遣することになるが、直信はその総指揮を命じられており、領境の越中泊まで出陣した上で金沢に戻っている。

明治初年の藩は、新政府の命令に対応しながら幾度も職制を改編しているが、直信は藩政の中心に居続け、明治元年（一八六八）十二月の藩治職制により執政となると、[25]翌二年九月には藩大参事に就任している。ともに執政として藩政の中心にいた本多政均《まさちか》が前月に金沢城内で暗殺され、明らかに家臣団が動揺する状況にあったなかで、直信は家臣団最上位の役職に就任し、重責を担うことになった。[26]また、同年に発生した越中新川郡の騒動では、鎮撫方として越中東岩瀬まで出向き、翌三年末卯辰山に招魂社が創建されて報賽神事が執行されると、藩知事前田慶寧の名代として祭主を勤めているが、同年閏十月に藩制布告への対応として人事改編がおこなわれたときに免官となり、同年末に位階を返上している。

そして、廃藩後には石川県権参事桐山純孝から、直信および村井長在宛に書簡が届いている。

〔史料2〕

秋冷増加、賢台益御安康拝祝此事ニ御座候、然ハ小生義不肖之身を以重任ヲ拝命、当春赴任後モ早速拝訪、万縷御依頼モ申上度底意ニ有之処、新旧廃置之際引続、移庁等ニ而終ニ其道ヲ不果、失敬ヲ極候、然処追々残用モ取纏リ前進之機会ニ及ヒ候折柄、更ニ御懇談申度件有之、旁一応拝趨可仕之処、頃日痛所不相勝、漸ク押テ出庁□仕合ニ而不任心底、因テ為代人市村権大属差出申候、何卒此者ゟ御聴取リ被下度願上候、右御懇談申度主意ハ別書中ニ記載仕置候通、御政体モ日進、随テ諸府県競テ開明進歩之秋ニ当リ、当県之如キハ他ニ異ル大藩之末ニ候得者、他ニ異ル一大奮発ヲ起サンハ其比較ヲ得ス、況ヤ他ノ右ニ出ル義無之、殆困却此事ニ御座候、閣下ニ於テモ従来御治下之末ニ候得者、定而御苦配万々与奉遠察候、是全ク上ハ朝廷、下ハ部民ニ対シ其責免レサル処ニ有之、是即上下県隔リ起ル処ノ弊ニ候得者、自今県庁トノ際気脈ヲ通シ、同心協力親シク会議ヲ起シ、前途倶ニ朝旨遵奉之事ヲ運ヒ度、懇願之外無之候得共、別紙口演書をモ御参酌、御同意も被下候ハヽ、旧御同列御初江御通達御勉励之程希上候、何レ不遠内拝趨万々御面話可仕候得共、乍略儀以書中及御依頼候、頓首再行

（明治五年）八月廿日　桐山純孝

前田三吉（直信）殿

村井恒（長在）殿[27]

桐山は明治五年と推定されるこの書簡において、各府県が進歩を競うような状況のなか、比肩のない大藩であった石川県は他とは異なり一大奮発しなければならず、困り果てていると述べている。そして、前田・村井の両名も苦い思いをしているのではと推察しながら、上は「朝廷」、下は「部民」に対しても責任は逃れられないとして協力を願っている。また、同意してもらえるならば、他の元八家の者などにも伝えてほしいと懇願している。この書簡については、当時県参事であった内田政風《まさかぜ》が県政刷新をめざして下級士族との関係を深めており、そのため疎遠になっていた元重臣らとの関係改善を目指してナンバー2の権参事であった桐山が動いたとの評価がある。[28] この事例からは、廃藩後の地域においても要人としての役割が直信に期待されていたことがうかがえよう。

そして、明治六年には藩祖前田利家と芳春院の直系であり、かつ旧藩において重鎮であり続けた直信に白羽の矢があたり、周囲の説得を受け入れるかたちで同年創建された尾山神社の初代祠官となる。その後、人口の流出など金沢の衰退が著しく、社殿の維持すら困難な状況に陥ると、直信は神門建造の趣意書を連名で提出している。そこでは、「当神社は県下最一の高厦にして神殿は已に落成すれども、其周囲瑞籬及ひ神門の荘厳未だ備らす、此事の欠けたるを以て微輩等積日已来種々之を苦慮す」と述べて、神門建造の必要性を訴えており、同八年にはステンドグラスと避雷針が用いられた「高大著名なる」神門が完成している。[29] 神門の完成後、直信は病もあり再三願い出て同八年には神官の職を辞していたが、[30] その後も地域における影響力はあったとおもわれる。[31] このように幕末から維新期にかけて重責を担い続けた直信は、同十年に隠居、同十二年には三十九歳の若さで金沢にて死去している。

2 陪臣南保大六と近江海津への使者一件

前述したように、元治元年(一八六四)に前田直信は近江海津に滞留する世嗣前田慶寧への「御慎」の使者を勤めているが、この一件に関して貴重な史料が残されており、所蔵先の前田土佐守家資料館では「前田慶寧退京につき近江海津まで使者一件」との表題が付されている(表紙は「江州海津迄御内御使として御出之節御内用帳」)。これは、直信が慶寧への「御慎」の使者を命じられた同年七月下旬から、海津で切腹した加賀藩家老松平康正《やすまさ》の親族が直信宅を訪問した、同二年正月までの出来事が書き記されたものである。[32] 本史料を執筆したのは前田土佐守家に仕える南保大六であるが、祖父の代に同家附の与力となると、別家した父が家臣として同家に仕えている。大六は祖父や父と同様、剣術に長けていたようで、藩主前田斉泰の前で二度剣術を披露しており、安政三年(一八五六)に経武館の剣術師範となると、同家の家老となっている。[33]

そして、大六は同家重臣篠井家分家の娘と婚姻しているが、この女性が直信の実母であった。つまり、直信からすれば大六は実母の再婚相手であったが、その後直信が急遽家督を相続して直信と大六とのあいだに主従関係も生じたことから、直信は身内が家老として支えてくれるような感覚だったのではないか。

また、土佐守家内の軍事にも大六は関与しており、文久二年(一八六二)五月に前田土佐守組(直信が組頭となる人持によって構成された組)が城下泉野で調練を実施したときは、円滑に遂行すべく大六らが出席者の確認や武器確保に動いている。[34]そのほか、土佐守家下屋敷があった石川郡北広岡村の請地に関する証文を取り交わしたときも大六は名を連ねており、幕末期には家政全般に関わっていたことがうかがえる。

また、自身が著した「無識卑論」[35]では、農兵について本末になぞらえながら、「事アル時ハ農ハ士ヲ助クル事本ニシテ、耕作ハ末也」と論じ、その延長で銃卒も「末用」と捉えている。さらに、藩領で何かが発生した折には農業もいつものように勤められないのだから、耕作人が不足してでも有事への対処は苦しからずとし、現在のような強兵を望む段階では、士分土着や農兵も利があると述べている。さらに、西洋兵器の導入については、「只夷賊ノ難ニ依テ海防策ノ一事ノミ御調兼ニ可有之カ、侍ムト云ニハ非ストモ、海岸守禦ノ常ナレハ、舟砲等ハ彼ガ利器ヲ執リ新流ヲモ助ケトセラル、義ハ当然ノ理」と、海防の観点において導入することは当然と論じる一方で、「未タ自張ノ念止マズ、私心ヲ以テ評ヲ立、風俗衣装モ夷風ヲ慕フガ如キハ何事ゾ、国家ノ逆賊共云ヘキ也」と、西洋流に染まることを厳しく批判し、加賀藩には有沢流という軍法があり、藩主前田斉泰の仰せを守り上下一和の強兵となるべきと主張している。

このように剣術に優れ、知識も豊富であった大六が書き記した「前田慶寧退京につき近江海津まで使者一件」では、直信が大六を信頼している様子がうかがえる事例がある。たとえば、今回の使者が非常に難しい事案であると考えた直信は、「甚御六ヶ敷御案事被遊、御用部屋衆等之内、今壱人副使御願被遊候得共、誰も恐入居、被仰付候人品無之旨与御内々御意」と、御用部屋衆などから副使を立てたいと願ったが、皆が恐縮してしまったようで、副使に相応しい人物がいないと内々に愚痴ったのち、「他洩堅無之様被仰出候」と、他言無用であることを大六に伝えており、直信の率直な心情が吐露されている。

図3　南保家系図

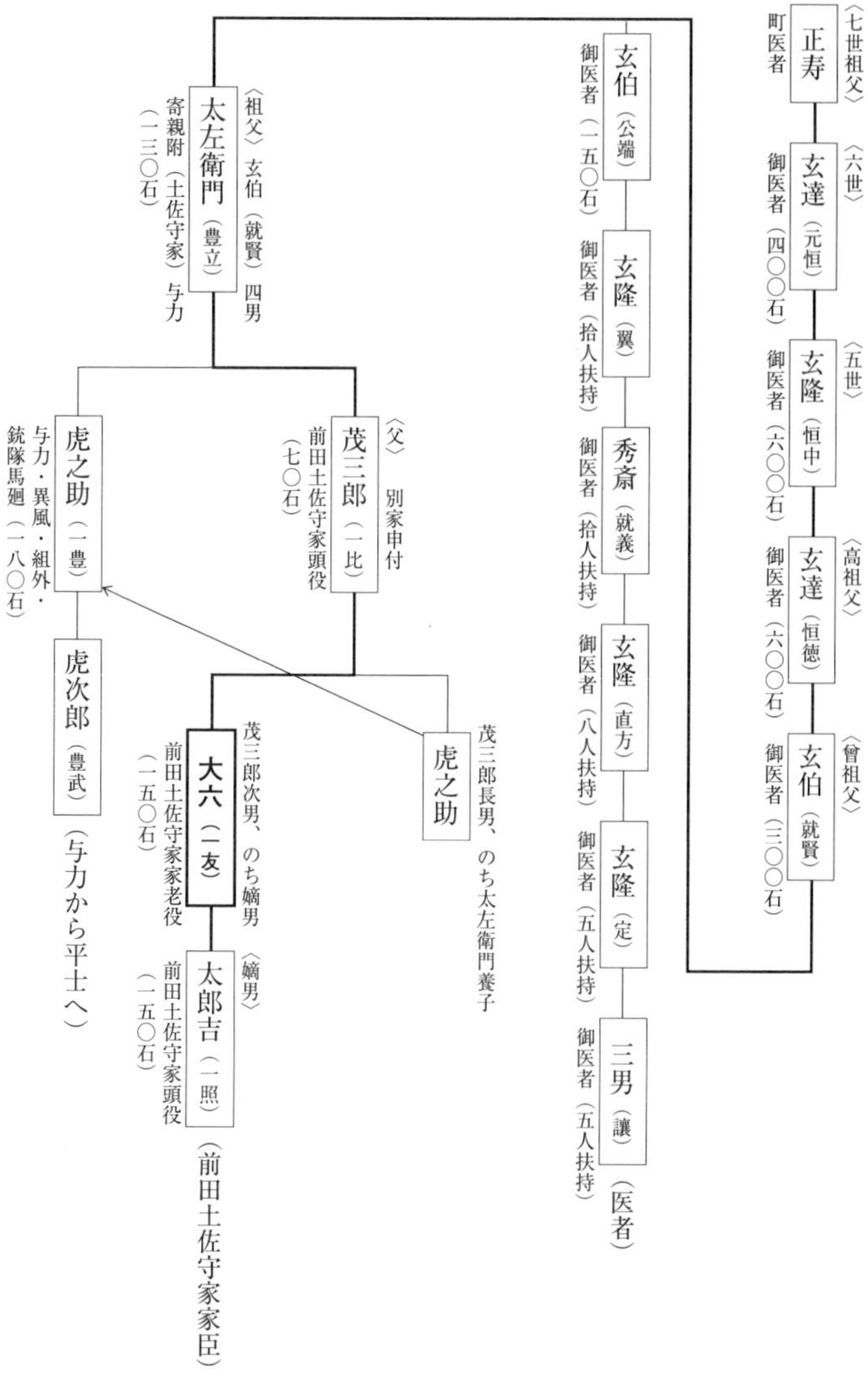

（註）1. 続柄は、本論に登場する大六からみたものを記載。
2. 金沢市立玉川図書館蔵加越能文庫所蔵「先祖由緒并一類附帳」の「南保太郎吉」「南保虎次郎」「南保友重」「南保三男」をもとに作成。

また、金沢を出発した一行が加賀・越前の国境付近の立花（橘）宿に滞在中、越前領内に無断で侵入した加賀藩士山崎穏斎《おんさい》が発砲されたこと、加賀の者を見つけ次第打ち払うようにとの命が越前領内に出ていることを知る。このとき直信は大六を呼んで相談しており、さらに直信と家老不破《ふわ》為儀《ためよし》が同席する場に大六を呼び出して、藩政に関わることについて赤心を申し述べるよう命じている。その後、この件については国許の藩主斉泰が越前父子宛に依頼状を出し、了承を得たことでようやく通行が可能になり、一行も再び出発している。

しかしこの問題はここで終わらず、越前福井の松平春嶽《しゅんがく》が世嗣慶寧の帰国について異義を申し立てたことで、その対応に迫られることになる。「大蔵大輔様（松平春嶽）思召付ニ而ハ、筑前守様（前田慶寧）只今御引取ハ御見合、先御同席様方等を以京都向被仰談有之、其上中納言様（前田斉泰）御上京被仰訳、御成代り御守衛向御勤与歟相成、其頃御引取ニ而可御宜与被仰進之由」と、春嶽は慶寧の即時帰国を認めておらず、まずは年寄などが上京して事情を説明した上で、藩主斉泰自らが上洛して京都守衛任務に就くことを求め、その後に世嗣慶寧が帰国すべきだと主張している。そしてこのときも直信と家老不破為儀が協議する場に大六が呼ばれ、忌憚のない意見を求められており、大六は国許への使者の派遣、国許に伝えるべき内容を直信に上申している。

結局、直信一行は世嗣慶寧の帰国を優先して海津に到着すると、直信は慶寧と面会して使者の任務を無事に済ませている。「先日来甚御案事御心配之処、先々御首尾能キ御都合ニ相成、御安堵被遊候」と、安堵する直信の姿は本心によるものであったであろうが、一方で直信にはもう一つ重要な役目があった。それは、慶寧に随行している家老の内から一人を切腹させるというもので、藩主斉泰から直信に与えられた指示であったが、これによって当時京都詰であった家老松平康正が切腹することになる。切腹後は、康正の遺体を見分して事後処理に当たり、松平家の家来とも綿密な交渉を重ね、そのすべてを終えた直信は、大六に対して「此度御使柄、余程御六ヶ敷御心配之処、御存外御都合能御十分ニ相成、其上大弐様御一条迄も残る所なく相済、御世話申上候故与深御悦之旨御意」と、深く感謝の意を伝えている。さらに、帰国した直信は松平康正の家が断絶することのないよう周旋しており、結果として松平家は相続が許されたのみならず、大幅に加増されている。

大六については、明治に入ってからも土佐守家に出仕しており、「宜眼力ハ当県抔ニハ無之義与奉存候、然るを勇怯抔ニ抱り、むた〳〵願方有之候而ハ、畢竟東京前田様御始之御後害不可計候間、必々御動揺不被遊」との意見書が確認できる。[36] そして、明治十二年（一八七九）に当主の直信が死去すると、直信の実母であり大六の妻であった米に対しては直信愛用の食器・小袖・白布が送られ、大六に対しても掛け軸と提重が当主家から送られており、丁重な扱いを受けている。

以上、南保大六が書き記した本史料は、加賀前田家の世嗣に対し、一門筆頭の立場にある前田土佐守家の当主が「御慎」を伝えるという重大な一件をまとめたものである。加賀前田家では他家にみられるような一門衆といった特別な待遇はなく、あくまでも家臣として仕えており、それは筆頭の土佐守家でも同様であったが、この一件では一門ゆえになすべきことがあったことがうかがえる。家臣団編制において年寄衆八家の下に位置する人持については、前田姓の者が座列において優遇されたことがわかっているが、一門の位置づけやその役割についてはこれまで十分に検討がなされておらず、今後の課題といえよう。

3　男爵前田直行

ここで、直信の跡を継いだ前田直行について言及しておきたい。[37] 直行は慶応二年（一八六六）に直信の三男として誕生しており、幼名は雅丸、その後は蕃雄と称し、母は直信の正室玉井氏である。兄が二人とも妾腹であったために嫡男として養育され、明治十一年（一八七八）の直信隠居にともない家督を相続する。明治十年代、直行は学業に励んでいたようであり、同十八年には元八家《はっか》横山隆平《たかひら》の長女茂樹と結婚、同二十四年には待望の男子である政雄が誕生している。ちなみに、当時の前田土佐守家の家計について、前田土佐守家資料館蔵「万覚帳」および「明治十三年度金銭出納精算帳」の分析によると、収入については公債証書のほか、会社への出資および個人への貸付に対する利子収入が主であったが、それでも収支は数百円の黒字であった。[38] 同二十一年度の所得額については、「時事提要」により確認できるが、「三百六円　長町五番丁　前田直行」と、第五等の箇所に記載されている。[39]

また、この時期は全国的に「紀年祭の時代」といわれる。明治二十二年の大日本帝国憲法発布にともなう大赦令と東京開市三百年祭を契機とし、旧幕府の顕彰をはじめとして全国各地で顕彰の動きが広がっていく。金沢でも大きな祭典が催されているが、これら顕彰事業は地域社会が天皇制との位置取りを模索し、地域が国家によって統合されることに繋がっていくことになる。[40]

金沢では、前田利家の命により文禄元年（一五九二）におこなわれた金沢城の改修を市域の整備・誕生の契機とし、そこから三〇〇年にあたる明治二十四年に金沢開始を祝した金沢開始三百年祭が開催されている。さらに利家が慶長四年（一五九九）に死去してから三〇〇年にあたる同三十二年には、藩祖の偉業を讃えるために七日間にわたり旧藩祖三百年祭が開催され、メインである神輿の渡御行列をはじめ、各町内の華やかな出し物が催されるなど、大盛況であった。[41] 尾山神社についても、幾度も昇格運動を展開するなかで、同三十五年五月別格官幣社に昇格しており、この前田家における一大慶事は在京の旧藩士らも招いて祝っている。さらに、同年七月には社格昇進の奉告式、および慶賀祭が金沢で挙行されているが、前田家当主前田利為《としなり》をはじめ、一族も列席する大がかりなものであった。遠近より集まった奉祝群集は五万人以上であったといい、[42] 金沢野田山にある利家墓前での昇格奉告の祭典も挙行されている。以上の祭典では、前田家と地域が「旧藩」の記憶により結びつき、歴史意識を共有することに繋がったといえるが、前田侯爵家をはじめとして元八家の当主が発起人や特別賛助員に名を連ねており、[43] 彼ら自身も「加賀八家」として、ここでは顕彰の対象となって地域のアイデンティティを支える役割を担ったと考えられる。

そして明治三十三年五月、直行は男爵を授爵している。同二年の版籍奉還において華族が制定されると、公卿や諸侯が華族に列することになり、同四年の戸籍法によって皇族の下、士族の上に位置付けられ、さらに同十七年の華族令および叙爵内規の制定によって華族制度が法的にも確立したが、華族はその成立経緯によって大きく二つに分けられる。一つは、公卿や諸侯といった同二年の太政官達により誕生した家柄華族であり、彼らは同十七年の華族令によって公爵・侯爵・伯爵・子爵・男爵の爵位を受けているが、加賀前田家の当主前田利嗣《としつぐ》もこのときに侯爵を授爵している。もう一つはその華族令の公布以降に華族となった者たちであり、国家への勲功を理由に日清戦争や日露戦争後には軍人が男爵となるケースが多く、さらに日清・日露の戦間期には官僚や財界人、華族の分家や旧大藩の家老の家が男爵になっている。同三十三年はまさにその期間にあたるが、国家に対する勲功を有する者、および旧藩時代に一万石以上を有していた大名家の一門や家老の現当主六〇名に対して男爵が授けられ、華族に列している。この叙爵は、皇太子嘉仁《よしひと》親王（大正天皇）と九条節子（貞明皇后）の婚姻の慶賀としておこなわれ、旧加賀藩関係者では本多政以《まさざね》・長克連《かつつら》・横山隆平・奥村栄滋《てるしげ》・村井長八郎・前田孝・前田直行・奥村則英《のりひで》の元八家、今枝直規・斯波《しば》（津田）蕃の元人持が男爵となっている。斯波に関しては、与力知を除くと八五〇〇石で一万石に満たず、基準をクリアしていなかったものの、戊辰戦争（における北越戦線）での功績が認められての授爵であった。(44)

そして、同三十五年十月、直行ら一〇名の男爵は連名で規約を作成している。(45) 規約は大きく六項目に分けられ、①「右十家ハ相互ニ規約ヲ設ケ、永遠ニ皇室ノ藩屏タル責務ヲ尽スコトヲ勉ムヘキ事」とあるように、「皇室ノ藩屏」としての責務を果たすことが掲げられ、②「自己ノ過失ニ因ラサル負債ヲ有シ家計困難ニ陥リ、華族ノ礼遇ヲ停止セラル、カ如キ不都合ナル状況ニ在ル者ハ、其詳細ナル事実ヲ調査シ、之レカ救済ノ途ヲ講究スヘキ事」と、負債により困窮に陥った場合の救済についても示されている。さらに、③世襲財産、④子弟の教育に注意し就学させること、⑤有益な職業に従事し、常に節倹に勉め、家政を整理して財産の基礎を強固にするよう図ること、そして⑥「必要ナル場合ニハ、相互ニ職業ヲ得セシムルノ途ヲ謀ルヘキ事」とあり、子弟教育や職業への従事・斡旋についても述べられている。このように、華族の一員としての自覚をもって「皇室ノ藩屛」としての責務を果たすこと、自身の家に何かあれば報告し、相互に扶助することが規約に盛り込まれていた。この規約については、授爵の二年後に作成されたとシンプルに捉えることもできるが、本多政以らの当時の書簡に「家計処理ノ方法ヲ誤リ負債重複、将ニ華族ノ品位ヲ保ツ能ハサラントスル迄ニ窮迫セシヲ以テ、去明治三十五年十月本人共（奥村栄滋・前田孝・奥村則英）ゟ侯爵家ニ向テ御補助ノ義願出、又同時ニ私共ヨリモ其旨副願仕候」とあり、[46]実は奥村栄滋・前田孝・奥村則英の三当主の家が多額の負債を抱えていたことが判明して前田侯爵家に救済を願い出た、まさにそのタイミングで規約が作成されていることを鑑みると、三男爵家が進退窮まった段階での男爵一〇家の連帯でもあった。

さらに、直行は男爵として「皇室ノ藩屛」であるのみならず、前田侯爵家の家政にも関与しており、[47]公益財団法人前田育徳会の所蔵史料である「家職員前録」（以下、「前録」）に出てくる直行の箇所をまとめたものが、［表］である。この「家職員前録」は、在勤歴の問い合わせなどに対応するため、押留・諸規則・諸事留・割符帳・雇人名簿などを基本に、種々の帳簿から作成したものであると明治三十年五月に前田家庶務係の小木貞正が書き記している。また、「評議員及会計検査員ハ家職ニアラサルモ、便宜本書ニ附記スルコトアルへシ」とも記しており、家職員以外の項目も確認でき、さらに項目によっては追記がなされているため、昭和初期まで確認できる項目もある。[48]直行については、明治三十年一月に前田侯爵家より金沢用弁方主務に任じられているが、[49]これは「前録」には記載されておらず、同三十二年三月の家令が初出である。同三十年以降、職務章程によって家令の定員が一名となるなか、前任の加藤恒が死去

表　「家職員前録」にみる前田直行と前田侯爵家の関係

名称	就任	離任	備考
家令	明治32年3月10日	明治33年5月14日	年俸1,200円
家令事務取扱※	明治33年5月14日	明治39年5月1日非職 同42年3月30日満期	年俸1,200円 至1,400円
評議人	明治39年5月1日	明治43年5月1日再嘱	
評議人	明治43年5月1日	大正3年5月1日再嘱	
評議人	大正3年5月1日		
会計検査員	明治41年4月18日		明治40年度
会計検査員	明治42年5月		明治41年度
会計検査員	明治43年5月19日		明治42年度
会計検査員	明治44年4月28日		明治43年度
会計検査員	明治45年5月1日		明治44年度
会計検査員	大正2年4月1日		大正元年度
会計検査員	大正3年4月20日		大正2年度
会計検査員	大正4年6月2日		大正3年度

（註）1. 公益財団法人前田育徳会蔵「家職員前録」より作成。
2. 家令の項目に記載されていることから、男爵となったことを理由に変更となった可能性がある。また、満期を迎える前に家職を離れ評議人となり、会計監査員を兼ねていたことがわかる。

したことによって直行は家令に任命されており、同三十三年五月に直行が男爵を授爵すると、直後に家令から家令事務取扱へと変更になっている。(50) 七月には貴族院議員の打診を直行は辞退しているが、それは直前の六月に本家の当主である侯爵利嗣が死去したことで、若き当主の利為を家令の立場から支えようと考えたのかもしれない。直行はその後も同三十五年に前田侯爵家の建設委員となり本郷邸の和館・洋館の建設に関わったとみられ、同三十六年には家宝臨時調査委員となっている。

そして明治三十九年五月一日、直行は家令事務取扱を解かれて評議員となる。(51) この評議員について「前録」によれば、同十五年に制定された家法条目の第五章に「家政評議人ノ事」として記され、選定基準から報酬、任期や改選が定められている。そして、同二十九年には華族令を踏まえて修訂した家範が制定されており、その家範では「第五章　評議員」において、七〜一二名を選定し、任期を四年とすることなどが示され、「評議員ハ当家ニ縁故アル者ノ中ニ就キ、之ヲ嘱託ス」とある。また、「第六章　評議会」では、年一回の通常会、および臨時会が定められ、通常会には評議員全員の出席が求められている。決議については過半数の意見に依るとし、評議員が提出した議案については家令・家扶が評議員とともに評議するとされている。[52]直行は同三十九年から二度の再任をへて、大正五年（一九一六）の段階でも評議員であったことが確認できるが、この期間において会計検査員も委嘱されており、「前録」では大正三年度まで会計検査員であったことがわかる。また、大正期には芝浦製作所監査役や成巽閣執事なども務めているが、家令、すなわち家職員ではなくなったことで他の職に就くことが可能になったと推察される。その後、大正十二年の関東大震災によって長男政雄を失う不幸があり、直行は金沢に戻ると、孫の正昭とともに暮らしたという。そして、昭和十六年（一九四一）に蔵書の一部を金沢市立図書館に寄贈した直行は、[53]同十八年に七七歳で死去している。

おわりに

以上、年寄・一門・男爵の視点により前田直信・前田直行の二代について考察してきた。第一節では明治維新を考える上での前提となる近世初期からの土佐守家について、家祖前田利政、次代の直之、叙爵した直堅らに注目し、一門筆頭として「格別」の家柄でありながら重臣として藩政の中心に位置することになる土佐守家に言及した上で、直躬が深く関わった剣梅輪鉢紋使用一件、そして加賀騒動について取り上げた。他の大名家では藩政に直接関与しない一門衆を構成する場合もあるなかで、加賀前田家では土佐守家以下、藩政に関与しており、この特徴については今後分析を進める必要がある。ただし、前田土佐守家が単なる家臣でなかったことは、重臣のなかで唯一上京が認められた家であることや、藩主前田斉泰の子である静之介（直会）が養子に入ったことなどから明らかであり、やはり一門研究の進展が求められる。

第二節では、前節を踏まえ、直信・直行の足跡を追いながら、明治維新から近代にかけての前田土佐守家について言及してきた。庶子として誕生した直信は、一旦は養子に出されたものの、その後土佐守家の家督を相続し、一門筆頭の立場に加え、万延元年（一八六〇）以降は叙爵歴が一番長い人物となったことから、年寄衆八家の筆頭として藩政に関与していく。本稿で取り上げたように、直信は朝廷向の藩主名代や藩主世嗣への「御慎」使者を勤めるなど、年寄かつ一門の筆頭としての役割を担っていたことがわかる一方、文久二年の意見書にみるように、国事に関して明確なビジョンをもっていたこともうかがえるが、直信の政治意思の背景には、母の再婚相手かつ土佐守家の家老であった南保大六の影響もあったのではないかと推察される。その大六は、もともと武芸に秀でた人物であったが、自身の著述とおもわれる「無識卑論」「墨守論」「海防基元」などがあることから、(54) 時勢や政策に関する見識もあったとおもわれる。直信のブレーン的立場にいたようにもみえるが、このような陪臣のあり方については本多家や長家、横山家といった別家の事例についても研究が求められるだろう。

さらに、直信の跡を継いだ直行については、旧家臣が近代においてどのように生き抜いていったのか、その一側面をみることができる。明治十年代の前田土佐守家は当主が勤めたことによる収入はなく、公債証書や貸付に関する利子のみであったが、数百円の黒字であったことからも、土佐守家の旧家老が管理する体制により、家計は概ね安定していたとみられる。その後、地域における紀年祭では、「元八家」として発起人や賛助員に名を連ね、ときには顕彰の対象となって地域のアイデンティティを支えたと考えられる。また、直行は前田侯爵家の家政にも関与しているが、旧家臣が旧大名家に対してどのように関わっていったのか、重臣のなかでも直行や村井恒のように家令になった者もいれば、家職には従事せず評議員として一時期関わったという者も多い。この点についても、本多家をはじめとする他家の事例分析が求められよう。そして、明治三十三年（一九〇〇）に前田侯爵家の旧家臣のなかで一〇家が一斉に男爵となるが、「皇室ノ藩屏」としての彼らの分析はほとんどできていない。直行は貴族院議員の打診を断り、前田侯爵家の家職を勤めているが、このような姿勢をもたらした要因がどこにあるのか。また、規約によってこの一〇家が連帯していく動きは、特徴的な事例のようにもおもわれる。大名華族家の研究が近年盛んになっている今こそ、旧家臣で男爵となった家の分析が必要と考える。

以上を鑑みると、前田土佐守家についての研究、とりわけ幕末維新期から近代にかけては多くの課題があるが、裏を返せば可能性に満ちているということでもあり、分析対象としての魅力を有しているといえよう。

註

（1）直信については、前田土佐守家資料館『起居録』（以下、『起居録』）四五・五七・五八（二〇一三年・二〇一六年）、および『改定新版　前田土佐守家資料館図録』（前田土佐守家資料館、二〇一五年）など、取り上げられることは多い。また、拙著『加賀藩の明治維新─新しい藩研究の視座　政治意思決定と「藩公議」─』有志舎、二〇一九年）のように、幕末維新期の加賀藩を研究する上で重要な人物である。

（2）『起居録』七・五八（二〇〇四年・二〇一六年）、前掲『改定新版　前田土佐守家資料館図録』など。

（3）見瀬和雄「関ヶ原合戦前後における前田利政の動静」（『金沢学院大学紀要』〈文学・美術・社会学編〉一二、二〇一四年）。

（4）前掲『改定新版　前田土佐守家資料館図録』。

（5）『同右』。

（6）金沢市立玉川図書館近世史料館蔵「御親翰留」。以下、とくに断りのない史料は同館所蔵。

（7）石野友康「享保十九年剣梅輪鉢紋一件について」（『市史かなざわ』三、一九九七年）。

（8）「同右」。

（9）「同右」。

（10）石野友康「吉徳政治批判と前田直躬」（加能地域史研究会編『地域社会の歴史と人物─加能地域史研究会創立三〇周年記念論集─』北國新聞社、二〇〇八年）。

（11）若林喜三郎『加賀騒動』（中公新書、一九七九年）。この騒動の時期については、前田吉徳が死去して大槻の弾劾が強まった延享二年から、大槻一類らに一連の処分がなされた宝暦四年までとするのが一般的なようである（木越隆三「加賀騒動」福田千鶴編『新選 御家騒動』下、新人物往来社、二〇〇七年）。

（12）前掲『改定新版　前田土佐守家資料館図録』。

（13）野口朋隆「加賀藩主前田重煕・重靖の諸大夫叙爵をめぐって─部屋住時代の官位拝領─」（『加賀藩研究』六、二〇一六年）。

（14）「同右」。

（15）前田土佐守家における歌道修得・享受については、本書第四章に詳しい。

(16)前田土佐守家資料館蔵「前田土佐守家家譜」(家政八七)。
(17)『起居録』七八、二〇二三年。
(18)『起居録』五七、二〇一六年。
(19)前田土佐守家資料館蔵「養子被仰付に付附之者江存寄之趣調置書」(家政四二二)。
(20)前田土佐守家資料館所蔵(家政四二三・四二四)。
(21)「七日市侯系譜」。
(22)鎌田康平「近世初・前期の七日市藩と加賀藩—前田利孝・利意を中心として—」(『加賀藩研究』八、二〇一八年)。
(23)前田土佐守家資料館所蔵「公武之間柄に付存知之趣上申控」(藩政九三六)。
(24)以下、「先祖由緒并一類附帳」「前田三吉」、および前田土佐守家資料館蔵「前田直信履歴」(補遺(近代)履歴一八)。
(25)このときに「年寄中御家老御用御加判被廃ナリ」とある(「前田直信履歴」)。
(26)明治二年九月、藩大参事に任命された前田直信は、病気療養に努めたいと免除を願い出ているものの(前田土佐守家資料館蔵「大参事職免除依頼状控」(家政八一九))、実際は免除されなかった。
(27)「石川県発展の件につき協力依頼状」。原本は前田土佐守家資料館蔵「政治向の相談に付書状」(補遺(近代)交際・私信三八)。
(28)当該史料には年記載がなく、以前筆者は拙著において明治八年と推定したが(前掲『加賀藩の明治維新—新しい藩研究の視座　政治意思決定と「藩公議」—』)、石田健によると、桐山が県権参事に任じられたのが明治四年十二月であり、翌五年初頭には赴任したとおもわれること、史料中の「移庁」は美川県庁への移転(同五年四月~同六年正月)を指すと考えられることから、本史料を明治五年と指摘している(石田健「第二代石川県令桐山純孝—その事績の検討—」『石川県立歴史博物館紀要』三一、二〇二二年)。筆者もこの指摘を妥当と考え、本稿では同五年と判断している。
(29)『尾山神社誌』(尾山神社社務所、一九七三年)。
(30)尾山神社の祠官となった直信は、翌七年には石川県内神道教導取締となり、祠官を辞した後にも石川県下神道事務局長となっている(「前田直信履歴」)。
(31)明治九年三月、横山政和は結社に関する書簡を提出しているが、そこでは安易に元八家や自分に声がかかり、それらが会合して結社となることに疑問を呈している(前田土佐守家資料館蔵「元八家等の結社に付疑問書留六ヶ条」(補遺

（近代）社会一一二）。
（32）金沢市立玉川図書館近世史料館には、同史料の写しが現存する（「江州海津迄御内御使として御出之節御内用帳」）。同史料を分析したものとして、拙稿「幕末の加賀藩陪臣—前田直信の父南保大六—」（前掲『地域社会の歴史と人物』）。
（33）「先祖由緒并一類附帳」「南保太郎吉」には、いつ大六が家老役となったかは記されていない。
（34）前田土佐守家資料館蔵「御調練方之儀に付覚書」（家政九七四）。
（35）金沢市立玉川図書館近世史料館蔵。
（36）前田土佐守家資料館蔵「時勢に付動揺なき様意見書」（補遺（近代）社会一六）。大六の意見書であることは間違いないが、宛名が記されていない史料であるため、評価は慎重におこなう必要がある。
（37）前田直行の経歴については、前掲『改定新版　前田土佐守家資料館図録』のほか、『起居録』七・五八（二〇〇四年・二〇一六年）なども参照のこと。
（38）竹松幸香報告「加賀藩重臣前田土佐守家の近代」（シンポジウム「大名華族家と地域社会」二〇二二年二月二十六日開催）。当時、直行は家督を継いだばかりの少年であったため、勤めたことによる収入はなかったと考えられる。また、土佐守家の家計管理については、前述した南保大六（幽夢）のほか、土佐守家で家老を勤めた者たちが担当していたようである。
（39）金沢市立玉川図書館近世史料館蔵。
（40）高木博志「「郷土愛」と「愛国心」をつなぐもの—近代における「旧藩」の顕彰—」（『歴史評論』六五九、二〇〇五年）。
（41）金沢市立玉川図書館近世史料館平成二三年度特別展図録『旧藩祖三百年祭と金沢の祭—盆正月から百万石まつりへ—』（金沢市立玉川図書館近世史料館、二〇一一年）。
（42）『前田利為』（前田利為侯伝記編纂委員会、一九八六年）。
（43）金沢開始三百年祭では、祝祭特別賛助員として元八家の当主全員の名が確認でき（金沢市立玉川図書館蔵『金沢開始三百年祭記事』上森捨次郎編、一八九六年）、旧藩祖三百年祭では発起主唱者として元八家の当主全員の名が挙がっている（『旧藩祖三百年祭記事』佐久間龍太郎編、一九〇二年）。
（44）旧加賀藩士で万石以上の家臣は、この一〇家に加え、本多家（一万石）・横山家（一万石）を合わせた一二家であった。ただし、両家は与力知を除くと一万石に満たなかったため、爵位を与えられていない（松村敏「武士の近代―一八九〇年代を中心とした金沢士族―」『商経論叢』四五－四、二〇一〇年）。

（45）公益財団法人前田育徳会蔵「明治三十五年ヨリ同三十九年奥村栄滋・前田孝・奥村則英三男爵負債整理補助一件」。

（46）「同右」。

（47）前掲した『起居録』のほか、前掲竹松報告「加賀藩重臣前田土佐守家の近代」にも示唆を受けている。

（48）たとえば、評議員の項目では昭和初期まで記されており、阿部信行や林銑十郎といった名もみえる。

（49）前田土佐守家資料館蔵「金沢用弁方主務任命状」（補遺（近代）前田侯爵家家政一〇）。ただし、金沢用弁方として直行がどのような職務を担ったかはわかっておらず、また明治三十年代には東京の本郷元富士町二番地に居住していたことが確認できるが、金沢からの転居時期が判明していない。これらについては、今後の課題とせざるを得ない。

（50）家令と家令事務取扱の差異については、具体的な職掌が異なるのか、名称変更の側面が強いのかは現段階では判然としない。ただし、「前録」では「家令」の項目に引き続き記されている。

（51）この件は、同年二月に前田侯爵家当主の前田利為と前田利嗣長女の渼子が結婚し、それを機に家政の刷新を目指した影響も指摘される（前掲竹松幸香報告「加賀藩重臣前田土佐守家の近代」）。

（52）同年には評議員の嘱託内規も定められており、「旧加賀藩士中名望アッテ資産ヲ有シ、一家ノ維持ニ困難セサル者」や、「旧領士民ニシテ現在高等官職ヲ奉シ、又ハ其ノ待遇ヲ受ル者」など、具体的な基準が示されている。

（53）直信が寄贈した蔵書は「雅堂文庫」として現在、前田土佐守家資料館に所蔵されている。

（54）いずれも金沢市立玉川図書館近世史料館蔵。

第4章 前田土佐守家当主が嗜んだ茶の湯・和歌・能

―加賀藩上級武士の教養形成

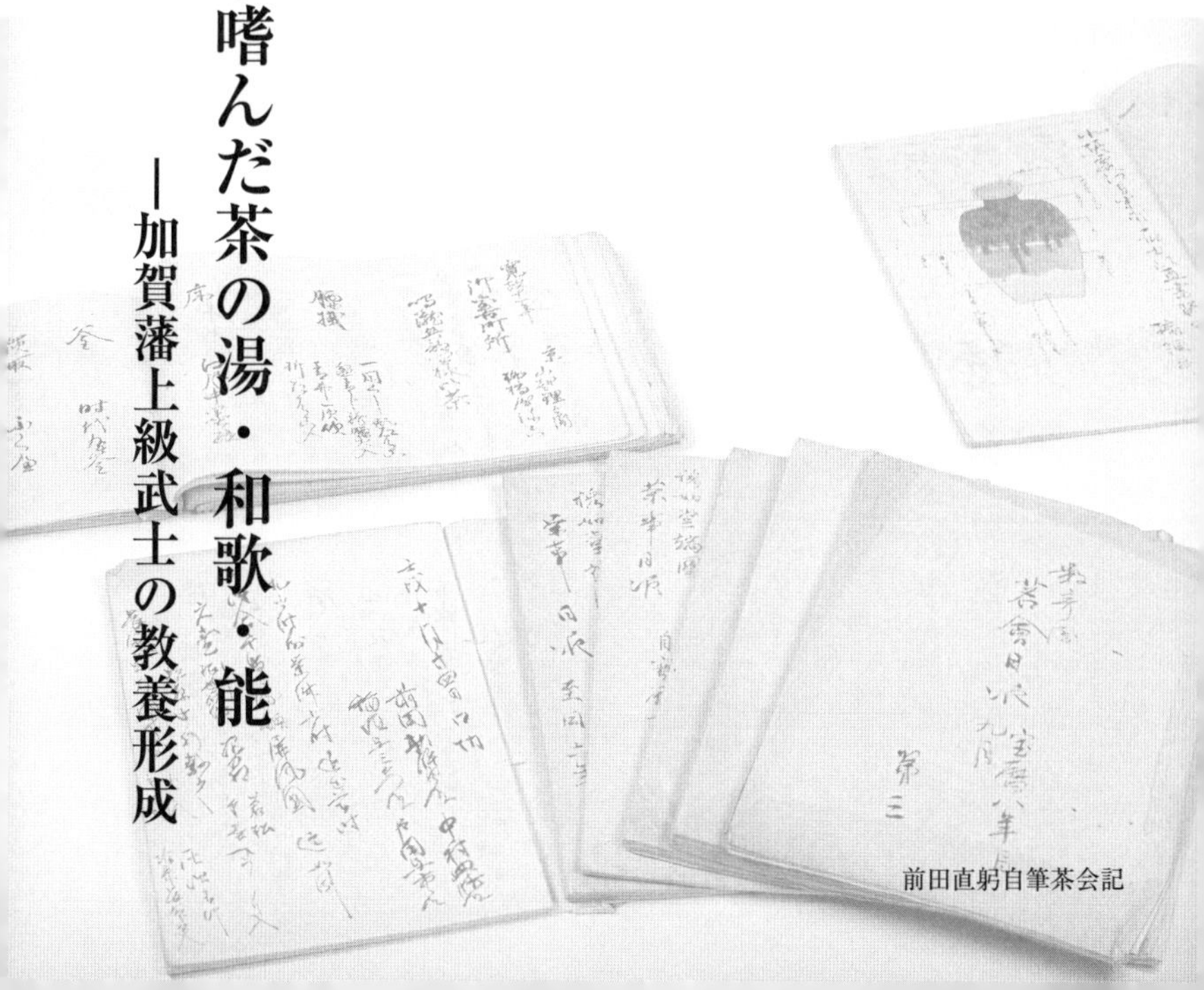

前田直躬自筆茶会記

はじめに

江戸時代、十七世紀半ばを過ぎる頃には幕府や諸藩の制度が整い、社会が安定するにしたがって、学問や芸術を尊重する気運が拡がり、武士にとっても知識や教養が欠かせないものとなった。その結果、学問（儒学）や武芸はもちろん、詩歌、書、茶の湯、能などの諸芸も「武士の嗜《たしな》み」として修得されることが必須となった。さらに享保から寛政期にいたる十八世紀には、社会の成熟とともに文化も成熟期を迎え、諸大名をはじめとする上級武士同士の交流の和が拡大したが、そこにも知識や教養が不可欠であった。徳川吉宗が八代将軍に就任して以降、ますますこの気運は高まり、大名をはじめとする武士たちは、学問や諸芸修得に一層励むようになった。

加賀藩年寄として藩政の重責を担った前田土佐守家の歴代当主も学問、諸芸を嗜み、それらの修得に励む様子が同家伝来の史料より看取される。

本章では、前田土佐守家に伝来した史料「前田土佐守家文書」(1)から、同家当主たちの茶の湯、和歌、能の修得・享受の様相について述べる。史料が比較的多く伝存しているのは、五代直躬《なおみ》、六代直方《なおただ》、直方嫡子直養《なおやす》の時代、すなわち十八世紀後半から十九世紀初頭にかけてであり、考察もこの時期を中心としたものとなることをあらかじめ断っておく。

第1節　前田土佐守家における茶の湯の修得・享受の様相

本節では、前田土佐守家当主たちの茶の湯修得・享受の様相について、前田土佐守家文書のなかの「茶会記」からひもといてゆくが、それに先んじて、近世までの茶の湯の歴史と加賀藩の茶の湯の様相について概要を述べる。(2)

1　茶の湯の歴史

日本に茶を飲む習慣と茶の製法が伝えられたのは平安時代、遣唐使によってもたらされた。当時、日本人の喫茶は嗜好品としてよりも薬効を期待したもので、必要量のみを煎じて飲むものであったと考えられている。鎌倉時代に入り、日本に禅宗を伝えた栄西や道元によって薬として持ち込まれた抹茶が、禅宗の広まりとともに精神修養的な要素を強めて拡がっていった。さらに茶の栽培が普及すると茶を飲む習慣が一般に普及していった。室町時代になると、飲んだ茶の銘柄を当てる「闘茶」が流行した。これは遊戯性が強く、一種の博打《ばくち》であった。また、中国の茶器「唐物」がもてはやされ、これを使用・賞翫《しょうがん》することに重きを置いた茶会が室町将軍や幕府の上級武将さらには豪商たちの間で流行した。これに対し、村田珠光《じゅこう》が茶会での博打や飲酒を禁止し、亭主と客との精神交流を重視する茶会のあり方を説き、これがわび茶の源流となっていった。わび茶はその後、堺の町衆である武野紹鴎《じょうおう》、その弟子の千利休によって安土桃山時代に大成された。利休のわび茶は武士階層にも広まり、蒲生氏郷・細川三斎《さんさい》・牧村兵部・瀬田掃部《かもん》・古田織部・芝山監物《けんもつ》・高山右近ら利休七哲と呼ばれる弟子たちが生まれた。

江戸時代に入ると、茶の湯は武家、禁中・公家、商人など様々な身分・階層の人々に受け入れられた。つまり、それ以前と比較してその受容が多様化・拡大化するのが近世の茶の湯の特徴といえる。

寛永期を中心とする時期（十七世紀初め）、武家の茶においては、古田織部、小堀遠州など、わび茶から発展して流派をなす大名が現れ、彼らにより「大名茶」が生み出された。わび茶においては、その再建と深化が宗旦《そうたん》らによって図られていた。続く寛文～正徳期（十七世紀後半～十八世紀初頭）には、武家の茶、わび茶いずれにおいても、地域的拡大がみられた。武家の茶では小堀遠州亡き後、片桐石州がわび茶への傾倒をみせるなかでその再編を図っている。わび茶においては、宗旦の弟子である山田宗偏《そうへん》の茶書版行および杉本普斎《ふさい》の伝書発給による地域的拡大がみられる。

享保～寛政期（十七世紀後半～十八世紀末）になると、武家の茶においては、わび茶への傾斜を深めた石州とその流れをくむ茶の湯が諸藩に普及するとともに、例えば『三冊名物記』の編著にかかわった老中松平乗邑《のりさと》にみられるように、茶器の収集とその分析に傾倒する大名も現れた。さらに大名にとどまらず、教養の一つとして地方の藩士などにも受容されていった。一方、経済的勃興とともに町人の茶の湯受容が飛躍的に増加した。これら町人を主とする新たな茶の湯の受容に応えたのが、わび茶であり、大量の門弟をまとめる手段として、現在では伝統芸能において一般に見られる組織形態である家元制度が確立し、大勢の門弟に対処するための新たな稽古方法として七事式が考案された。これにより茶の湯は、庄屋、名主や商人などの習い事として日本全国に広く普及していった。

文化以降幕末にかけて（十九世紀以降）は、わび茶が武家の茶、禁中・公家の茶を包括し、近代の茶道が基本的に形づくられた。この時期の千家の茶は、宗匠玄々斎《げんげんさい》宗室が出仕先を増やして公武にわたる広範な活動を行うようになり、地域的にも階層的にも大きな広がりをもつようになった。また、井伊直弼《なおすけ》のように精神性を強調する人物が現れる一方で、上層商人にのなかに茶道具を有効な蓄財・投資と考えるなかで茶の湯を行う傾向もみられた。

2　加賀藩における茶の湯の様相

加賀藩では藩祖前田利家以来、歴代藩主が茶の湯および茶の湯を通じての文化事業に深い関心を寄せてきた。とりわけ三代藩主前田利常《としつね》は、歴代藩主の中でも傑出した文化大名といわれ、小堀遠州・金森宗《そう》和《わ》・千宗室ら当代きっての茶人を招き、格調高い文物の収集など茶の湯の受容に力を入れた。また、茶道具の取り合わせから美術工芸が発展した。釜師の宮崎寒雉《かんち》、陶工の大樋《おおひ》長左衛門などはその代表である。藩主の嗜好をうけて藩士たち、とりわけ上層藩士たちの間で茶の湯が教養の一つとして定着し、時代が下るにつれて中・下級武士層にもその受容が拡大していった。

また、上層町人—例えば金屋彦四郎、森下屋八左衛門など—の家に茶の湯に関する史料が多く伝存していることからも、茶の湯が城下の町人たちに受容されていたことは明らかである。(3) また、前述のように幕末には茶道具を有効な蓄財・投資とみて茶の湯を行う風潮もみられるようになるが、銭屋五兵衛の日記『年々留《ねんねんどめ》』(4) などからもその傾向がうかがえる。

3 「茶会記」にみる前田土佐守家における茶の湯修得・享受の様相

「茶会記」とは、茶会の開かれた日時・場所・席主(亭主)名・客名、使用した茶道具、その際出された料理の内容などが一定の順序にしたがって書き留められたもので、茶会の記録の意からこう呼ばれる。(5)

現在確認される現存する最も古い茶会記は、天文二年(一五三三)に始まる奈良の塗師《ぬし》松屋三代の会記『松屋会記』である。その他、堺の豪商天王寺屋の津田宗達《そうたつ》・宗及《そうぎゅう》・宗凡《そうぼん》の親子三代の茶会記『天王寺屋会記』、博多の豪商神屋宗湛《そうたん》の『宗湛日記』が十六世紀の茶会記として有名である。前述のように十六世紀は、村田珠光を源流とするわび茶が、武野紹鴎とその弟子の千利休によって大成された頃であり、大名や町衆と呼ばれる人々が茶の湯に親しみ、茶会を催したり、招かれたりした折には、他の出来事とともに日記に控えていた。そして茶の湯に自負のある家では家の記録として、日記から茶会の記録のみを整理編纂されるようになり、これが「茶会記」となっていった。つまり、茶の湯の大成とともに茶会記も成立したといえる。

谷晃氏によれば、『松屋会記』を最初として明治維新までの約三四〇年の間に記録された茶会は三〇〇種類近くになる。(6) 谷氏も指摘しているように、もちろんそれだけがこれまでにつづられた茶会記のすべてということではなく、現在までに消失する、あるいは、いまだ存在が確認されていないものも少なからずあるはずである。しかし、今後新たに発見されるとすれば、十六世紀の古いものはほとんどなく、十八世紀〜十九世紀、江戸時代後期の地方を舞台とした茶会の茶会記である可能性が高い。

これらの茶会記は、その内容や形態から様々に分類することができる。まずは自会記と他会記である。自会記は自分が客を招いた茶会の茶道具や懐石料理の献立を手控えとして残した茶会記、他会記は客として招かれた際、後に返礼に招く場合などの参考するために、その日の茶道具や懐石料理の献立を記録した茶会記である。また、記録者自身の筆による自筆本茶会記と原本を筆写した筆写本の茶会記とに分けられるが、現存する自筆の茶会記は、時代の古いものほど、ごく少数しかない。また、形態によって軸装・冊子・巻子に分類されることができるが、巻子の茶会記はごくわずかで、一会のみの茶会記は軸装されていることが多く、複数会の茶会記は冊子にされているものが多い。

禁中・公家、商人など茶の湯の受容層が多様化・拡大化した江戸時代には、茶会記を記す人々が増加した。また、江戸時代は文書社会であり、江戸時代に記された文書、いわゆる古文書・記録の量は、それ以前の時代と比較すると格段に多い。これは茶会記にもあてはまり、江戸時代に記された茶会記が数多く残る。

（二）五代当主直躬の茶会記

江戸時代は武家社会、とりわけ大名たちの間で茶の湯の受容が盛んになった。なかには熱心に茶道具を収集し、茶会を催して茶会記を残した大名も少なからずいた。例えば、仙台藩四代藩主伊達綱村《つなむら》、松江藩七代藩主松平治郷《はるさと》（不昧《ふまい》）、彦根藩十六代藩主井伊直弼（宗観）などが有名である。しかし、ひとくちに「武士」といっても、将軍・大名から御徒《おかち》・足軽に至るまで多様であり、すべての武士が同様に茶の湯を受容したとはいえない。現存する江戸時代の武士の茶会記も、よく知られているのは茶人大名のものがほとんどである。

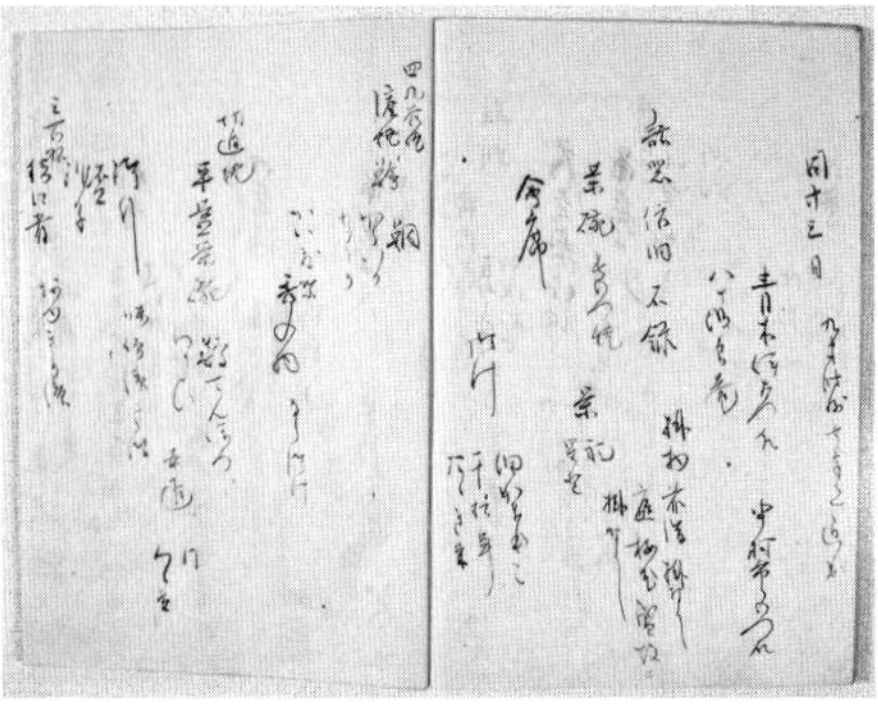
前田直躬自筆茶会記

前田土佐守家五代当主直躬の茶会記は、寛保二年（一七四二）が最も古く、その後一時途切れ、宝暦四年以降八年（一七五四～五八）まで「茶会日次《ひなみ》之記」「数《す》寄《き》屋《や》茗会《ちゃかい》日次」「穆如堂《ぼくじょどう》囲端茶事日次」などの表題がつけられた小帳七冊に書きつづられており、すべて直躬の自筆である。[7] つまりこれら茶会記が記されたのは十八世紀半ば、すなわち茶の湯が諸藩に普及しはじめた頃であり、藩士がいち早く茶の湯を受容し、自筆の茶会記を残したことに重要な意味を持つと考える。

ところで、茶会記という史料からは、どのようなことを読み取ることが可能であろうか。ひとつには茶会の記述そのものによって当時の出来事や人々の動きを知ることができる。直躬の茶会記でいえば、宝暦四年～五年の茶会記[8]に「新亭（茶室）成就」や「穆如堂囲（穆如堂は直躬の号の一つ、囲は茶室のこと）出来」という記載があることから、この頃、直躬によって屋敷地内に茶室が建てられ、盛んに茶会を催すようになったことがわかる。またひとつには、茶会記に使用された茶道具、つまり絵画や書跡、陶磁器などを追うことによって、直躬の好みなどが明らかにすることが可能であり、さらにそれらの入手ルートなどが明らかになれば、流通史・産業史などにも関わってくる。また、茶会で出された料理の記録は食物史・料理史に関与、とりわけ食材・調理方などは地域によってその特色を見いだすことが可能である。さらに花の記述のみを取り出して検討すれば、植物史、園芸史などに寄与するところもあろう。ともあれ、茶会記は茶の湯研究における第一次史料であり、研究を進めるうえで具体的な手がかりが得られ、全体の流れの変化をつかむのにきわめて有用な史料である。

さらに、茶会記には茶会ごとに参加者名が記載されており、そこに登場する人々の身分・経歴などを明らかにすることによって、茶の湯における直躬の人的交流を知ることができる。

七冊の茶会記には全六五回の茶会の記録があり（表1）、そのうち五〇回の茶会については時間が記載され九ツ時～八ツ時頃（現在の正午～二時頃）に始まる昼の茶会が三七回、六ツ時頃（午後六時頃）に始まる夜の茶会が一三回ある。[9]いずれも昼の茶会は七ツ半時（午後五時頃）まで、夜の茶会は四ツ半時（午後一一時頃）までに終了しており、四、五時間かけて催されていることがわかる。また、六五回の茶会いずれも参加者は三、四人で、少人数で集まる茶会が日常的に催されていることがわかる。

番号	年	月日	参加者		参集時間	退出時間	会記表題（目録番号）
13	宝暦4（1754）	10月26日	（前田）修理 （不破）彦三 有沢才右衛門		9半時		数寄屋茶会日次第一（学芸一三二〇）
14		10月27日	樋口次郎左衛門 井口五郎左衛門 宮井平兵衛		9半時	暮合	
15		11月 3日	後藤瀬兵衛 青地弥四郎 端玄泉		9半時	暮合	
16		11月22日	湯川宗林 河村久左衛門 諸橋権進	夜会	6時過	9時過	
17		11月24日	（前田）主殿助 （神谷）蔵人 （和田）権五郎		9半時	暮前	
18		11月25日	青木伊右衛門 中村市郎左衛門 端玄泉		6半時	9時前	
19		12月 1日	前田修理 不破彦三 和田権五郎	夜	6時過	4半時	
20	宝暦5（1755）	2月10日	前田修理 有沢才右衛門 不破彦三	初会			数寄屋茗会日次第一（学芸一三二〇）
21		2月23日	青木伊右衛門 中村市郎左衛門 八十島貞庵		9半時	7半時過	
22		2月28日	稲垣三郎兵衛 芝山杢兵衛 端玄泉		8時	7半時過	
23		3月14日	和田権五郎 宮井平兵衛				
24		6月 4日	湯川宗林 桑原弥左衛門 諸橋権進	内習			穆如堂囲端茶事日次（学芸一三二三）
25		6月14日	前田修理 不破彦三 市井友仙		9半時	暮時	

表1 「茶会日次之記」「数寄屋茶会日次」「穆如堂囲端茶事日次」「松風亭囲」茶会一覧

番号	年	月日	参加者		参集時間	退出時間	会記表題（目録番号）
1	寛保2（1742）	10月24日	前田勘解由 中村典膳 稲垣与三右衛門 戸田与市郎	口切	9半時	7時	茶会日次之記（学芸一三一九）
2		10月26日	富田織部 小堀左兵衛 和田権五郎		9半時	7時少前	
3		11月 1日	中屋彦十郎 鍋や与次右衛門 古沢幸助		9時過	7時	
4		11月 5日	樋口次郎左衛門 吉田平兵衛 久田清左衛門	夜会	暮時	4時	
5	宝暦4（1754）	5月21日	和田権五郎 宮井平兵衛 端玄泉	内習	9時半	7時半	数寄屋茶会日次第一（学芸一三二〇）
6		6月 3日	稲垣三郎兵衛 篠原六郎左衛門 三輪藤兵衛		8時	7時半	
7		6月14日	不破彦三 前田修理 有沢才右衛門		9半時過	7半時過	
8		6月26日	青木伊右衛門 有沢才右衛門 端玄泉		8時	7半時過	
9		7月25日	後藤瀬兵衛 浅加作左衛門 宮井平兵衛		9半時	7半時過	
10		10月 7日	青木伊右衛門 有沢才右衛門 富田主税 宮井平兵衛	口切	9半時過	7半時過	
11		10月11日	九里治兵衛 三輪藤兵衛 稲垣三郎兵衛		9時過	暮時前	
12		10月14日	宮崎長太夫 八十島貞庵 篠原六郎左衛門		9時過	暮時前	

番号	年	月日	参加者		参集時間	退出時間	会記表題 (目録番号)
38	宝暦7 (1757)	正月25日	前田修理 不破彦三 和田権五郎	夜会			穆如堂端囲　茶事日次(学芸一三二四)
39		正月27日	岡田伊右衛門 芝山杢兵衛 端玄泉		午下刻	暮前	
40		2月13日	和田権五郎 原五郎左衛門 青木伊右衛門		9半時	暮前	
41		2月17日	(前田)主殿助 七左衛門 (神谷)蔵人		9半時	7半時	
42		7月27日	本多図書 (前田)主殿助 宮井平兵衛	宮井方にて			
43	宝暦7 (1757)	3月17日	和田権五郎 原五郎左衛門 青木伊右衛門		9半時	7半時過	数寄屋茶会日次第二(学芸一三二一)
44		3月26日	端玄泉 内山覚順 宮井平兵衛	夜会	6時	4半時過	
45		4月17日	和田権五郎 原五郎左衛門 青木伊右衛門		9半時過	7半時過	
46		9月17日	戸田与市郎 和田権五郎 原五郎左衛門 青木伊右衛門	夜会 口切	暮頃	4半時頃	
47		9月24日	(前田)修理 (不破)彦三 市井友仙	夜会	暮時過	4時過	
48		9月27日	岡田伊右衛門 芝山杢兵衛 内山覚順		8時前		
49		10月15日	有沢才右衛門 江守平馬 富田主水	有沢方にて	6時過	9半時過	

番号	年	月日	参加者		参集時間	退出時間	会記表題（目録番号）
26	宝暦5（1755）	10月 6日	三輪藤兵衛 和田権五郎 三輪齋宮	口切	9半時	暮時	穆如堂囲端茶事日次（学芸一三二三）
27		10月13日	稲垣三郎兵衛 岡田伊右衛門 芝山杢兵衛		9時過	暮時前	
28		10月20日	宮崎長太夫 篠原六郎左衛門 八十島貞庵		9時過		
29		10月28日	前田修理 不破彦三 市井友仙		9半時		
30		10月26日	後藤瀬兵衛 九里治兵衛 宮井平兵衛				
31		11月21日	河地平左衛門 肥田清左衛門 宮井平兵衛		9半時		
32		11月23日	戸田与一郎 原五郎左衛門 津田内記 和田権五郎				
33		12月10日	津田弥市右衛門 和田権五郎 井口五郎左衛門	夜会	6時過	4半時過	
34	宝暦6（1756）	11月 5日	岡田伊右衛門 芝山杢兵衛 端玄泉	夜会			
35		11月14日	青木伊右衛門 原五郎左衛門 和田権五郎		9半時過	7半時過	
36		11月20日	（前田）修理 （不破）彦三 （市井）友仙				
37		12月23日	青木伊右衛門 原五郎左衛門 和田権五郎	夜会			

番号	年	月日	参加者		参集時間	退出時間	会記表題(目録番号)
61	宝暦8(1758)	9月22日	三輪藤兵衛 津田内記 原五郎左衛門 和田権五郎	口切	9半時	8時(茶済)	数寄屋茶会日次第三(学芸一三二一)
62		10月 6日	岡田伊右衛門 芝山杢兵衛 端玄泉		9半時	7半時	
63		10月10日	(前田)修理 (不破)彦三 (山崎)庄兵衛 内山覚順		9半時	7半時	
64		10月20日	津田内記 三輪藤兵衛 原五郎左衛門 和田権五郎				
65		11月 4日	岡田伊右衛門 和田権五郎 内山覚順	夜会			

番号	年	月日	参加者		参集時間	退出時間	会記表題（目録番号）
50	宝暦7 (1757)	10月16日	原五郎左衛門 戸田与一郎 中村市左衛門 和田権五郎	夜会			数寄屋茶会日次第二（学芸一三二一）
51	宝暦8 (1758)	3月17日	原五郎左衛門 岡田儀兵衛 和田権五郎 中村市左衛門				
52		4月26日	原五郎左衛門 青木義兵衛 芝山杢兵衛 中村市左衛門				
53		5月28日	津田内記 原五郎左衛門 和田権五郎 青木儀兵衛				
54		6月17日	青木儀兵衛 津田内記 和田権五郎				
55		7月17日	客記載なし				
56	宝暦7 (1757)	6月17日	戸田与市郎 和田権五郎 原五郎左衛門 青木伊右衛門				松風亭囲一番（学芸一三二五）
57		6月27日	（前田）修理 （不破）彦三 市井友仙		9時過		
58		7月17日	青木伊右衛門 原五郎左衛門 和田権五郎		9時過	7半時過	
59		7月24日	岡田伊右衛門 和田権五郎 内山覚順	中立後8時	9時過	暮前	
60		8月13日	和田権五郎 戸田与一郎 原五郎左衛門 青木伊右衛門		9半時	8時（茶済）	

番号	会記にみえる人々	回数	本名	禄高（石）	身分	寛保2～宝暦8年頃の経歴／その他特記事項
27	三輪齋宮	2	明礼	200	平士	大小将組／三輪藤兵衛（允明）の子、明和5家督相続
28	諸橋権進	2			能役者	能大夫（藩お抱えの能役者）
29	湯川宗林	2			茶人	加賀藩茶堂役
30	青地弥四郎	1	蕃宣	800	平士	町奉行、銀鈔御用主付 宝暦6指除閉門／叔父は青地礼幹
31	浅加作左衛門	1	敬紀	1500	平士	宝暦4御免
32	河地平左衛門	1	秀延	300	平士	
33	河村久左衛門	1		100	前田土佐守家家臣	
34	九里治兵衛	1	貞長	650	平士	／九里貞政次男
35	桑原弥左衛門	1		2人扶持	前田土佐守家家臣	
36	小堀左兵衛	1	永頼	2000	平士	定番頭、藩主重教近習／馬廻組、延享4御算用場奉行・倹約方、宝暦8隠居
37	津田弥市右衛門	1	政陳	650	平士	宝暦元銀札方主附／宝暦8病死
38	富田織部	1	方巣	2500	平士	寛延3隠居、宝暦4没／奏者番・公事場奉行など歴任
39	中村典膳	1	克正	1150	平士	
40	中屋彦十郎	1			町人	薬種商
41	鍋や与次右衛門	1			町人	鍋屋利のこと／漢詩に長ける
42	久田清左衛門	1	篤敬	350	平士	延享4御細工奉行、宝暦4組外御蕃頭　宝暦6没／山本基庸に書を学ぶ
43	古沢幸助	1			能役者	
44	前田勘解由	1	孝和	3000	人持	
45	吉田平兵衛	1	茂存	500	平士	吉田流弓術、御先弓頭・御持弓頭／延享元没、加賀藩の弓術は日置流・またはその分流の吉田流
46	脇田清左衛門	1	直良	300	平士	
47	江守平馬	1	値房	1300	平士	
48	岡田儀兵衛	1	未詳	未詳	未詳	未詳／青木義兵衛と混同、誤記か
49	本多図書	1	政恒	11000	人持	寛延3家老役免じられる／宝暦10年没
50	七左衛門	1	未詳	未詳	未詳	未詳
51	（山崎）庄兵衛	1	長迪	5500	人持	

表2　寛保2年〜宝暦8年の会記にみえる人々一覧

番号	会記にみえる人々	回数	本名	禄高（石）	身分	寛保2〜宝暦8年頃の経歴／その他特記事項
1	和田権五郎	26	直貞	800	平士	宝暦5御先筒頭／宝暦6〜14金沢町奉行
2	青木伊右衛門	16	知儀	350	平士	
3	原五郎左衛門	16	元成	880	平士	馬廻組
4	不破彦三	11	直廉	4500	人持	宝暦3寺社奉行・公事場奉行兼役／のちに家老役
5	前田修理	11	知久	6000	人持	宝暦8公事場奉行／のちに家老役
6	有沢才右衛門	10	貞幹	200		槍奉行／有沢家は兵学を家業とする
7	端玄泉	9		300	医者	加賀藩医
8	宮井平兵衛	8	敬基	600	平士	馬廻組　この時は遠慮御免
9	岡田伊右衛門	7	安貞	1300	平士	
10	芝山杢兵衛	7	賢顕	400	平士	台所奉行
11	市井友仙	6		100	茶人	加賀藩茶堂役／宝暦11年没
12	戸田与市郎（与一郎）	6	守勝	600	平士	定番頭・御近習頭兼役
13	稲垣与三右衛門 三郎兵衛	5	秀隆	1000	平士	倹約方・御算用場奉行兼任 宝暦6没／洗心または雪山と号する
14	津田内記	5	正昭	1000	平士	宝暦元御歩頭　宝暦6小将頭／人持津田玄蕃家の分家、宝暦8兄玄蕃将順の跡を継ぎ1万石、宝暦9家老
15	中村市郎左衛門	5	正興	300	平士	宝暦3本役物頭並／宝暦8指除、組外に
16	三輪藤兵衛	5	允明	1000	平士	馬廻組頭／明和3隠居、信叟と名乗る
17	内山覚順	5		300	医者	加賀藩医
18	篠原六郎左衛門	3	信成	1000	平士	馬廻組／人持篠原織部家の分家
19	（前田）主殿助	3	季陳	2450	平士	寺社奉行／直躬の弟、前田市正季隆の養子となる
20	八十島貞庵	3		200	医者	加賀藩医／宝暦12没
21	井口五郎左衛門	2	永言	500	平士	
22	（神谷）蔵人	2	守周	1500	平士	宝暦3以降本郷邸詰、他国使者御用等／妻は直躬の妹織孟
23	後藤瀬兵衛	2	敬遠	600	平士	宗門改奉行・喜六郎殿御用兼役
24	富田主税	2	政勝（良鄰）	1200	平士	御大小将／富田景周の父、漢詩を由美希賢に学ぶ
25	樋口次郎左衛門	2	兼儔	500	平士	小将頭ただし延享2年指除
26	宮崎長太夫	2	成信	800	平士	馬廻組　寛保3隠居　宝暦6没

また、表2は直躬の自筆茶会記に登場する人物を一覧表にしたものである。七冊の茶会記を通して登場した回数、本名、禄高、身分などをまとめている。

まず、直躬の茶会に最も多く参加しているのは和田権五郎で、二六回参加している。和田権五郎は名を直貞といい、禄高八〇〇石の平士で、宝暦六年~十四年の間、金沢町奉行を務めている。続いて多いのは原五郎左衛門・青木伊右衛門の一六回である。原五郎左衛門は名を元成といい、禄高八八〇石の平士で、この頃は馬廻組《うままわりぐみ》であった。青木伊右衛門は名を知儀といい、禄高三五〇石の平士である。口切の茶会にはこの三人のいずれかが必ず参加しており、特に直躬との茶の湯における深い交流があったと考える。

これらに続くのは不破彦三《ひこぞう》と前田修理《しゅり》の一一回である。不破彦三は本名を直廉《なおかど》といい、禄高四五〇〇石の人持《ひともち》で、宝暦三年に寺社奉行・公事場《くじば》奉行を兼役しており、後に家老役となる人物である。前田修理こと前田知久は不破彦三と同じく人持で禄高は六〇〇〇石、宝暦八年には公事場奉行を務め、後に家老役を務めた。続いて多く登場する有沢才右衛門（一〇回）は禄高二〇〇石で茶会記に登場する頃は鑓《やり》奉行を務めていた。有沢家は兵学を家業とし、前田土佐守家でも五代直躬、六代直方が有沢家より軍学の指導を受けていた。続く端玄泉（九回）は藩医で、禄高三〇〇石は藩医としては高禄であった。宝暦七年に江戸へ行っており、江戸出立直前と思われる三月二十六日に端玄泉の他、内山覚順（藩医）・宮井平兵衛を客として餞別の茶会が開かれている。

その他、七回登場する芝山杢兵衛《もくべえ》は禄高四〇〇石の平士で、名を賢顕といい、茶会記に登場する頃は台所奉行を務めている。直躬は芝山より「喫去叉録略」や「茶桶立大法」などの茶書を借用して筆写している。藩の茶堂役市井友仙、湯川宗林などの名もみえる。また、数回ではあるが、町人や能役者が参加する茶会もあり、例えば寛保二年十一月一日の茶会は、上層町人で薬種舗の中屋彦十郎、鍋屋与次右衛門、能役者の古沢幸助が客として参加し、催されている。(10) 宝暦四年十一月二十二日の茶会では能役者の諸橋権《もろはしごん》之進《のしん》が湯川宗林らとともに客として招かれ催されている。(11)

以上のように、直躬の茶会記にみられる茶の湯における人的交流ということでいえば、直躬と年寄衆八家《はっか》の当主たちとの交流はほとんどみられない。人持クラスの藩士も不破彦三と前田修理の二人を除くとごくわずかである。それに対して和田権五郎や原五郎左衛門、青木伊右衛門などいずれも三〇〇石~一〇〇〇石未満の平士（加賀藩では中級クラスの武士に位置づけられる）たちとの交流が盛んであったことがわかる。加えて藩医、能役者、町人が参加することもあった。このことから、茶の湯において直躬の周囲には、身分階層にあまりとらわれない、藩政における交流とは異なる交流があったことがわかる。

（二）前田直養の茶会記

前田直養は六代当主直方の嫡子で、五代直躬の孫にあたり、寛政五年（一七九三）から文化二年（一八〇五）の茶会記を一冊の横帳に書き残している。(12) この茶会記によれば、直養は直方の弟で、直養には叔父にあたる前田直賢《なおかた》（牽治郎《けんじろう》）から茶を習っていたことがわかる。

また、直養と茶会を催しているのは、牽治郎（直賢、直躬八男）、玄蕃《げんば》（直起、直躬一三男）、雅楽助《うたのすけ》（直昌、直躬一四男）をはじめとする親族であり、彼らとの茶会がほとんどである。加賀藩の能役者諸橋権之

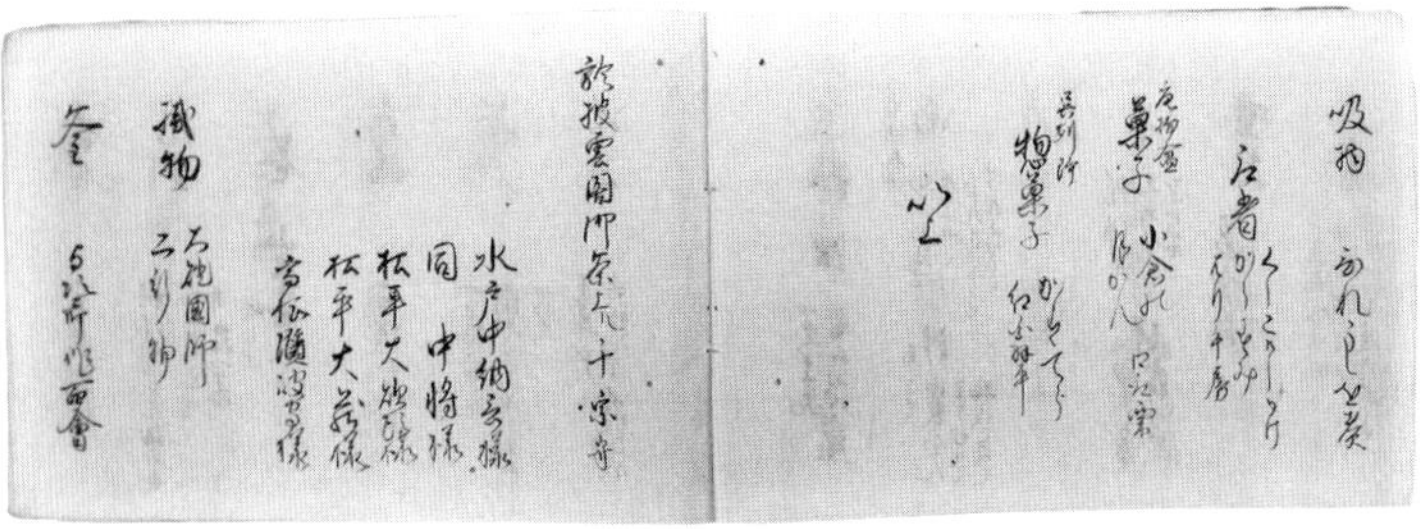

諸方茶会道具附等写

進が時折参加しているが、これは直躬の時代からのつきあいが続いていることを示唆するものであろう。田中宗弌は茶堂役と推定する。また、長田半蔵や桜井東摩ら前田土佐守家の家臣たちも客として参加することが時折あったようである。

（三）その他前田土佐守家伝来の茶会記

前田土佐守家に残る多数の茶会記のなかには、有名な茶人が催した茶会や「名物」とされる名品を使った茶会などを聞き書きで記録したと思われる茶会記すなわち「他会記」もある。それは「諸方茶会道具附等写」と表題のついた茶会記[13]で、江戸の紀州藩邸で開かれた茶会、茶人不昧公として有名な松江藩七代藩主松平治郷が亭主となった口切茶会、又隠など京都・千家の茶室で行われた茶会など、寛政八～十二年（一七九六～一八〇〇）の茶会記を写した文書が伝わっている。これらの茶会は、名物とされるすばらしい茶道具の数々を使用して行われたものばかりである。なお、茶事の道具を会席の献立も含めて書き残す作業は、茶の湯の初心者には相当難しい。ゆえに、ある程度茶の湯を嗜み、茶道具等のことを知らなければ茶会記を書き残すことはできない。また、実際に参加していないにも関わらず、茶会記をあえて書き残すということは、茶会を催した人物も茶道具も一流であったということがわかる。これら前田土佐守家に伝存した茶会記によって、加賀藩上級武士である前田土佐守家の当主たちが、いかに茶の湯に造詣が深かったかということが推定できる。

第2節　前田土佐守家における歌道修得・享受の様相
―前田直躬の冷泉家入門を中心に

本節では、五代当主直躬の冷泉《れいぜい》家歌道入門に焦点を当て、前田土佐守家当主たちの和歌修得・享受の様相および和歌修業を通じた文化的交流について述べる。

1　江戸時代の冷泉家

中世以来、多くの公家は朝廷の官人として官職を持つかたわら「家職」を持っていた。(14)

近世に入り江戸に幕府が開かれたことにより、京都は政治都市としての役割は薄れたものの、依然として朝廷やそれを支える公家たちが京都に存在し、それまで継承されてきた年中行事などの諸儀礼を維持し続け、それを支えるため公家の家々に伝わる特色ある職能「家職」が重視された。公家各家の家職の多くは学問・芸術・芸能の分野に属するもので、各家でその道の名人を輩出したことによって、それがおのずと家職化していった。

冷泉家は藤原定家《さだいえ》の孫為相《ためすけ》を祖とする公家の家柄で、現在まで「和歌の家」として続いていることでよく知られている。藤原定家の父で勅撰和歌集の撰者であった藤原俊成《としなり》は、藤原道長の六男藤原長家《ながいえ》を祖とする左御子《ひだりみこ》家の四代当主で、左御子家はこの俊成・定家以来「和歌の家」としての格式をもっていた。そして、定家の孫の代に為氏《ためうじ》（嫡男）を祖とする二条家、為氏の弟為教《ためのり》を祖とする京極家、為氏・為教の異母弟である為相を祖とする冷泉家の三家に分かれ、このうち二条家と京極家は中世に断絶したことから、俊成・定家の血統を伝えるのは冷泉家のみとなった。冷泉家は羽林《うりん》家の家格、家禄（石高）三〇〇石（江戸時代）の家柄である。公家社会には摂関家を筆頭に精華《せいが》家、大臣家、羽林家、名家、半家の家格の階層があるが、羽林家の冷泉家は中級クラスの公家と位置づけられよう。

江戸時代に入って最初の冷泉家当主は九代為満《ためみつ》である。為満の時から折々江戸に下向するなど、冷泉家と将軍家の交流はあったが、享保十九年（一七三四）、冷泉家十四代当主為久《ためひさ》が武家伝奏《ぶけてんそう》に任じられたことにより、冷泉家と幕府との結びつきは一層強くなった。

「享保の改革」で知られる八代将軍徳川吉宗は、自身が没頭することはなかったものの、学問や芸術に対する関心は高かった。有能な学者を起用することに長け、さらに好学の幕臣を起用した学者たちの門下にするなどして幕府の文化度を高めた。このような流れの中で伝来の古典籍を収める土蔵「御文庫」の勅封（天皇の命で封印されること）が解除された直後の冷泉家に、当時、吉宗の命によって上方の古典籍調査を行っていた仁木充長《みつなが》を遣わし、「御文庫」に入って伝来の典籍を実見、必要に応じて内容を記録に残させている。なお、冷泉家の「御文庫」は、寛永五年（一六二八）頃に勅封がなされて以後、武家伝奏と京都所司代の管理下におかれ、冷泉家の当主といえども勝手に出入りすることはできなくなっていた。封が解かれたのは享保六年のことである。

吉宗は為久を歌道の顧問として遇したことから、冷泉家と幕府との関係が緊密となり、多くの幕臣たちが冷泉門に入り和歌を学んだ。吉宗が積極的に幕臣を冷泉家に入門させた動きも見え、幕臣なら冷泉門に入るのが当然という雰囲気があったようである。さらに、生涯のかなりの時間を江戸で過ごす大名たちが、幕臣と同じ文化を享受するのは至極当然のことであり、大名たちもこぞって冷泉家に入門し和歌を学ぶようになったことから、為久の代に冷泉家の門人は格段に増えた。

為久の嫡子冷泉家十五代当主為村《ためむら》の時代になると、為村の歌人としての才覚・名声もあって、さらに門人が増加した。この頃には、冷泉家門人は幕臣や大名だけではなく、その重臣層までにも及んだ。さらに武蔵大師河原の庄屋池上豊幸、尾張名古屋の豪商伊藤次郎左衛門、尾張藩士で国学者の河村秀根など様々な身分の者が門人として名を連ねるようになっており、有力な紹介者とある程度の経済力があれば、冷泉家に入門することは難しいことではなくなった。加えて、十八世紀には交通網の整備、通信運搬の発達により、遠方の地方門人は書面によって指導をうけること、つまり通信添削によって指導をうけることが可能となった。為村の時代には、為村の添削指導の巧みさも相俟って、このように地域的にも階層的にも門人が飛躍的に増えた。

しかし、冷泉家十六代当主為泰《ためやす》は、父為村とは正反対の性格だったらしく、父為村から引き継いだ門流経営が重荷になったのか、為村の存在があまりにも大きかったためか、為村のように門弟たちを引きつけておくことができなかったようである。(15) 為村の指導を受けていた幕臣の一人森山孝盛は著作『蜑《あま》の焼藻《たくも》の記』(16) のなかで「為泰卿、父入道殿よりは一際引しめて、花やか成ことは夢々なくて、実意丁寧を尽されければ、褒詞とても少なく、事毎に念を入れられける、点削も滞りがちなりしなり」と記しており、為村に比べて為泰は、門人を緊張させるような雰囲気を醸し、お愛想の一つも言わず、誠実で丁寧な指導を心がけているのはよいが褒めことばがとても少なく、細かいことばかりいう、添削も滞りがちと批判的である。このように感じていた門人は森山孝盛だけではなかったのであろう、為泰の代になると、冷泉家ではなく、為村逝去後の宮廷歌壇において中心的存在となった日野資枝《すけき》に入門するものが続々とあらわれた。(17) その後、冷泉家は十七代為章《ためふみ》、十八代為則《ためのり》、十九代為全《ためたけ》、二十代為理《ためただ》と続き、為理の時に明治維新を迎えた。

2 前田直躬の冷泉家入門

(一) 冷泉家入門まで

ここで話を冷泉家十五代当主為村の時代に戻そう。

為村の頃、冷泉家門人は幕臣や大名だけではなく、その重臣層までにも及んだ。さらに地方の庄屋や豪商、学者など様々な身分の者が門人として名を連ねるようになり、地域的にも階層的にも門人が飛躍的に増大した。その背景には、有力な紹介者とある程度の経済力があれば、冷泉家への入門がさほど難しくなくなってきたこと、また、交通網の整備、通信運搬の発達により、遠方の地方門人は通信添削によって指導をうけることが可能となったことなどがある。為村の歌の才覚、添削指導の巧みさも門人増大につながったことは間違いない。

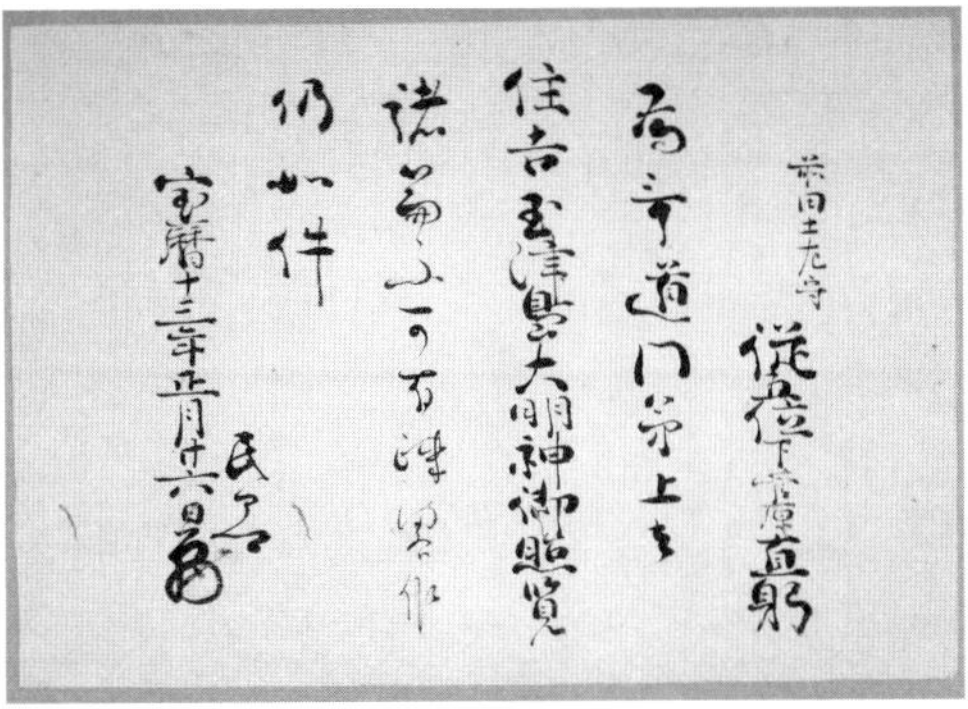

前田直躬歌道入門免状

前田土佐守家五代当主直躬も宝暦十三年（一七六三）正月二十七日、羽林家の公家六角知通《ともみち》を仲介者として冷泉為村への入門を果たしている。[18] 仲介を依頼した六角知通と前田土佐守家のつながりは、知通と親しい志水大僧正（石清水八幡宮新善法寺家）を介してのものであった。前田土佐守家と石清水八幡宮新善法寺家とのつながりは直躬の祖母（年寄衆八家本多政長の娘竹）と新善法寺行清権僧正（本多政長七男）が姉弟だったことにあると思われる。[19] また、この後、明和九年（一七七二）には直躬の七女鏗《こう》が新善法寺家に嫁いでいることからも何からのつながりがあったと思われる。直躬が六角知通に冷泉家入門の仲介を依頼したのは宝暦十二年十一月十八日であった。[20] そこから二カ月足らずで冷泉家入門を許されていることになる。

入門後の直躬は、他の地方門人がそうであったように、書簡によって指導を受けており、明和五年、同六年、同九年~安永二年（一七九四）の四年間の冷泉為村との往復書簡は、それぞれ巻子に仕立てられて前田土佐守家に伝存している。[21]

また、入門の際および盆・暮には冷泉家に進物をしなければならなかった。

前田土佐守家に伝わる直躬の冷泉家入門に関わる史料「冷泉家門入始終」[22]によれば、入門にあたって冷泉為村に太刀一腰と馬一疋代として白銀二枚を、為村の子息為泰に樽代として金三〇〇疋を、冷泉家の雑掌中川喜内・中嶋紋治にも金二〇〇疋ずつを進上している。その上で毎年、年頭に太刀代金一〇〇疋、八朔・歳暮に馬代金一〇〇疋、暑気・寒気見舞として地元の特産品を冷泉家に進上することとなっており、雑掌たちにもそれぞれ適宜贈物をするよう定められている。

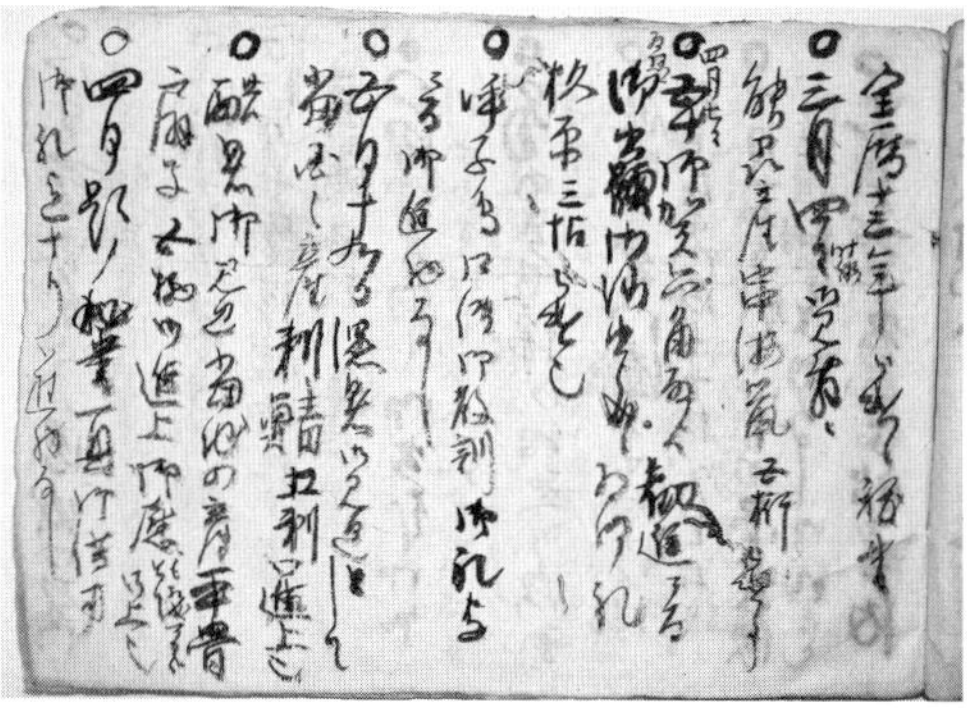

冷泉家御進物抜書（勝興寺所蔵）

前田土佐守家から冷泉家への進物はおおよそ決まっており、「冷泉家御進物抜書」[23]という史料から以下のことがわかる。二月あるいは三月には薄塩鱈か鱒を、五月には暑中見舞いとして刺鯖《さしさば》を、六月には土用見舞として墨型落雁《らくがん》を、十月には鮭を、十一月から十二月にかけて寒気見舞として為村には塩皀《しおかも》、為泰には塩鱈《しおだら》を、歳暮には鰤《ぶり》を贈っている。「冷泉家門入初終」に定められているように、これらはいずれも加賀藩領内の特産品といわれるもので、宝暦十三年の入門以後、年月を経るにつれて定例化していったようである。明和八年に限り、八月に越中神通川の香魚（鮎）を進上しているが、おそらく、この時のみ特別に越中から取り寄せて贈ったものと推測する。

また、直躬は折々、為村に讃などの揮毫を依頼しているが、その謝礼として進物を献上している。例えば、明和二年五月二八日には、歌聖として名高い柿本人麻呂の画像に讃（和歌）を揮毫したことに対する礼として白の縮《ちぢみ》を二反献上している。この他、宝暦十三年十一月に直躬の次男で前田図書《ずしょ》家の養子となった前田貞一が、明和四年七月十日に和歌仲間である居昌（金沢の有力町人金屋彦四郎）が、それぞれ上京した折には「御伝符」として進物をことづけている。明和九年二月二十八日には、冷泉為泰の中納言昇進の際には祝いの進物（肴一種）を献上している。

直躬が冷泉家へ入門した当初は、寒気見舞いのみ為村・為泰両人に進上していたが、明和九年に為泰が中納言に昇任して以降、年始・歳暮をはじめとするすべての進物献上は為村と為泰に行われるようになっている。

なお、和歌指導の謝礼金について具体的な金額は全く記されていない。また、宝暦十三年四月の「題の秘書（題の書物）」借用（同年十月十四日書写して返却）のように書物の貸出やその書写については謝礼金のみであることから、和歌指導および書物の借用・書写については進物を献上しないのが通常だったと思われる。

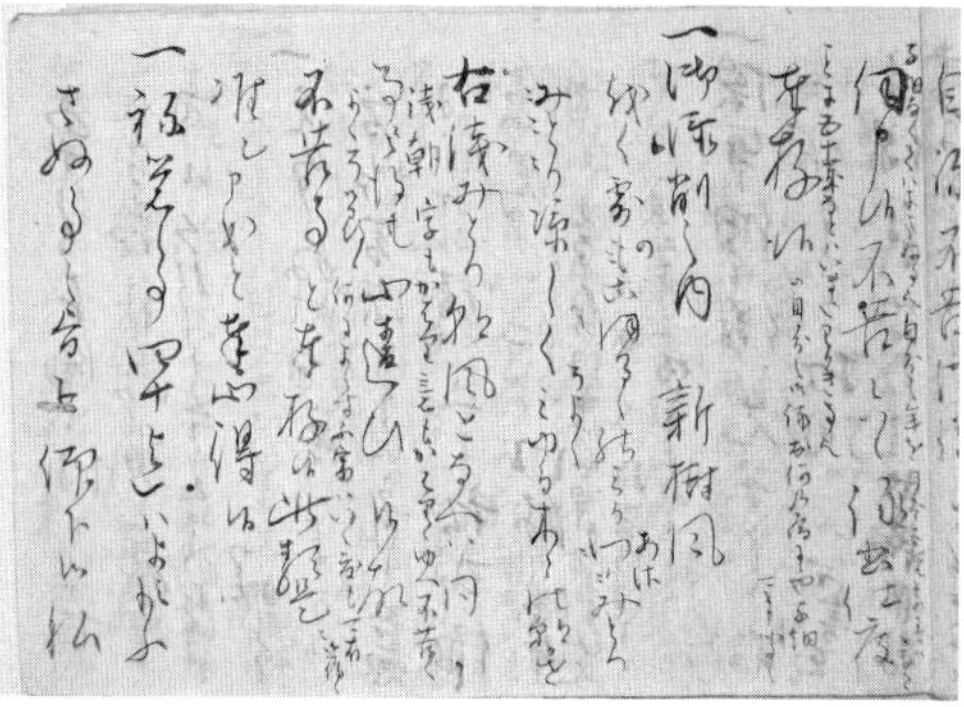

冷泉家御文通御問答抜書（勝興寺所蔵）

（二）冷泉為村による和歌指導

冷泉為村による前田直躬への和歌の指導は書簡によって行われ、直躬が書いた書状にそのまま書き入れをし、直躬に戻すという方法でやりとりされた。以下にその一例を示す。(24)

一、御添削之内　新樹風

をく雰も《の》／こほる、のミか／つか《あさ》みとり／涼しくミゆる《そよく》木々の朝かせ

右浅みとり朝風となへハ同浅・朝字もかはり、意もかはり候ゆへ不苦候事ニ候得共、

心違ひ候故よくそ御尋候、何によらす不審ハいく度も可有御尋候、不苦事と奉存候、

此類是ニ准シ中義と奉心得候、

（明朝体文字が直躬の書状、ゴシック体文字が冷泉為村の添削）

直躬の詠歌「をく雰も凍るのみか／つか緑／涼しく見ゆる木々の朝風」を「をく雰の凍るのみか／浅緑／

涼しくそよぐ木々の朝風」と添削、さらに「浅緑と朝風」と「あさ」の音が同じになるが意味が違うのでこれでもよいと思ったのだが果たしてよいかという直躬の質問に「よくぞ御尋ねになった、何によらず不審なことは何度でも御尋ねなさい」との回答を書き入れている。「よくぞ御尋候」といった一言を添える為村の指導が支持・信頼され、多くの門人を得ていたと思われる。

しかし、いつもこのように褒めてばかりというわけではなく、大方は「毎度申候事と、やすらかに詠出よろしく候、とかく其方之衆之歌ハ風儀あしく、何とそやすらかに御詠出あるへし」「とかく歌をすなをに御よみなさるへし」など、「そなたの衆（直躬の和歌仲間たち）の歌は様子が悪い」のような厳しい言葉も交え、「やすらかに」「すなをに」詠むことを繰り返し指導している。また、歌の読み方だけではなく、懐紙の書き方など和歌の作法に関わる指導も散見される。

3　歌道修得から拡がる文化的交流

（一）為広塚再建と河合見風

前田直躬の冷泉家入門を契機として、直躬の周辺に様々な文化的交流が構築され拡がっていった。[25]

寛延元年（一七四八）、加賀藩領津幡の組合頭（村役人）河合理右衛門によって、当時所在がわからなくなっていた冷泉家六代当主為広の墓所である為広塚が津幡にあることが判明した。[26]

十六世紀前半、多くの公家が応仁・文明の乱で灰燼《かいじん》に帰した京を逃れ、地方へ下向したように、冷泉為広も能登国の守護畠山義総《よしふさ》を頼って七尾城に身を寄せており、大永六年（一五二六）息子為和《ためかず》を伴って下向した折に、そのまま七尾で没したことから墓所を建立したが、時代を経て、その場所は判然としなくなっていた。近世以降の冷泉家の当主、とりわけ十五代当主為村は、為広の墓所の所在について気にかけており、自らも墓所捜索についていろいろ働きかけをしていた。

墓所を発見した河合理右衛門は、俳号を見風《けんぷう》といい、当時の加賀俳壇で蕉風《しょうふう》俳諧復興動の中枢にあった人物でもあった（以下、本稿では名称を河合見風に統一する）。

為広塚を発見した河合見風は、石動山《せきどうざん》（天平寺）の僧・東林院（祐旭）にその所在を知らせた。そして祐旭から京都仁和寺の権僧正宥証に知らされた。江戸時代、京都仁和寺と石動山とは本山末寺の関係にあったことに加え、宥証は冷泉為村の弟であることから、為広塚発見の知らせは宥証を通じて為村に届けられた。このように為広の墓所の存在が明らかになるにつれて、為村は為広塚（石碑）の再建を望んだが、諸般の事情によりなかなか進展しなかった。(27)

為広塚再建が進展する契機となったのは、宝暦十三年正月の前田直躬の冷泉家入門であった。前田土佐守家は加賀藩の重臣であり、かつ前田藩主家一門につながる家柄である。加えて直躬は当時の十一代藩主前田重教《しげみち》の信頼が非常に厚かったことから、建立許可を促すための重教への口添えなど、大いにその力を発揮したものと思われる。

宝暦十三年六月には直躬と冷泉為村の間で石碑建立の合意がなされ、順次石碑の形などが決められた。(28)そして明和二年九月、藩主重教の帰国を待って内々に為広塚建立の了承を求めたところ、正月二十一日に重教より河合見風を願主として為広塚再建（石碑建立）することについて了承するとの返答をもらい、早速、見風が願主となって為広塚再建・石碑建立が進められた。[29]明和三年春に石碑が完成、為広の忌日である四月二十三日に石碑建立供養が行われ、直躬と見風もともに参列している。[30]

河合見風が為広塚を発見してから石碑再建までは一八年の年月を要したことになるが、状況が大きく進展したのは直躬の冷泉家入門が契機であった。さらに石碑再建後も冷泉家・前田土佐守家・河合家の交流は続いている。前田土佐守家と河合家の交流では、見風以降も河合家当主は「前田土佐守家様出入」を許可されている。[31]また見風には、前田土佐守家から対幅になった直躬と見風の画像（矢田四如軒筆）や紋付・裃などが贈られている。[32]さらに直躬以降、前田土佐守家歴代当主は為広塚の参詣を行っており、その折には必ず津幡の河合家に立ち寄っている。[33]また、冷泉為村が折あるごとに河合見風に詠歌を贈るなど、冷泉家と河合家との間にも交流がみられる。[34]

(二) 歌道修得から拡がる様々な交流

為広塚再建を通じて構築された前田直躬と河合見風の文化的交流は、見風を通じて、さらに俳諧における交流へと拡がりをみせた。

加賀藩では、元禄二年（一六八九）の松尾芭蕉来遊に端を発して蕉風俳諧が盛んになった。[35]この時、松尾芭蕉は「奥の細道」の旅の途中で、加賀藩領内各地の弟子たちと会い、句会を重ねている。元禄七年に芭蕉が没すると、美濃・伊勢・京都といった各地の芭蕉の弟子たちが加賀藩を訪れた。とりわけ美濃の俳人各務支考《かがみしこう》は、同じく芭蕉の弟子である井波の浪化《ろうか》上人や金沢の生駒万子《まんし》・立花北枝《ほくし》の招きで元禄十四年以降、金沢をはじめとする北越各地を訪れ、句会を催したり、俳書刊行を援助するなどして多くの弟子を養成した。松任の女流俳人千代女《ちよじょ》も支考に俳諧を学んだといわれている。

享保十六年の支考の没後、元文期（一七三六～四〇）にかけて、加賀俳壇では世代交代が進んだ。この時に現れたのが河合見風である。芭蕉没後五〇年である寛保三年（一七四三）を過ぎた頃から低俗になったとされる蕉風末流の俳諧（発句）を再び、芭蕉の昔に帰そうとする「芭蕉回帰運動」が現れ始め、宝暦十三年の芭蕉没後七〇年を契機として蕉風俳諧復興運動が全国的に著しく興隆した。この宝暦末から天明にかけての蕉風俳諧復興運動の中枢として活躍したのが河合見風であり、この頃次々と俳諧集を刊行した。これら俳諧集には多くの俳人たちが序文や句を寄せていることから、当時、見風と交流のあった俳人が明らかになる。例えば、天明二年（一七八二）に刊行された『霞かた』(36)の序文は千代女が書き、珈涼《かりょう》も句を寄せていることから見風と千代女、珈涼との間に交流があったことがわかる。

千代女は元禄十六年、松任町（現在の白山市松任）の町方肝煎《きもいり》福増屋六兵衛の長女として生まれた。正徳四年（一七一四）頃、本吉（現在の白山市美川）の町方肝煎北潟屋弥左衛門（俳号半睡、大睡）に弟子入りし、俳諧の手ほどきを受け、その後、各務支考に学び、さらに中川乙由《おつゆう》門に入った。綿屋希因《きいん》の弟子である麦水《ばくすい》、既白《きはく》、闌更《らんこう》らとともに蕉風復興に寄与した。見風も希因門の一人であり、千代女と見風は、この頃に知り合ったものと思われる。宝暦四年に剃髪して尼となり素園《そえん》と号した。珈涼は、元禄九年金沢の町年寄北村彦右衛門の長女として生まれ、同じく金沢の商人坂尻屋八郎右衛門（五代目）に嫁いだ。父が宮竹屋小春、立花北枝らと風交があったことから幼い時から俳諧に親しんだという。後に艸《くさ》婦人とも称し、俳諧も画もよくしたという。夫八郎右衛門も俳名を五々《ごご》と称した。寛延三年秋に珈涼は越中へ吟行しているが、この吟行で見風のところに四、五日滞在している。また、千代女とも親密な交際があり、宝暦十年九月に越中井波御坊で催された宗祖五〇〇回忌法要に千代女とともに参詣し、翌十一年三月に京都本願寺で催された宗祖五〇〇回忌にも同道している。

直躬との間にも見風を通じて千代女・珈涼とのつながりがみられる。例えば、宝暦十三年、直躬が五十歳になった折には、見風、千代尼、珈涼の三名が一緒に直躬の五十歳を賀する発句を詠んでしたためた懐紙を贈っている。(37) このことから、宝暦十三年には確かに彼らの交流があったことがわかる。また、かつて河合家には百川が表に画を描いて綿屋希因へ贈り、さらに希因より見風へ贈られた文台（俳諧において弟子が宗匠として立つ際に必要な道具）が伝来していたという。その文台には嵐鶴の俳号を使用した直躬が裏書をし、千代女と珈涼が足に句を記したものであった。また、天明五年（一七八五）に見風の三回忌追善句集『白達磨』(38)が刊行されたが、その冒頭には、冷泉為村と前田直躬の和歌が寄せられている。

さらに、千代女は武人画家矢田四如軒と合作で句軸を制作しており、特に宝暦後年〜天明期にかけての作品が多い。四如軒は前田土佐守家の家老矢田六郎兵衛広貫《ひろつら》であり、これも直躬を通じての交流だったと考えられる。

以上のように、和歌・俳諧を通じて直躬の周辺に身分を超えた文化的交流が行われていることが指摘できる。そしてその拡大と深化は、直躬の冷泉為村への入門が一つの契機であったといえよう。

4　和歌修業の継承

前田直躬の歌道の修得は子や孫にも継承された。例えば、寛政十年（一七九八）の直躬の二五回忌には直躬の子直方（前田土佐守家六代当主）・直賢（直躬九男）・直昌（直躬一四男）、直躬の孫直養らが手向けの和歌を寄せており、(39) 直躬の子孫たちがそれなりに和歌を学んでいたことがわかる。このうち直昌は直躬と同様、和歌を家職とする公家に入門して和歌を学んでいたが、それは冷泉家ではなく日野家であった。

前田直昌は、明和元年に前田土佐守家五代当主直躬の一四男として誕生した。初名を豺十郎といい、通称は雅楽助《うたのすけ》といった。直躬には夭折した子も含めると二五人の子がいたが、直昌はその末子である。安永七年（一七七八）初御目見、同九年に一六歳で元服したが、その後、出仕する、他家へ養子に行く、あるいは新知拝領して分家した形跡がないことから、兄で前田土佐守家六代当主直方の扶養を受けながらその元で暮らす「部屋住」であったと推定する。文政五年（一八二二）五九歳で没した。

直昌が入門した日野資枝は、冷泉家と同じく和歌をもって朝廷に仕える日野家三十六代当主で、冷泉為村亡き後、堂上歌壇で重きをなし、多くの門弟を持って和歌指導を行っていた。前述のように、冷泉為村の子為泰は、為村ほどに門弟の讃仰と信頼を得られなかったようで、為泰の時代には冷泉家よりも日野家に入門して和歌修業を行う者が増加した。(40) 永く冷泉家門弟であった者の中にも日野家に変更するものが少なからずおり、直昌が日野資枝に入門したのは、この時流に乗ったものと思われる。

直昌の日野資枝入門は寛政四年八月十六日で、[41]その後、年紀の判明する限りでは、寛政十二年まで指導を受けており、出題伝授・万葉書伝授・書法伝授などの伝授が行われている。これら伝授および和歌の添削、進物献上など日野資枝とのやりとりは、日野家家司井家主膳・田中典膳を通じて行われた。[42]

なお、直昌の和歌修業に関する史料は高岡市伏木勝興寺に伝来している。勝興寺は越中における本願寺派の中心寺院として、加賀藩の庇護を受け加賀藩主家と深い関係をもった寺院である。とりわけ、六代藩主前田吉徳《よしのり》の一〇男時次郎が九歳で入寺、十八世住持となったものの、明和六年に還俗して十一代藩主治《はる》脩《なが》となっており、治脩の還俗以後、同寺はますます加賀藩の手厚い保護をうけることとなった。また、勝興寺二十二代住寺広済は前田土佐守家七代当主直時の弟直棣《なおとし》であり、前田土佐守家とも縁が深い。

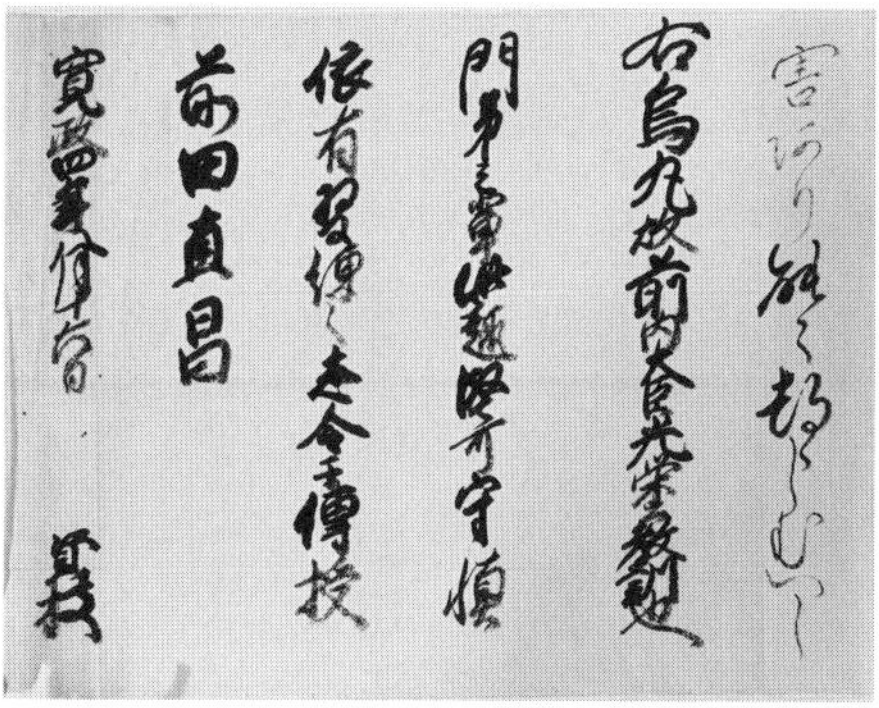
日野資枝門弟許状（勝興寺所蔵）

直昌の和歌関史料が勝興寺に入った経緯は未詳ではあるが、前田土佐守家とのつながりからすると、広済の時代のことと推測する。前田土佐守家には、文政四年（一八二一）四月二十三日、為広塚に手向けるため、六代当主直方を筆頭に和歌の心得のある前田土佐守家家臣たちの詠歌を記した史料[43]が伝存するが、そこには直方に続いて前田直棣つまり勝興寺に入寺する前の広済と直昌の歌が連なっている。この他にも直棣（広済）の和歌に関する史料が散見されることから、直棣（広済）もある程度和歌を嗜んでおり、天保六年（一八三五）勝興寺入寺の際に大叔父の直昌から引き継いだ和歌修得に関わる文書を持参し、それが勝興寺に伝来したと推測する。

第3節　前田土佐守家における能の修得・享受の様相

本節では、前田土佐守家当主の宝生《ほうしょう》流入門に関わる史料から、加賀藩上級武士の能の修得・享受の様相について考察する。

1　能の歴史

能は室町時代に観阿弥《かんあみ》・世阿弥《ぜあみ》父子によって大成され、現在まで約六五〇年続く日本の舞台芸能である。二〇〇八年にはユネスコ世界無形遺産に登録された。

能のはじまりは奈良時代に遡る。(44) 奈良時代に大陸から日本へ渡来した芸能には、荘厳な舞や音楽を奏でる「雅楽」と器楽、歌謡、舞踏、物まね、曲芸、奇術などの大衆芸能ともいえる「散楽」がある。「雅楽」は宮中や貴族の儀式の際に演じられる式楽となり、「散楽」は寺社の余興として庶民の間に広まった。

能はこの「散楽」を源流としている。のち、散楽は様々な変遷を経ながら、能と狂言の要素を持つ「猿楽」に集約され、平安・鎌倉時代（中世）以降、「猿楽」あるいは「猿楽の能」と呼ばれるようになった。

中世において「能」という言葉は「劇」を意味しており、現在も演劇に様々なジャンルがあるのと同様に、「猿楽の能」「田楽の能」「延年の能」などいくつかの「能」が存在していたが、南北朝時代から室町時代にかけての能は概ね「猿楽の能」と「田楽の能」に分かれていた。「猿楽の能」はいかにその役柄に似せるかという物まねを中心とする芸だったのに対し、「田楽の能」は舞が中心で、まねるというよりは象徴的に演じるものであった。「田楽の能」は貴族社会でも受け入れられ都で大いに流行したが、「猿楽の能」は都ではあまり受け入れられず、近江、丹波、伊勢など周辺地域で盛行した。

当時、猿楽・田楽ともに「猿楽の座」「田楽の座」という出演者の組織があり、座頭（棟梁）を頂点とした芸能の共同体が構成されていた。特に南北朝時代、猿楽が盛んだった大和の国では、大和四座と称される結崎座、坂戸座、外山座、円満井座の四座が興福寺（春日神社）の庇護下で活動していた。なお、結崎座は観世流、坂戸座は金剛流、外山座は宝生流、円満井座は金春《こんぱる》流の礎となり、現在に至っている。

このうち結崎座（観世）の大夫として座を統率した観阿弥が、それまでの物まね芸であった猿楽に、物語や寺社の縁起などを包みに合わせて謡ながら舞う「曲舞」を取り入れ、猿楽の能の大改革を行った。観阿弥の子である世阿弥は、父の芸能を受け継ぎ、室町幕府三代将軍足利義満や二条良基《よしもと》ら時の権力者たちのバックアップを受けながら、ライバルの芸を取り入れつつ、父観阿弥の演目を含めた旧作を補訂・編曲するのと並行して自らも新たな作品を多く創作した。そこには代表作の「井筒」など、現在も演じられる作品が含まれる。また、当時の貴族や武士たちに尊ばれていた幽玄の美学による「複式夢幻能」の様式を確立した。そして「秘すれば花なり」の言葉で有名な『風姿花伝』などの芸論も多数執筆した。

世阿弥の没後も、その跡を継承した甥の音阿弥、娘婿である金春禅竹などの活躍によって能は隆盛したが、応仁の乱（一四六七〜七七）による将軍権威の失墜・都の荒廃により一時衰退することを余儀なくされた。その後、戦国時代に入り、再び能が注目されるようになったのは、織田信長、豊臣秀吉をはじめとする戦国武将たちが能を愛好したところにある。とりわけ天下統一を果たした豊臣秀吉は金春大夫を重用して能を深く学び、自らも舞った。自分の功績をテーマにした能まで作らせているほど能に傾倒した。

続く徳川幕府も能を保護した。初代将軍徳川家康は今川義元に預けられていた少年時代から能を嗜んだといい、二代将軍徳川秀忠は鼓を打っている。江戸時代に入って能と狂言は幕府の式楽と定められ、大和猿楽四座と喜多流が公認された。このことは、能の社会的地位が確立されたことを意味するといえよう。江戸以後、歴代徳川将軍は能を愛好し、とりわけ五代将軍徳川綱吉が能を好んだことはよく知られている。江戸幕府開幕当初は観世流が主流であったが、綱吉が宝生流を贔屓としたため、宝生流に主流が移り、諸藩でもこれにならって宝生流を採択するところが少なくなかった。なかでも加賀藩、熊本藩、松江藩などは宝生流が盛んなことで有名である。

2 加賀藩における能

翻って加賀藩の能について見てみよう。(45)

藩祖前田利家は、能に傾倒した豊臣秀吉との交流のなかで能と接するようになった。秀吉が金春流を贔屓としていたことから利家も金春流を習っており、慶長三年（一五九八）金沢で行われた最初の勧進能も金春氏勝を招いて行われている。

二代藩主利長・三代藩主利常の時代には、藩お抱えの専業役者である「御手役者」が召し抱えられた。それは寛永五年（一六二八）に召し抱えられた京都の竹田権兵衛（金春流）、白山猿楽の流れをくむ諸橋権之進・波吉宮門などである。また、神事能といわれる寺《じ》中《ちゅう》大野湊神社の寺中能と卯辰山観音院の能が始まり、寺中能は現在まで、観音院の神事能は明治二年まで、藩の不振期も途絶えることなく継続して行われている。能が「式楽化」する一方、金沢の庶民の生活の中にも根付いていたことがうかがえる。

五代藩主綱紀の頃には、先に述べたように、五代将軍徳川綱吉の影響から宝生流が採用された。「加賀宝生」といわれる隆盛はこれがはじまりである。綱紀が能に傾倒するのは後年のことであるが、宝生流に対する援助は、綱紀が貞享三年（一六八六）に宝生大夫（九世友春）に入門した直後から盛んに行われており、貞享四年には宝生友春の勧進能に準備金を与え、元禄五年（一六九二）には友春の次男吉之助（のち嘉内）を江戸大夫として召し抱えている。一方、金沢の町役者にも苗字を名乗ることを許し、勤続者には町役を免除するなど手厚い保護を行っている。また、武具など製作に携わる御細工所の細工人に囃子方や狂言方を兼業させた。これによって加賀藩には専業の御手役者・兼業の町役者とも、実に豊富な人材をそろえられるようになった。

六代藩主吉徳《よしのり》の後、七代宗辰《むねとき》から九代重熙《しげひろ》まで短期間で藩主が交代する時期が続いたためか、彼らが能に傾倒した様子はあまり見られないが、十代藩主重教《しげみち》は江戸・金沢いずれにおいて度々能を催し、年間で一〇〇回以上催すこともあったように、かなり傾倒していた。重教の弟である十一代藩主治脩《はるなが》は還俗して藩主になったためであろうか、あまり能は好まなかったらしく、重教のように能を行った様子は見られないが、十二代藩主となった重教の子斉広《なりなが》は能に傾倒し、文化八年（一八一一）には自身の家督相続・初入国、あわせて金沢城二の丸造営を祝って行われ、加賀藩史上最大の盛儀とされた「文化の規式能」を催行している。

十三代藩主斉泰《なりやす》も父斉広の影響と幼少期から嗜んでいたためか、大いに能を愛好した。そして幕府の瓦解とともに一時衰退した能の復興にも大いに寄与し、明治維新後の東京で能楽界全体の最大の支援者となった。なお、明治以降、使われるようになった「能楽」という言葉は斉泰が発案したといわれている。

3　前田土佐守家当主の能の享受

前田土佐守家五代当主直躬が江戸の宝生大夫友精《ともきよ》（十一代）に入門したのは享保十九年（一七三四）十

月四日である。(46)前述のように、加賀藩では五代藩主綱紀の時に金春流から宝生流に転換しているが、直躬の入門もその影響を少なからず受けたものと思われる。

（二）前田直躬の宝生流入門

正徳四年（一七一四）に生まれた直躬は、享保十四年、十六歳で父直堅《なおかた》の跡を継いで五代当主となり、同十六年には月番・加判に任じられ、従五位下土佐守に叙爵された。そして享保十九年七月に六代藩主吉徳の参勤に供奉し、翌二十年七月まで江戸に滞在している。(47)つまり宝生流入門および宝生大夫からの指導は江戸滞在中に行われたことになる。そして金沢帰国後も書状によって宝生丹次郎から指導を受けていた。その様子は一部、直躬から宝生丹次郎へ差し出した書状の写をまとめた「享保二十一年宝生方江尋遣品々往復之書状留」(48)からうかがうことができる。

この史料は、享保二十一年二月から翌二十二年正月までに直躬から宝生丹次郎（友精）に差し出された七通の書状の写である。これによれば、直躬は月に一回ほどの割合で、弟の典膳《てんぜん》（大音厚曹《あつおう》、宝暦五年〈一七五五〉に大音家の養嫡子となる）や弾正《だんじょう》（前田直温《なおあつ》、部屋住であったと推測する）、また、後年、直躬の茶会に頻繁に参加するなどして交流がみられる藩士和田権五郎（和田貞直、禄高八〇〇石の平士）たちと装束をつけて稽古を行っている。また、稽古するなかで疑問が生まれたことなどについて、宝生丹次郎に書状をしたためて質問したり、謡や仕舞型付の写本の作成を依頼するなどしている。

以下、そのうちの一通である享保二十一年正月二十一日付、宝生丹次郎に宛てた直躬の書状（写）から、

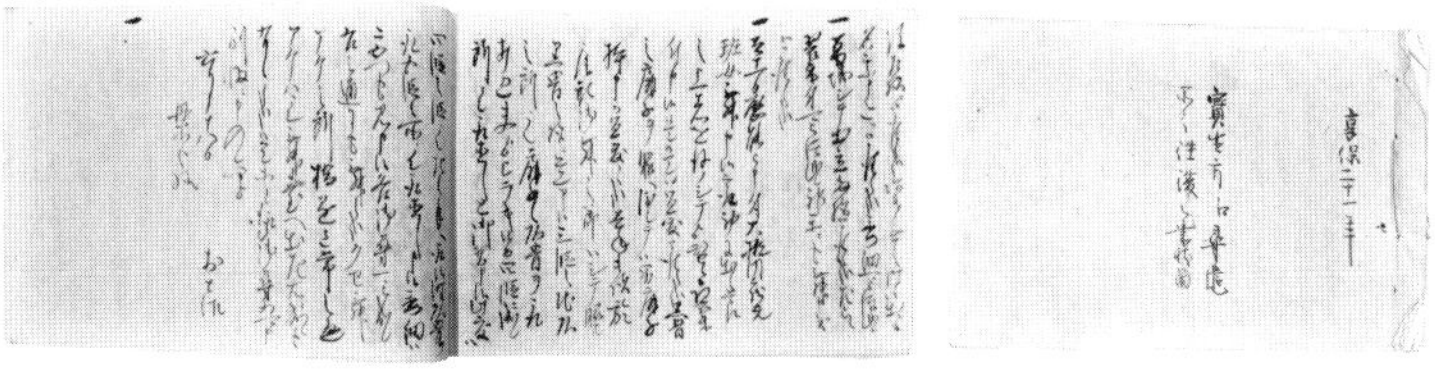

享保二十一年宝生方江尋遣品々往復之書状留

稽古の様子をみてみよう。

　享保二十一年正月十九日、直躬は自宅で稽古能を催し、要人、典膳、甚右衛門、仲らん、弾正の五人とともに面・装束をつけて、「高砂」「兼平」「東北《とうぼく》」「東岸居《こ》士《じ》」「雲林院」「龍田」「大会《だいえ》」の七曲を稽古した。なかでも「高砂」は、初めて舞った曲であるが、粗相なく稽古できたと丹次郎に報告している。稽古能の番組は宝生大夫に報告しなければならなかったようである。

　また、この書状で直躬は、宝生丹次郎への質問として、①「高砂」の後シテの面について、自分は邯鄲男《かんたんおとこ》をつけて舞ったが怪士《あやかし》でもよいのか、②「忠則」で使用する矢に付ける短冊や「羽衣」で使用する松の台など作り物の寸法について尋ねている。また、金沢の宝生大夫諸橋権進はじめとする弟子たちに加賀藩領内以外で演じてはいけないと伝えている演目、および近日江戸城西の丸で催された能の番組を教えてほしいと依頼している。なお、書状の最後には「江戸と（金沢と）は百里も隔たっておりますので、ことのほか疎遠になっていると感じます。近いうちにまた江戸へ行きたいと思っています」とあり、機会があればまた、宝生丹次郎から直接指導を受けたいと思っていたことがうかがえる。

　また、享保二十一年前後は、のちの「加賀騒動」[49]の当事者の一人である大槻朝元《とももと》が六代藩主吉徳の寵愛をうけて異例の加増・出世をして家禄二〇〇〇石となった頃と重なる時期であるが、享保二十一年六月十八日付の書状で直躬は「六月十一日に行われた慰能で大槻内蔵允《くらのじょう》（朝元）が「班女《はんじょ》」を舞ったが、最初に出た時の上着を後シテから替えて装束を付けたのはよいのか、黒骨の扇子を脇へ渡して男扇子を持っていたがそれでいいのか…」と、大槻の演能についてあれこれと疑問を呈し、宝生丹次郎の意見を求めている。そこには、本来、能を舞えるような身分ではない出頭人・大槻が能を舞うことへの不満、ひいては年寄たちをさしおいて大槻が藩主に重用される不満がみてとれるのではないだろうか。

（二）六代当主嫡子直養の宝生流入門

直躬の孫にあたる、六代当主直方の嫡子直養は、天明八年（一七八八）十二月二十三日に宝生流に入門した。(50)

直養は安永元年（一七七二）に直方の四男として生まれた。天明七年、兄直諒《なおあきら》とともに元服、その翌年の天明八年に父直方が十一代藩主治脩の参勤の供奉で江戸へ行くにあたって、直方に連れられて江戸へ行き、一年間過ごして寛政元年（一七八九）に帰国した。この時は直諒が嫡子と定められていたため、直養は嫡子ではなかったが、寛政二年に直諒が二一歳で亡くなったことから、その代わりとして直養が嫡子となった。

前田土佐守家をはじめ、年寄衆八家の嫡子は元服すると二五〇〇石の知行を与えられ、年寄御用見習として出仕することとなっていたことから、直養も寛政十年に新知二五〇〇石を拝領、寛政十二年に年寄御用見習を仰せ付けられ、さらに翌十三年には月番・加判を仰せ付けられた。しかし、正式に家督を相続する以前、文化二年に亡くなったため、前田土佐守家では直養を当主に準ずる「準代」として数えている。[51]

先に述べたように直養は、天明八年四月から寛政元年四月までの一年間、江戸に滞在しており、直養の宝生流入門も江戸滞在中のことであった。

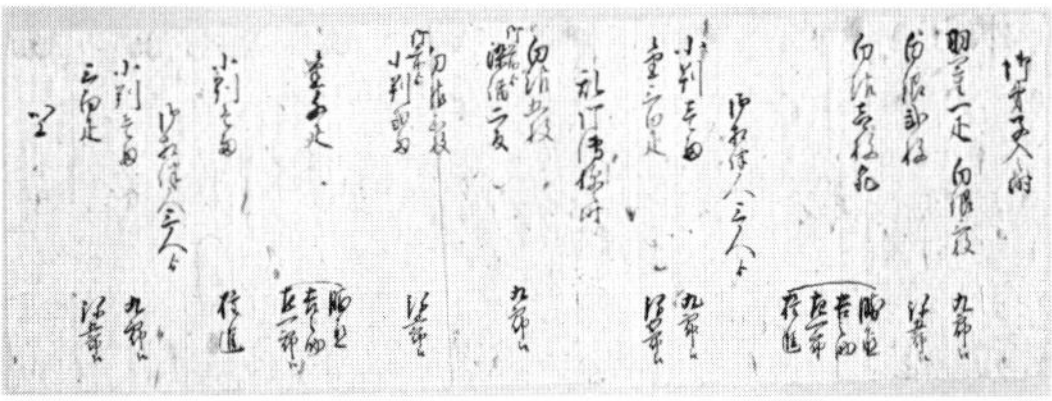

弟子入に付束脩覚

直養の時代の史料からは、直養入門の際に納めた束脩《そくしゅう》（入門の際に渡す謝礼）が具体的にわかる。例えば、宝生九郎（十三代友勝）へ羽二重一疋・白銀三枚、九郎の後見役・宝生弥五郎（のち十四代英勝）へ銀二枚が贈られている。なお、これらの金品は父直方が用意している。[52]

また、帰国直前の寛政元年二月には「乱」を伝授されているが、[53]その折には直養より宝生九郎へ白銀五枚、直方からは染絹二反、宝生弥五郎へ直養より白銀三枚、直方からは小判二両が束脩として渡されている。さらに帰国後も宝生大夫から指導を受けていたらしく、寛政四年十月から翌五年正月にかけて演じることを許された能の演目や蘭曲などがわかる。[54]

以上、前田土佐守家当主の宝生流入門については以下のことが指摘できよう。まず、宝生流に入門するようになったのは、五代当主直躬以降で、これは五代藩主綱紀の宝生流採用の影響が強く表れたものと考える。また、江戸の宝生大夫への入門は藩主の参勤供奉など、江戸長期滞在の機会がある時に行われていたことがわかる。そして、帰国後も書状によって宝生大夫の指導を受け、演じることのできる能の演目を増やしており、「乱」や「蘭曲《らんぎょく》」の伝授も受けている。

なお、直躬の嫡子で六代当主の直方は、江戸に長期滞在したことがあるにも関わらず、宝生流入門の形跡はない。これは直方が若い頃から亡くなるまで脚気《かっけ》を患っていることから、足が悪く入門して稽古をするのが難しく、自分の代わりに直養を入門させたのではないかと推測する。また、直養の子である七代当主直時以降の当主が入門していないのは、若くして亡くなる当主が続き、江戸に長期滞在する機会がなかったためと考える。

(三) 六代当主前田直方の能の修得・享受の様相

前田土佐守家六代当主直方は、宝生流入門こそ果たせなかったものの、能に対する造詣はかなり深かったと思われる。それは文政五年(一八二二)の十二代藩主斉広よりの御親翰《ごしんかん》(=藩主からの書状)に看取される。[55]その頃の直方は老年であることに加え、若い頃からの脚気の影響もあって歩行もままならなくなっていたにも関わらず、斉広に、金沢城にての演能(稽古能)を拝見するよう熱望されている。その際は駕籠にて城内に入っても良い、板の間での能拝見は直方には辛いだろうから毛氈《もうせん》の下に布団を敷いて座らせる、介助のために江間篁斎《えまこうさい》・大高元哲《おおたかげんてつ》二人の藩医を控えさせるなど破格の待遇をされており、そのようにしてまでも見てもらいたいと斉広に思わせしめるほど能に対する造詣が深かったことが推察される。

また、能面についても非常に関心が高く、寛政以降、文化期にかけて前田土佐守家で所蔵していた能面の調査を熱心に行い、「御面目録損所附」[56]をまとめている。この史料からは、当時前田土佐守家で所蔵していた面の様子がよくわかる。また、「御面目録損所附」に記載されている能面と寛政六年「御土蔵御道具帳」[57]に記載されている能面とを比較すると、大半が一致することがわかる。

加えて文化十一年には加賀藩のワキ方の能役者野村幸助に前田土佐守家で所蔵する出目洞白《でめとうはく》作の尉の面の写を作らせるため、幸助を藩御細工所の面打中村兵蔵に入門させようとしていることが伝来の史料からうかがえる。[58]幸助の中村兵蔵への正式な入門は断られたが、趣味としてならば教えてもよいということで、幸助は兵蔵に習い、非常に出来のよい面を制作したとされている。

（四）十代当主前田直信の能の修得・享受の様相

前田土佐守家は十代当主直信《なおのぶ》の時に明治維新を迎えた。直信は、維新後の明治八～九年（一八七三～七四）にかけて加賀藩の御手役者であった波吉紅雪とその子甚次郎から謡と乱曲の伝授を受けている。

天保十二年（一八四一）に誕生した直信は、誕生直後に生母の実家の本家筋にあたる篠井《ささい》孫左衛門（前田土佐守家家老）の養嫡子となり、嘉永二年（一八四九）篠井家を相続して篠井孫之進と名乗った。当時、前田土佐守家では、十三代藩主斉泰の八男静之介が弘化四年（一八四七）に養子となり、嘉永四年（一八五一）には先代直良が死亡したため五歳で九代当主となった。しかし、安政三年（一八五六）にわずか一〇歳で亡くなったため、「筋目の者」として直信が一六歳で前田土佐守家に呼び戻され十代当主となった。同時に直信は従五位下土佐守に任じられ、以後、月番・加判、勝手方御用など次々と藩の要職を拝命、文久二年（一八六二）には十三代藩主斉泰の将軍家茂上洛供奉の供を命じられ上洛、また、慶応元年（一八六五）には京都守衛を命じられての上洛、さらに明治元年の北越戦争へ出兵するなど幕末の政局においても活躍した。明治二年大参事に就任し、廃藩置県が断行された明治四年までその職を務めた。大参事の職を辞した後は、藩祖前田利家を祀るための新しい神社「尾山神社」の創設に関わり、神社が完成した明治六年にその神官に任じられた。しかし、明治八年、体調不良を理由に神職を辞し、明治十一年には嫡子蕃《もり》雄《お》（直行《なおつら》）に家督を譲り、翌年の明治十二年、三十九歳で亡くなった。[59] つまり、直信が波吉紅雪と甚次郎より伝授をうけたのは、尾山神社の神官を辞した頃から嫡子直行に家督を譲るまでの間ということになる。

藩政期の波吉大夫は諸橋大夫につぐ御手役者であり、とりわけ幕末には諸橋をおいて加賀藩の最も力のある能大夫となっていた。江戸時代最後の波吉大夫は波吉宮門紅雪と号し、十三代藩主前田斉泰に引き立てられ、しばしば江戸に行った。宝生友宇紫雪が弘化勧進能を催した際は三番もシテを勤めるなど宝生友宇の弟子として認められた名手でもあった。波吉紅雪・甚次郎父子は明治四年の廃藩置県後も金沢に残り、紅雪が明治十八年金沢で亡くなると、その翌年、甚次郎は金沢を去って東京に移住、大正九年（一九二〇）に東京で亡くなった。[60]

なお、明治以降も金沢では、明治十一年六月に石川県博物館（現在の成巽閣《せいそんかく》）に能舞台が、九月には尾山神社に能舞台が落成しており、とりわけ尾山神社の能舞台落成の際は波吉派の役者が多く舞ったという。尾山神社は直信が初代神官を務めており、直信が波吉父子から伝授を受けたこととも関係があるのかもしれない。

まとめにかえて

以上、三節にわたり、前田土佐守家歴代当主の茶の湯、和歌、能の修得・享受の様相について述べてきた。

茶の湯、和歌、能いずれも、その修得・享受の様相が明らかになるのは五代当主直躬からである。ここであらためて茶の湯、和歌、能の修得・享受について、直躬の生涯を通じた時系列で見直してみると、その時々で傾倒して修業しているものが異なることに気がつく。最後にまとめにかえてそのことについて述べたい。

直躬が最初に傾倒したのは能である。元服よりかなり以前、初御目見前の享保九年(一七二四)三月、謡本「東北」を書写しており、(61)能については、幼い頃より嗜んでいたことがわかる。享保十四年閏九月に父直堅の遺領を相続し、若くして当主となった後、同十八年に自ら熱望して翌年七月からの参勤供奉を果たしており、(62)江戸での宝生大夫入門はその折のことになる。加えて、この参勤の出立直前である享保十九年正月と四月に、直躬が前田藩主家と同じ剣梅鉢紋を使用したことについて他の年寄や六代藩主前田吉徳との間で一悶着あった。(63)直躬が剣梅鉢紋の使用に拘ったのは、藩主家につながる家柄であることを強調するためと考えられるが、江戸での宝生大夫入門もその延長で、能は大名あるいはそれに匹敵するような上級武士が修養するものという認識からくるものではないかと推測する。直躬が参勤供奉を希望する理由として「江戸にて幕府のことなど、見聞を広めたい」と述べていることや、帰国後も宝生大夫に指導をうけ、「いつかはもう一度江戸に」と述べていることからも、加賀藩祖につながる家柄であること、藩主家や他大名家との交際などをかなり意識していたことがうかがえるのではないだろうか。[64][65]

続いて熱中したのは茶の湯である。残る茶会記の年記から、直躬が茶の湯に傾倒したのは、延享元年（一七四四）七月に月番・加判を指し除けられて以降、宝暦四年に落着する加賀騒動を経て藩政の中枢に復活するも、中風に倒れる宝暦九年（一七五九）までの間ということがわかる。また、第一節で指摘したように、茶の湯においては、三〇〇石～一〇〇〇石未満の平士（加賀藩では中級クラスの武士に位置づけられる）たちとの交流が盛んであった。なかには人持クラスの藩士で後に家老などを務める者もいるが、直躬が茶の湯に熱中していた当時は、公事場奉行、算用場奉行、町奉行など奉行職を務めている場合が多いことから、茶の湯において直躬の周囲には、身分階層にあまりとらわれない、藩政における交流とは異なる交流があったことがわかるが、これも延享元年に月番・加判を指し除けられたことが大いに影響しているのではないかと推測する。

そして晩年、嫡子直方が元服し、隠居を考えはじめた頃、直躬が傾倒したのは和歌であった。冷泉家に入門した宝暦十三年に五〇歳を迎えるという節目もあったのかもしれないが、その前年に嫡子直方が新知二五〇〇石を与えられて年寄見習として登城するようになるなど確実に年寄衆八家としての道を歩み始めた頃でもあった。以後、亡くなるまで直躬は和歌修業に励み、第二節で指摘したように、そのなかで武士のみならず、公家・町人など交流の輪を拡大していた様子がみてとれる。

さらに能も茶の湯も和歌も直躬一代で終わることなく、子孫に継承された。能は当主がその修得・享受を継承して行っているのに対し、茶の湯や和歌は当主よりも部屋住が行っていたことがわかる。能については、藩主と接する機会が多く、場合によっては江戸参府し、他国藩主と交流する機会もあるため、当主がその修養の中心となっていたと考える。なお、加賀藩上級武士の部屋住の教養形成については奥村家の事例もあり、[66]今後、これらの事例を比較検討することにより、部屋住を含め、加賀藩上級武士の生活と教養について、さらなる討究につとめたい。

註

（1）前田土佐守家資料館所蔵の古文書群を本稿ではこう呼ぶこととする。
（2）以下、一節「茶の湯の歴史」については谷端昭夫『近世茶道史』（淡交社、一九八八年）、熊倉功夫『茶の湯の歴史』（朝日新聞社、一九九〇年）、同「概説：近世の茶の湯」（茶の湯文化学会編『講座日本茶の湯全史』第二巻近世、思文閣出版、二〇一四年）に、二節「加賀藩の茶の湯の様相」については嶋崎丞監修『加賀前田家百万石の茶の湯』（淡交社、二〇〇二年）、牧孝治『加賀の茶道』（北國新聞社、一九八三年）に依拠して記した。
（3）森下家文書（金沢市立玉川図書館近世史料館所蔵）には茶道関係史料が散見される。
（4）銭屋五兵衛記念館所蔵。『年々留』上巻、天保三年（一八三二）七月～四年七月の金沢宮竹屋徳兵衛への道具類質入れ一件や道具質入れによって金相場の変動対策を行うよう訓戒している条文等にその傾向がみられるか。
（5）単に「会記」と呼ばれることもあるが、以下、本稿では「茶会記」を用いる。
（6）谷晃『茶会記の研究』（淡交社、二〇〇一年）。
（7）前田土佐守家文書、目録番号本編学芸一三一九～一三二五。これら茶会記は前田土佐守家資料館叢書第五集・第六集として全文翻刻しているので、そちらを参照していただきたい。
（8）前田土佐守家文書「数寄屋茶会日次第一」目録番号本編学芸一三二〇。

(9) ここでは暮、暮時などの記載のある茶会も夜の茶会に含めている。
(10) 前田土佐守家文書「茶会日次之記」目録番号本編学芸一三一九。
(11) 前田土佐守家文書「数寄屋茶会日次第一」目録番号本編学芸一三二〇。
(12) 前田土佐守家文書「会記留」目録番号本編学芸一三二七。この茶会記は、前田土佐守家資料館叢書第七集で全文翻刻しているので、そちらも参照していただきたい。
(13) 前田土佐守家文書、目録番号本編学芸一三三三。
(14) 一節「江戸時代の冷泉家について」は、久保田啓一「冷泉家の復興と冷泉門の人びと」(『和歌文学講座第八巻近世の和歌』勉誠社、一九九三年)、小倉嘉夫「江戸時代の冷泉家」(図録「近世公家の生活と伝統文化―冷泉家展」解説、二〇〇一年)などを参照し、それらに依拠して記した。
(15) 久保田啓一『近世冷泉派歌壇の研究』(翰林書房、二〇〇三年)。
(16)『日本随筆大成』新版第二期第二十二巻(吉川弘文館、二〇〇七年)。
(17) 註15
(18) 前田土佐守家文書「冷泉家歌道入門免状」目録番号本編学芸二一六。
(19) 濱岡伸也「前田直躬の冷泉家入門」(『しくれてい』第二〇号、一九八七年)。
(20) 前田土佐守家文書「前田直躬書状案文」目録番号本編学芸二二二。
(21) 前田土佐守家文書「前田直躬・冷泉為村往復書状」目録番号本編学芸二四三〜二四八。
(22) 前田土佐守家文書、目録番号本編学芸二二三。
(23) 高岡伏木雲龍山勝興寺文書、目録番号№二四二公家三〇。
(24) 高岡伏木雲龍山勝興寺文書「冷泉家御文通御問答抜書」目録番号№二四二公家三一。
(25) 一項「為広塚再建と河合見風」については蔵角利幸『加賀の俳人河合見風』(桂書房、一九九八年)に依拠・参照して記した。
(26) 前田土佐守家文書「広塚細記」目録番号本編学芸一八五。
(27) 註26「広塚細記」の記述による。
(28) 前田土佐守家文書「広塚一件」目録番号本編学芸二一九。

(29) 註28に同じ。
(30) 註28に同じ。
(31) 河合健吉氏旧蔵資料。
(32) 註31に同じ。
(33) 註31に同じ。
(34) 註31に同じ。
(35) 以下、加賀藩における俳諧については大河良一『加能俳諧史』(清文堂出版、一九七四)、竹谷蒼郎『北陸の俳壇史』(北国書林、一九六九年)、中本恕堂『加賀の千代女研究』(北国出版社、一九七二年)などに依拠・参照して記した。
(36) 石川県立図書館月明文庫本による。
(37) 個人蔵。三人の句は以下の通りである。

なかき日やまた幾かへり五十雈　　見風
五十からかさなる枝や松の花　　珈涼尼
百とせの根もさたまりて春の花　　千代尼

(38) 註36に同じ。
(39) 前田土佐守家文書「超宗公二十五回御忌御追善和歌三十一首写」目録番号本編家政四七四。
(40) 註15久保田啓一『近世冷泉派歌壇の研究』。
(41) 高岡伏木雲龍山勝興寺文書「日野資枝門弟免状」目録番号№二四二公家七。
(42) 以上、高岡伏木雲龍山勝興寺文書による。
(43) 前田土佐守家文書「前田直方等和歌写」目録番号本編学芸三五二。
(44) 一節「能の歴史」については安田登『能 650年続いた仕掛けとは』(新潮新書、二〇一七年)、石井倫子『能・狂言の基礎知識』(角川選書、二〇〇九年)などを参照し、これらに依拠して記した。
(45) 二節「加賀藩の能」については、梶井幸代・密他良二『金澤の能楽』(北国出版社、一九七二年)、石川県立歴史博物館平成十三年度春季特別展図録『能楽-加賀宝生の世界-』(二〇〇二年)などを参照し、これらに依拠して記した。
(46) 前田土佐守家文書「宝生流入門誓詞案文」目録番号本編学芸一二一四。

(47) 前田直躬の履歴については前田土佐守家文書「前田土佐守家家譜」（目録番号本編家政八六）をもとに記した。
(48) 前田土佐守家文書、目録番号本編学芸一一二五八。
(49) 加賀騒動は江戸時代中期に加賀藩領内で起こった御家騒動である。騒動以前からみられた前田直躬をはじめとする門閥重臣や保守派の藩士らによる六代加賀藩主前田吉徳の寵臣大槻朝元を排除する動きが、延享二年の吉徳の死を機に、前田直躬を先鋒として徹底的な大槻弾劾が始まり、その結果、大槻の五箇山流刑・知行没収という処分が下された。騒動はこれで終わらず、翌延享五年（寛延元年）夏に江戸藩邸において八代藩主重煕毒殺未遂事件が起こり、吉徳の側室真如院と真如院と密通していた大槻が、真如院の子勢之佐を次期藩主にするため、奥女中浅尾をつかって八代加賀藩主前田重煕らの毒殺を画策したと断ぜられ、真如院は幽閉、大槻も配流先の五箇山で自殺した。そして宝暦四年、大槻一門の処罰が決まり、ようやく騒動は終息した。木越隆三「加賀騒動―八家を軸に騒動を再考する」（福田千鶴編『新選御家騒動』下、人物往来社、二〇〇七年）によれば加賀騒動は、つまるところ六代藩主吉徳が側近（出頭人）の大槻朝元を重用することによって藩政を推進しようとしたことに起因して、門閥重臣である年寄衆八家の「家格」が崩壊するという危機感から先代藩主の寵臣大槻朝元を徹底排除しようとした事件に、次期藩主継嗣問題が加わったことによってより大きな騒動になった事件と捉えられている。
(50) 前田土佐守家文書「宝生流入門誓言状控」目録番号本編学芸一一二一五。
(51) 前田直養の履歴については前田土佐守家文書「前田土佐守家家譜幷諸事留」（目録番号本編家政九六、九七）によって記した。
(52) 前田土佐守家文書「弟子入に付束脩覚」目録番号本編学芸一一二一七。
(53) 前田土佐守家文書「「乱」伝授に付誓言状控」目録番号本編学芸一一二一六。
(54) 前田土佐守家文書「蘭曲等伝授并御下物覚」目録番号本編学芸一一二一八。
(55) 前田土佐守家文書「近江守儀御能拝見等に付御親翰之写」目録番号本編家政九〇七。
(56) 前田土佐守家文書、目録番号本編学芸一二四八。
(57) 前田土佐守家文書、目録番号補遺編学芸一一。
(58) 前田土佐守家文書「前田直方書状控」目録番号本編学芸一二四九。
(59) 前田土佐守家文書「前田土佐守家家譜」目録番号本編家政九九。

(60) 梶井幸代・密田良二『金沢の能楽』(北国出版社、一九七二年)。
(61) 前田土佐守家文書「謡本『東北』(写)」目録番号本編学芸一二〇二。奥に「享保九年三月　前田直寛写之」の記載がある。直躬の初御目見は享保九年十一月であることが家譜からわかっている。
(62) 前田直躬が参勤交代供奉を熱望した詳細については、前田土佐守家文書「江戸御供之儀に付横山大和守と之往復書面等留」(目録番号本編家政九一三)に記されている。
(63) 享保十九年の正月登城の際、諸大夫の正装である大紋を着用して登城した直躬であるが、その大紋に前田藩主家と同じ「剣梅鉢紋」がついていることを年寄・本多政昌に見とがめられた。一応その場は収まったものの、四月には道具類にも「剣梅鉢紋」をつけていることが六代藩主前田吉徳の耳に入り叱責されるものの、先祖前田直之が五代藩主前田綱紀から許可されたという家伝を盾に反発したという経緯がある。
(64) 註62「江戸御供之儀に付横山大和守と之往復書面等留」。
(65) 註48「享保二十一年宝生方江尋遣品々往復之書状留」。
(66) 拙稿「奥村栄通筆「読候経書雑本等記」―加賀藩年寄衆八家の部屋住庶子の読書記録」(木越隆三編『加賀藩研究を切り拓くⅡ』桂書房、二〇二二年)。

付録

前田土佐守家主要年表（年齢は数え年）

和暦	西暦	月日	当代	当代年齢	主なできごと
天正6	1578		利政	1歳	家祖前田利政、尾張国荒子で誕生
文禄2	1593			16歳	前田利政元服、豊臣大名として能登1国22万石を与えられる
慶長5	1600			23歳	関ヶ原合戦後、改易、京へ
慶長9	1604	3月9日		27歳	前田直之、京都にて誕生、母は利政側室（名未詳）
慶長12	1607			30歳	3歳になった直之、祖母芳春院まつ（加賀藩祖前田利家夫人）に引き取られる
慶長16	1611			34歳	6、7歳になった直之、高岡に隠居していた叔父前田利長に引き取られ養育される
元和元	1615	11月13日	直之	12歳	前田直之、3代藩主前田利常より知行2,000石拝領
元和3	1617			14歳	祖母芳春院まつ逝去、遺領7,500石余直之へ譲る遺言
寛永10	1633	7月14日		29歳	前田利政、京都にて死去　享年56
寛永12	1635	8月		31歳	前田直之、前田利常より加増され知行10,050石となる
寛永19	1642	2月2日		39歳	前田直作誕生、母は直之側室（名未詳）
万治元	1658	10月12日		55歳	3代藩主前田利常、小松にて逝去
万治2	1659	正月14日		56歳	前田直之、小松城代仰せ付けられる
		6月			前田直之、小松城代として小松へ赴く
万治3	1660			57歳	前田直之嫡子直作、人質として江戸へ行く（19歳）
寛文元	1661	2月		58歳	前田直之嫡子直作（20歳）、前髪取
		6月			前田直之嫡子直作、江戸より帰国
延宝2	1674	10月18日		71歳	前田直之小松にて死去
		12月26日	直作	33歳	前田直作、父直之の遺領10,050石を継ぐ、備後に改名
天和3	1683	5月17日		42歳	前田直作嫡子直堅、前田土佐守家下屋敷にて誕生、母は側室みき
貞享元	1684	10月		43歳	前田直作、剣梅鉢紋使用にあたり囲をつけることを仰せ付けられる
貞享3	1686	11月13日		45歳	前田直作、人持組頭仰せ付けられる
貞享4	1687	4月・9月		46歳	前田直作、山代温泉へ湯治

前田土佐守家主要年表②

和暦	西暦	月日	当代	当代年齢	主なできごと
貞享5	1688	8月	直作	47歳	前田直作、湯涌温泉へ湯治
元禄2	1689	4月9日		48歳	前田直作死去
		7月6日	直堅	7歳	前田直堅、父直作の遺領10,050石を継ぐ
元禄3	1690	7月1日		8歳	5代藩主前田綱紀より知行宛行状発給される
元禄6	1693	正月2日		11歳	前田直堅、金沢城での謡初拝見を許される
元禄8	1695	12月		13歳	前田直堅、疱瘡を患う
元禄9	1696	8月14日		14歳	前田直堅、神護寺請取火消を仰せ付けられる
		10月10日			前田直堅、前髪執、登城出仕
元禄15	1702	2月9日		20歳	前田直堅、本郷邸御成に際し出府して将軍御目見仰せ付けられる
		4月22日			前田直堅、江戸到着
		4月25日			前田直堅、従五位下近江守に叙爵される
		4月26日			5代将軍徳川綱吉加賀藩本郷邸に御成
宝永2	1705	2月		23歳	前田直堅、5代藩主前田綱紀へ家伝の藩祖前田利家所用脚絆2足上覧、うち1足献上
		5月25日			前田直堅、950石加増、家録11,000石となる
宝永3	1706	11月15日		24歳	前田直堅、大老、月番、加判仰せ付けられる
正徳4	1714	3月21日		32歳	前田直堅嫡子直躬、前田土佐守家上屋敷にて誕生、母は側室つて
享保元	1716	7月		34歳	前田直堅、芳春院100回忌法事の奉行として京都へ行く
享保6	1721	8月12日		39歳	前田直堅、中風発症
享保8	1723	5月9日		41歳	6代藩主前田吉徳襲封、5代藩主綱紀隠居
享保9	1724	5月9日		42歳	5代藩主前田綱紀死去
		9月13日			前田直堅嫡子直躬初御目見（11歳）
享保10	1725	8月28日		43歳	前田直堅嫡子直躬新知2,500石拝領（12歳）
享保13	1728	7月6日		46歳	前田直堅嫡子直躬前髪執（15歳）
享保14	1729	8月9日		47歳	前田直堅、中風再発、死去
		8月10日	直躬	16歳	前田直躬、御宮請取火消となる
		閏9月7日			前田直躬、父直堅の遺領11,000石相続
享保15	1730	8月1日		17歳	前田直躬、年寄見習仰せ付けられる

前田土佐守家主要年表③

和暦	西暦	月日	当代	当代年齢	主なできごと
享保16	1731	11月15日	直躬	18歳	前田直躬、月番、加判仰せ付けられる
		12月23日		18歳	前田直躬、従五位下土佐守に叙爵される
享保19	1734	正月		21歳	剣梅鉢紋使用一件につき前田直躬、6代藩主前田吉徳と不仲
享保21	1736	3月1日		23歳	前田直躬、5代藩主前田綱紀13回忌法要奉行仰せ付けられる
元文5	1740	7月1日		27歳	前田直躬、人持組頭仰せ付けられる
寛保元	1741			28歳	この頃より6代藩主前田吉徳寵臣大槻朝元台頭
寛保3	1743	9月15日		30歳	前田直躬、4代藩主前田光高100回忌法要奉行仰せ付けられる
延享元	1744	7月		31歳	前田直躬、月番、加判指し除けられる
延享2	1745	6月12日		32歳	6代藩主前田吉徳死去
延享3	1746	7月2日		33歳	6代藩主前田吉徳の寵臣大槻朝元蟄居を命じられる
		12月8日			7代藩主前田宗辰死去
寛延元	1748	4月		35歳	大槻朝元五箇山へ流刑（同年9月に自死）
		7月			江戸藩邸で置毒未遂事件起こる
		閏10月27日			前田直躬三男直方、前田土佐守家下屋敷にて誕生、母は側室たそ
宝暦3	1753	4月8日		40歳	8代藩主前田重煕死去
		9月29日			9代藩主前田重靖死去
宝暦4	1754	閏2月2日		41歳	いわゆる「加賀騒動」が落着する
		3月11日			前田重教10代藩主となる
宝暦5	1755	4月1日		42歳	寛延4年に死去した直躬長男直履にかわり三男直方が嫡子となる
宝暦6	1756	10月12日		43歳	前田直躬、倹約方主附仰せ付けられる
宝暦7	1757	12月17日		44歳	前田直躬、勝手方御用仰せ付けられる（倹約方と兼任）
宝暦9	1759	4月10日		46歳	金沢で大火おこる（宝暦の大火）
		4月19日			前田直躬、中風発症
宝暦10	1760	4月1日		47歳	前田直躬、勝手方主附免除仰せ付けられる
宝暦11	1761	5月25日		48歳	前田直躬、人持組頭免除仰せ付けられる
宝暦12	1762	正月6日		49歳	前田直躬嫡子直方、角入・袖下留（15歳）

前田土佐守家主要年表④

和暦	西暦	月日	当代	当代年齢	主なできごと
宝暦13	1763	正月6日	直躬	50歳	前田直躬嫡子直方、前髪執（16歳）
		5月4日			前田直躬嫡子直方、新知2,500石拝領（16歳）
		12月26日			前田直躬、冷泉家に歌道入門する
宝暦14	1764	3月22日		51歳	前田直躬嫡子直方、仏殿・別当屋敷請取火消仰せ付けられる（17歳）
明和2	1765			52歳	前田直躬、河合見風とともに為広塚再建に尽力
明和3	1766	7月		53歳	前田直方（19歳）、芳春院150回忌法要の藩主代香として京都へ行く
明和8	1771	4月23日		58歳	10代藩主前田重教隠居し、前田治脩が11代藩主となる
安永元	1772	12月26日		59歳	前田直方（25歳）四男直養、前田土佐守家下屋敷にて誕生、母は側室るせ
安永3	1774	4月3日		61歳	前田直躬死去
		6月1日	直方	27歳	前田直方、家督相続、遺領11,000石を継ぐ
		7月1日			前田直方、月番・加判に任ぜられる
安永4	1775	5月24日		28歳	前田直方、勝手方主附仰せ付けられる
		8月19日			前田直方、勝手方御用主附指し除けられる
安永6	1777	5月15日		30歳	前田直方、人持組頭仰せ付けられる
		12月26日			前田直方、従五位下土佐守に叙爵される
					前田直方、この頃より脚気を患う
安永7	1778	4月29日		31歳	前田直方、勝手方御用主附仰せ付けられる
天明3	1783	正月15日		36歳	前田直方四男直養、初御目見（12歳）
天明4	1784	7月13日		37歳	前田直方、勝手方御用主附指し除けられる
天明5	1785	12月21日		38歳	前田直方四男直養、角入・袖下留（14歳）
天明6	1786	6月12日		39歳	10代藩主前田重教死去
天明7	1787	9月		40歳	前田直方、脚気治療のため山代温泉へ湯治に行く
天明8	1788	2月27日		41歳	前田直方、直養を参観に連れて行くことを藩主に願い、許可される
		3月6日			前田直方、参勤交代御供として江戸へ行く（直養とともに）
寛政元	1789	4月29日		42歳	前田直方、江戸より帰国
		9月2日			前田直方、月番、加判指し除けられる

前田土佐守家主要年表⑤

和暦	西暦	月日	当代	当代年齢	主なできごと
寛政2	1790	11月19日	直方	43歳	前田直方嫡子直諒死去
寛政3	1791	2月16日		44歳	前田直養、前田土佐守家の嫡子となる（20歳）
寛政4	1792	6月23日		45歳	前田直方、加賀藩武学校「経武館」の扁額を揮毫
		9月23日			前田直養（21歳）、奥村河内守尚寛娘蝶と婚礼
寛政6	1794	4月8日		47歳	前田直養長男直時、前田土佐守家上屋敷にて誕生、母は正室蝶
寛政7	1795	4月7日		48歳	前田直養次男常丸（のち直枝・前田貞事）誕生
寛政10	1798	2月3日		51歳	前田直養（27歳）、高徳院（藩祖前田利家）200回忌の拝礼許される
		7月6日			前田直養（27歳）、新知2,500石仰せ付けられる
		12月9日			前田直養長女英誕生
寛政11	1799	5月25日		52歳	前田直養、御仏殿・別当屋敷請取火消仰せ付けられる
寛政12	1800	2月7日		53歳	前田直養三男豊三郎（のち直棣・勝興寺住職広済）誕生
		2月28日			前田直養二女迪誕生
寛政13 享和元	1801	正月25日		54歳	前田直養（30歳）、月番・加判命じられる
		9月7日			前田直養（30歳）、江戸詰を命じられ江戸へ行く、8月24日金沢出発
享和2	1802	3月		55歳	11代藩主前田治脩隠居、12代藩主前田斉広へ家督を譲る
		5月4日			前田直養（31歳）、江戸詰終わり、4月22日江戸出発、金沢へ帰着
		7月			前田直養、天珠院（9代藩主前田重靖）50回忌法事奉行勤める
		11月			前田直養、寿光院（10代藩主前田重教夫人）逝去につき遺物拝領
享和3	1803	5月		56歳	前田直養（32歳）、麻疹を煩う
		12月10日			前田直養三女慶誕生
文化元	1804	9月		57歳	前田直養（33歳）、湿瘡をわずらう
文化2	1805	5月29日		58歳	前田直養死去、享年34
		5月29日			前田直時（12歳）、前田直方嫡孫となる

前田土佐守家主要年表⑥

和暦	西暦	月日	当代	当代年齢	主なできごと
文化3	1806	9月10日	直方	59歳	前田直方、月番、加判に再任される
文化4	1807	3月1日		60歳	前田直方嫡孫直時、初御目見（14歳）
文化5	1808	正月15日		61歳	金沢城二の丸御殿焼失
		12月15日			前田直方嫡孫直時、角入・袖下留、新知2,500石拝領（15歳）
文化7	1810	正月7日		63歳	隠居していた11代藩主前田治脩死去
		6月1日			前田直方、勝手方御用仰せ付けられる
		8月1日			前田直方嫡孫直時、仏殿・別当屋敷請取火消（17歳）
		12月15日			前田直方嫡孫直時、前髪執（17歳）
文化8	1811	2月2日		64歳	二ノ丸御殿再建、12代藩主前田斉広入国の規式能拝見
文化9	1812	5月4日		65歳	前田直方嫡孫直時、年寄見習仰せ付けられる（19歳）
		12月15日			前田直方隠居料2,000石拝領して隠居、嫡孫前田直時へ家督相続、
			直時	19歳	前田直時月番、加判仰せ付けられる
文化11	1814	3月		23歳	前田直時、疱瘡を患う
文化13	1816	4月		25歳	前田直時、有章院（7代将軍徳川家継）100回忌法事奉行勤める
		7月			前田直時、京都大徳寺にて芳春院まつ200回忌法事奉行勤める
		11月1日			前田直時、人持組頭仰せ付けられる
		11月			前田直方、嫡孫前田直時が従五位下土佐守に叙爵されるにつき、名乗りを土佐守から近江守へ変更する
		12月23日			前田直時、従五位下土佐守に叙爵される
文化14	1817	7月25日		26歳	前田直時、学校方惣奉行仰せ付けられる
文政元	1818	8月		27歳	前田直時、勝手方御用・産物方御用仰せ付けられる
文政2	1819	5月24日		28歳	前田直時、12代藩主前田斉広の隠居所造営主附仰せ付けられる
文政3	1820	3月1日		29歳	前田直時、勝手方御用指し除けられる
		10月12日			前田直時嫡子直良誕生、母は正室保

前田土佐守家主要年表⑦

和暦	西暦	月日	当代	当代年齢	主なできごと
文政4	1821	4月3日	直時	30歳	74歳の前田直方、孫の直時とともに12代藩主前田斉広より御能拝見仰せ付けられる
文政5	1822	8月26日		31歳	前田直時、12代藩主前田斉広より身附年寄仰せ付けの内意伝えられる、学校方惣奉行指し除けられる
		11月8日			正式に前田斉広の身附年寄に仰せ付けられる
		11月21日			12代藩主前田斉広隠居、13代前田斉泰襲封
		12月			12代藩主前田斉広、隠居所「竹沢御殿」に移る
文政6	1823	11月20日		32歳	前田直方死去　享年76
文政7	1824	7月12日		33歳	12代藩主前田斉広逝去、前田直時、斉広の葬儀主附勤める
文政10	1827	9月17日		36歳	前田直時、病気につき隠居を申し出、御用番指し除けられる
文政11	1828	8月10日		37歳	前田直時死去、翌12年正月前田直良遺領相続、奥村栄実が後見人となる
			直良	9歳	
天保6	1835	12月4日		16歳	前田直良元服
天保9	1838	閏4月13日		19歳	前田直良、加判仰せ付けられる
天保11	1840	5月13日		21歳	前田直良、月番仰せ付けられる
		9月1日			前田直良、人持組頭仰せ付けられる
天保12	1841	閏正月5日		22歳	前田直良長男直信誕生、翌日前田土佐守家家臣篠井家の養嫡子となる（篠井孫之進）
天保13	1842			23歳	奥村栄実娘嵒と婚礼
		9月28日			勝手方主附仰せ付けられる
天保14	1843	12月27日		24歳	前田直良、従五位下近江守に叙爵、奥村栄実死去（天保の改革終わる）
弘化2	1845	3月26日		26歳	前田直良、学校方惣奉行仰せ付けられる
弘化4	1847	8月24日		28歳	13代藩主前田斉泰八男静之介誕生
嘉永元	1848	1月		29歳	静之介（直会）、前田直良の嫡養子となる
嘉永2	1849			30歳	前田直良庶子直信（篠井孫之進）、家督相続して篠井家当主となる
嘉永3	1850			31歳	前田直良、翌春の参勤の供仰せ付けられる

前田土佐守家主要年表⑧

和暦	西暦	月日	当代	当代年齢	主なできごと
嘉永4	1851	4月6日	直良	32歳	前田直良、江戸にて死去、6月嫡子静之介（直会）家督相続
			直会	5歳	
嘉永6	1853	4月	直会	7歳	13代藩主前田斉泰能登巡検
		12月			鈴見村に銃砲鋳造場設ける
安政元	1854	8月		8歳	加賀藩、西洋流砲術教授の壮猶館を設立
安政3	1856	2月16日		10歳	前田直会死去
		4月8日	直信	16歳	前田直信、前田土佐守家に戻り家督相続
		11月16日			前田直信、従五位下土佐守に叙爵される
安政5	1858	5月11日		18歳	前田直信、人持組頭仰せ付けられる
安政6	1859	5月19日		19歳	前田直信、学校方惣奉行仰せ付けられる
万延元	1860	11月19日		20歳	前田直信、勝手方主附仰せ付けられる
文久元	1861	11月		21歳	前田直信、玉井銑と婚礼
文久2	1862	10月7日		22歳	前田直信、海防方主附仰せ付けられる
文久3	1863	2月～3月		23歳	前田直信、13代藩主前田斉泰上京の供奉
元治元	1864	7～8月		24歳	前田慶寧退京につき近江海津へ出張
		8月23日			前田慶寧・前田利嗣御用主附仰せ付けられる
慶応2	1866	4月4日		26歳	13代藩主前田斉泰隠居、14代藩主前田慶寧襲封
		9月7日			前田直信嫡子前田直行誕生　母は正室銑
慶応3	1867	6月		27歳	加賀藩の卯辰山開拓事業開始
		4月			北越戦争出兵
明治2	1869	8月		29歳	前田直信、金沢藩大参事に任命
明治3	1870	10月		30歳	前田直信、金沢藩大参事辞職
明治4	1871	8月		31歳	旧加賀藩主家14代前田慶寧、東京に移住
明治5	1872	9月		32歳	旧加賀藩主家13代前田斉泰、東京に移住
明治6	1873	3月14日		33歳	前田直信、尾山神社祠官任命
明治7	1874	5月		34歳	旧藩主前田家14代前田慶寧逝去
		7月			旧藩主前田家15代前田利嗣家督相続
明治8	1875	7月7日		35歳	前田直信、尾山神社祠官辞職
明治11	1878	3月13日	直行	13歳	前田直信嫡子前田直行家督相続
明治12	1879	9月15日		14歳	前田直信死去　享年39

前田土佐守家歴代当主一覧

当主		幼名・初名・通称等	諡	生没年	享年	家督相続	治世	その他・備考
家祖	前田利政	又若　孫四郎 利直　宗悦 宗西　利正	福昌院殿 前羽林怡伯 宗悦大居士	天正6年(1578)～ 寛永10年(1633) 7月14日	56	文禄2年(1593)～ 慶長5年(1600) 致仕	8	
2代	前田直之	政之　若丸 又若　利直 肥後 三左衛門	長安寺殿 大運徹道大 居士	慶長9年(1604) 3月9日～ 延宝2年(1674) 10月18日	71	元和元年(1615) 11月13日	60	万治2年(1659) 小松城代 年未詳 人持組頭
3代	前田直作	内匠　三吉 宇右衛門 備後	仏心院殿 別山良伝大 居士	寛永19年(1642) 2月2日～ 元禄2年(1689) 4月9日	48	延宝2年(1674) 12月26日	15	貞享3年(1686) 人持組頭
4代	前田直堅	九八郎　主税 近江守	万寿院殿 前朝散大夫 江州刺史鐵山 一条大居士	天和3年(1683) 5月17日～ 享保14年(1729) 8月9日	47	元禄2年(1689) 7月6日	41	
5代	前田直躬	直寛　主税 土佐守	超宗院殿 前朝散大夫 土州刺史劼翁 守心大居士	正徳4年(1714) 3月21日～ 安永3年(1774) 4月3日	61	享保14年(1729) 閏9月7日	45	
6代	前田直方	三次郎　九八 郎　内匠　三 左衛門　土佐 守　近江守	詠帰院殿 前朝散大夫 江州刺史九 霞柯亭大居 士	寛延元年(1748) 10月7日～ 文政6年(1823) 11月20日	76	安永3年(1774) 6月1日	39	文化9年(1812) 隠居
準代	前田直養	常丸　内匠助	孝順院殿 伯嶺元樹大 居士	安永元年(1772) 12月26日～ 文化2年(1805) 5月29日	35	寛政10年(1798) 7月6日年寄御用 見習		
7代	前田直時	常丸　主税 土佐守	万法院殿 前朝散大夫 江州刺史帰参 道一大居士	寛政6年(1794) 4月8日～ 文政11年(1828) 8月10日	37	文化9年(1812) 12月15日	17	
8代	前田直良	初丸　内匠 近江守	本学院殿 前朝散大夫 江州刺史達道 賢良大居士	文政3年(1820) 10月12日～ 嘉永4年(1851) 4月6日	32	文政11年(1828) 10月6日	24	
9代	前田直会	静之介	清寥院殿 香顔英俊大 居士	弘化4年(1847) 8月24日～ 安政3年(1856) 2月16日	10	嘉永4年(1851) 6月6日	6	
10代	前田直信	孫之進 三左衛門 土佐守	静安寺院殿 前朝散大夫 土州刺史賢叟 勇道大居士	天保12年(1841) 閏正月5日～ 明治12年(1879) 9月15日	39	安政3年(1856) 4月8日	23	明治11年(1878) 3月13日隠居
11代	前田直行	雅丸　蕃雄	雅相院殿 不昧直行大 居士	慶応2年(1866) 9月7日～ 昭和18年(1943) 3月10日	78	明治11年(1878) 3月13日	66	明治33年(1900) 5月男爵

前田土佐守家当主役職変遷一覧（八家固定化以降）

当主		和暦	西暦	月日	役職等
4代	前田直堅	元禄2年	1689	7月6日	相続（10,050石うち1,500石与力知）
		元禄9年	1696	8月14日	神護寺請取火消
		元禄15年	1702	4月25日	従五位下・諸大夫叙爵（近江守）
		元禄16年	1703	7月11日	年寄共席へ出座、大事の品加判（見習）
		宝永2年	1705	5月25日	人持組頭、950石加増（11,000石うち1,000石与力知）
		宝永3年	1706	11月15日	大老、加判、月番（神護寺請取火消御免）
		正徳4年	1714	8月	大老御免
		享保14年	1729	8月9日	死去
5代	前田直躬	享保10年	1725	8月28日	新知（2,500石うち500石与力知）
		享保14年	1729	5月10日	御宮請取火消
				閏9月7日	相続（11,000石うち1,000石与力知）
		享保15年	1730	8月1日	見習
				8月10日	御宮請取火消御免
		享保16年	1731	11月15日	加判、月番
				12月23日	従五位下・諸大夫叙爵（土佐守）
		元文5年	1740	7月1日	人持組頭
		延享元年	1744	7月10日	月番・加判御免
		宝暦6年	1756	10月12日	倹約方主附御用
		宝暦7年	1757	12月17日	勝手方御用
		宝暦10年	1760	4月2日	勝手方御用御免（病気に付）
		宝暦11年	1761	5月25日	人持組頭御免（病気に付）
		安永3年	1774	4月3日	死去
6代	前田直方	宝暦13年	1763	5月4日	新知（2,500石うち500石与力知）
		宝暦14年	1764	3月22日	御仏殿幷別当屋敷請取火消
		安永3年	1774	6月1日	相続（11,000石うち1,000石与力知）
				6月6日	見習
				7月1日	加判、月番（御仏殿幷別当屋敷請取火消御免）
		安永4年	1775	5月24日	勝手方御用主附
				8月19日	勝手方御用主附御免

前田土佐守家当主役職変遷一覧②

当主		和暦	西暦	月日	役職等
6代	前田直方	安永6年	1777	5月15日	人持組頭
				12月26日	従五位下・諸大夫叙爵（土佐守）
		安永7年	1778	4月29日	勝手方御用当分主附（藩主留守中）
		安永8年	1779	9月5日	勝手方御用主附（藩主帰国後）
		寛政元年	1789	9月2日	月番・加判・勝手方御用主附御免
		文化3年	1806	9月10日	月番、加判
		文化7年	1810	6月1日	勝手方御用
		文化9年	1812	12月15日	隠居
		文化13年	1816	11月28日	近江守に改める
		文政6年	1823	11月17日	死去
準代	前田直養	寛政10年	1798	7月6日	新知（2,500石うち500石与力知）
		寛政11年	1799	5月25日	御仏殿幷別当請取火消
		寛政12年	1800	2月1日	見習
		寛政13年	1801	正月21日	月番、加判（御仏殿幷別当屋敷請取火消御免）
		文化2年	1805	5月29日	死去
7代	前田直時	文化5年	1808	12月15日	新知（2,500石うち500石与力知）
		文化7年	1810	8月1日	御仏殿幷別当屋敷請取火消
		文化9年	1812	5月4日	見習
				12月15日	相続（11,000石うち1,000石与力知）、加判、月番（御仏殿幷別当屋敷請取火消御免）
		文化13年	1816	11月1日	人持組頭
				12月23日	従五位下・諸大夫叙爵（土佐守）
		文化14年	1817	7月25日	学校方惣奉行
		文政元年	1818	8月10日	勝手方御用
				8月19日	産物方御用
		文政2年	1819	5月24日	御用地造営方御用主附
		文政3年	1820	3月1日	勝手方御用御免
		文政5年	1822	11月8日	月番・学校方惣奉行御免（隠居後の斉広附になるため）
		文政7年	1824	10月18日	勝手方御用
		文政10年	1827	9月17日	月番御免（病気に付）
		文政11年	1828	8月10日	死去

前田土佐守家当主役職変遷一覧③

当主		和暦	西暦	月日	役職等
8代	前田直良	文政12年	1829	10月6日	相続（11,000石うち1,000石与力知）
				3月6日	御宮請取火消
		天保7年	1836	9月11日	見習
		天保9年	1838	閏4月13日	加判（御宮請取火消御免）
		天保11年	1840	5月13日	月番
				9月1日	人持組頭
		天保13年	1842	9月28日	勝手方御用
		天保14年	1843	12月27日	従五位下・諸大夫叙爵（近江守）
		弘化2年	1845		学校方惣奉行
		嘉永4年	1851	4月7日	死去
9代	前田直会	嘉永4年	1851	6月6日	相続（11,000石うち1,000石与力知）
		安政3年	1856	2月16日	死去
10代	前田直信	安政3年	1856	4月8日	相続（11,000石うち1,000石与力知）
				5月5日	御宮請取火消
				7月8日	見習（御宮請取火消は勤める）
				10月8日	加判
				12月16日	従五位下・諸大夫叙爵（土佐守）
		安政4年	1857	11月19日	月番
		安政5年	1858	5月11日	人持組頭
		安政6年	1859	5月19日	学校方惣奉行
		万延元年	1860	11月19日	勝手方御用
		文久2年	1862	10月7日	海防方主附
		元治元年	1864	8月18日	御守殿御用
				8月23日	筑前守様（のちの14代藩主慶寧）御用主附、多慶若様（慶寧嫡子利嗣）御用当分主附
		慶応3年	1867	4月4日	筑前守様御用主附・多慶若様御用当分主附御免（病気に付）、人持組頭・月番・加判は勤める

（註）1. 金沢市立玉川図書館近世史料館所蔵加越能文庫「金都柱石史」、同「前田家譜」、同「御礼次第」、同館所蔵奥村文庫「加藩熙康暦」、前田土佐守家資料館所蔵「前田土佐守家家譜幷諸事留」などにより作成。

2. 「準代 前田直養」の「準代」は、加賀藩の家中で用いられていた用語ではないが、前田土佐守家資料館では直養を当主に準じる位置づけとして、このように称している。

前田土佐守家歴代当主夫人一覧

当主		当主夫人名前		諡	生没年	夫人の父名前および身分等		生んだ子の数	その他・備考
家祖	利政	籍《せき》	正室	松雲院	?〜寛永13年(1636)4月4日	蒲生氏郷		女子4	
		煙《えん》		演暢院	?〜慶長19年(1614)5月14日	今村藤次郎		女子1	
		未詳		未詳	未詳	津田氏		女子1	
		未詳	嫡子直之生母	嶺雲院	?〜寛永3年(1626)12月2日	未詳		男子1	
2代	直之	寶《たか》	正室	寿昌院	寛永5年(1628)〜延宝3年(1675)12月12日	小幡長次	藩臣	女子1	別名くに、三代藩主前田利常養女となって嫁ぐ
		未詳	嫡子直作生母	未詳	未詳	未詳		男子1	
3代	直作	竹《たけ》	正室	慈芳院	慶安元年(1648)6月11日〜享保10年(1725)6月22日	本多政長	八家	男子1・女子1	三代藩主前田利常の外孫
		造酒《みき》	嫡子直堅生母	定操院	?〜貞享3年(1686)6月19日	長島了爾大夫		男子2	後に西源寺に嫁ぐ
		未詳		未詳	未詳	未詳		男子1・女子1	
4代	直堅	重《しげ》	正室	霊妙院	元禄3年(1690)〜宝永6年(1709)5月22日	前田貞親	人持		
		津手《つて》	嫡子直躬生母	清香院	?〜宝暦6年(1756)	土田氏		男子4・女子4	
		民《たみ》		未詳	未詳	半井氏		男子2・女子3	
		司馬《しば》		蓮華院	?〜正徳3年(1713)	豊島道徹		女子1	
		賀久《かく》		未詳	未詳	吉田氏		女子1	
		遊《ゆう》		未詳	未詳	吉田氏		女子1	
		とき		未詳	未詳	未詳		女子1	
		こい		未詳	未詳	未詳		男子2・女子3	
5代	直躬	律《りつ》	正室	自性院	享保2年(1717)8月17日〜宝暦元年(1751)正月晦日	前田貞直	人持		
		津瀬《つせ》		明蓉院	?〜寛政2年(1790)6月10日	舟山氏		男子2・女子3	前田直履・前田貞一生母
		たそ	嫡子直方生母	練光院	?〜寛延元年(1748)11月4日	高田伊左衛門		男子1	
		曹奴		未詳	未詳	橋本氏		男子1・女子2	
		つれ		蓮室院	?〜寛政7年(1795)9月22日	上杉氏	前田土佐守家家臣か	男子3・女子4	前田直起生母

前田土佐守家歴代当主夫人一覧②

当主		当主夫人名前		諡	生没年	夫人の父名前および身分等		生んだ子の数	その他・備考
5代	直躬	未詳		未詳	未詳	高橋氏	前田土佐守家家臣か	男子1	
		たを		未詳	未詳	広田氏	前田土佐守家家臣か	男子4・女子2	前田直賢 前田直昌生母
		陸《りく》		未詳	未詳	未詳		男子1	
6代	直方	匂《にお》	正室	匂鳳院	宝暦元年(1751)7月11日～天保6年(1835)4月25日	村井長穹養妹	八家	男子2・女子1	別名頼、前田孝資の娘、村井家養女として嫁ぐ
		留瀬《るせ》	嫡子直養生母	春峯院	？～天明3年(1783)3月9日	中吉忠左衛門		男子1・女子4	
		智恵《ちえ》		未詳	未詳	未詳		男子1	後に前田土佐守家家臣浅尾八十次に嫁ぐ
		るん		顕寿院	未詳	田島氏		女子1	
準代	直養	蝶《ちょう》	正室・嫡子直時生母	円寿院	安永8年(1779)～文化2年(1805)閏8月13日	奥村尚寛	八家	男子1・女子2	
		妙貞		未詳	未詳	内田氏	奥村家家臣	男子1・女子1	
7代	直時	保《やす》	正室・嫡子直良生母	法珠院	文化4年(1807)～嘉永2年(1849)12月12日	本多政礼	八家	男子1・女子1	本多政基の妹、政礼の養女となって嫁ぐ
8代	直良	嵒《いわ》	正室	本明院	文政12年(1829)4月4日～明治40年(1907)1月8日	奥村栄実	八家		
		米《よね》	嫡子直信生母	未詳	未詳	篠井権右衛門	前田土佐守家家臣	男子1	後に前田土佐守家家臣南保大六に嫁ぐ
9代	直会								
10代	直信	銑《せん》	正室・嫡子直行生母	静寿院	嘉永2年(1849)7月2日～昭和2年(1927)9月2日	玉井貞吉	人持	男子3・女子2	
		未詳	未詳	未詳	未詳	吉野氏	前田土佐守家家臣か	男子1	

前田土佐守家男子一覧

当主		男子の名前		諡	生没年月日	母の名前・出自等		幼名・初名・通称など	その他・備考
家祖	利政	直之《なおゆき》	長男	長安寺殿	慶長9年(1604)3月9日～延宝2年(1674)10月18日	未詳	未詳	利直　政之 肥後　三左衛門	前田土佐守家2代当主
2代	直之	直作《なおなり》	長男	仏心院	寛永19年(1642)2月2日～元禄2年(1689)4月9日	未詳	未詳	内匠　三吉 宇右衛門　備後	前田土佐守家3代当主
3代	直作	千吉《せんきち》	長男	南陽院	寛文3年(1663)6月8日～寛文12年(1672)閏6月2日	竹	本多政長娘		夭逝
		藤松《ふじまつ》	次男	香山春睡童子	寛文6年(1666)2月2日～寛文10年(1670)正月20日	造酒	永嶋了爾大夫娘		夭逝
		直堅《なおかた》	三男	万寿院	天和3年(1683)5月17日～享保14年(1729)8月9日	造酒	永嶋了爾大夫娘	九八郎　主税 近江守	前田土佐守家4代当主
		駒之助《こまのすけ》	四男	松雲釣寒童子	貞享2年(1685)3月20日～元禄3年(1690)10月8日	未詳	未詳		夭逝
4代	直堅	鶴之助《つるのすけ》	長男	紫雲院	正徳元年(1711)9月8日～12月8日	津手	土田氏娘		夭逝
		直躬《なおみ》	次男	超宗院	正徳4年(1714)3月21日～安永3年(1774)4月3日	津手	土田氏娘	直寛　主税 土佐守	前田土佐守家5代当主
		季陳《すえのぶ》	三男	賢良院	正徳5年(1715)12月4日～明和8年(1771)8月7日	津手	土田氏娘	門次郎　主殿助 市正	前田市正季隆の養子となる
		左膳《さぜん》	四男	知照院	享保2年(1717)5月7日～享保6年(1721)5月14日	民	半井氏娘		夭逝
		萬次郎《まんじろう》	五男	幽窓院	享保4年(1719)4月21日～享保6年(1721)5月16日	民	半井氏娘		夭逝
		友之助《とものすけ》	六男	樹林院	享保4年(1719)11月21日～享保6年(1721)5月18日	こい	未詳		夭逝
		直温《なおあつ》	七男	鐵心院	享保6年(1721)7月15日～宝暦4年(1754)正月24日	こい	未詳	他次郎　弾正	部屋住
		厚曹《あつおう》	八男	自牧斎蘭顔芳潤大居士	享保6年(1721)～文化2年(1805)3月12日	津手	土田氏娘	直易　直香 帯刀　梅之助 七左衛門　典膳	大音主馬厚固の養子となる
5代	直躬	直履《なおふみ》	長男	即心院	元文2年(1737)8月10日～寛延4年(1751)閏6月19日	津瀬	舟山氏娘	申之　三左衛門 三吉　主税	

前田土佐守家男子一覧②

当主		男子の名前		諡	生没年月日	母の名前・出自等		幼名・初名・通称など	その他・備考
5代	直躬	貞一《さだかず》	次男	養源院	寛保元年(1741)5月16日～文政8年(1825)2月3日	津瀬	舟山氏娘	喜十郎　又勝　良弼　図書	前田中務貞幹の養子となる
		直方《なおただ》	三男	詠帰院	寛延元年(1748)閏10月27日～文政6年(1823)11月20日	たう	高田氏娘	三次郎　九八郎　内匠　三左衛門　土佐守　近江守	前田土佐守家6代当主
		直央《なおひろ》	四男	全忠院	宝暦2年(1752)4月23日～文化2年(1805)7月15日	未詳	高橋氏娘	千三郎　木工　五郎左衛門　大学	分家2000石人持　前田直毅家家祖
		直孝《なおたか》	五男	潜龍院	宝暦2年(1752)12月25日～安永2年(1773)7月15日	たを	広田氏娘	平三郎　季五郎　左京	部屋住
		鍋吉《なべきち》	六男	楓林秋露童子	宝暦3年(1753)9月8日～18日	与女	上杉氏娘		夭逝
		六郎五郎《ろくろうごろう》	七男	心嶺智雲童子	宝暦4年(1754)5月2日～宝暦7年(1757)4月4日	たを	広田氏娘		夭逝
		直行《なおもち》	八男	乾光院	宝暦5年(1755)5月18日～文化2年(1805)8月晦日	曹奴	橋本氏娘	八丸　刑部　隼人	大野木舎人克成の養子となる
		直賢《なおまさ》	九男	浄心院	宝暦5年(1755)7月22日～天保8年(1837)4月21日	たを	広田氏娘	菊丸　掃部　源兵衛　率次郎	分家500石　大小将組
		密禮《やすひろ》	十男	積善院	宝暦7年(1757)正月26日～天保3年(1832)10月26日	陸	未詳	九十郎　数馬　監物　直成　常右衛門	本保十大夫婿養子
		未詳	十一男	覚夢童子	宝暦7年(1757)6月16日胎死	つれ	上杉氏娘		夭逝
		未詳	十二男	玉操童子	宝暦8年(1758)8月3日～同日	未詳	未詳		夭逝
		直起《なおき》	十三男	寔心院	宝暦12年(1762)5月13日～文政5年(1822)9月7日	つれ	上杉氏娘	弁十郎　玄蕃	部屋住
		直昌《なおまさ》	十四男	哲正院	明和元年(1764)9月20日～文政5年(1822)2月25日	たを	広田氏娘	豺十郎　頼母　雅楽助	部屋住
6代	直方	亥之助《いのすけ》	長男	知珊院	明和5年(1768)9月14日～明和7年(1770)7月13日	匂	村井長穹養妹		夭逝
		未詳	次男	玄琳童子	明和6年(1769)6月27日～28日	匂	村井長穹養妹		夭逝
		直諒《なおあきら》	三男	天真院	明和7年(1770)12月23日～寛政2年(1790)11月19日	智恵	未詳	九八郎　三左衛門	
		直養《なおやす》	四男	孝順院	安永元年(1772)12月26日～文化2年(1805)5月29日	留瀬	中吉忠左衛門娘	常丸　内匠助	前田土佐守家準代

前田土佐守家男子一覧③

当主		男子の名前		諡	生没年月日	母の名前・出自等		幼名・初名・通称など	その他・備考
準代	直養	直時《なおとき》	長男	万法院	寛政6年(1794)4月8日～文政11年(1828)8月10日	蝶	奥村尚寛娘	常丸　主税　土佐守	前田土佐守家7代当主
		貞事《さだたつ》	次男	篤誠院	寛政7年(1795)4月7日～嘉永6年(1853)9月26日	蝶	奥村尚寛娘	次丸　直枝　典膳　図書	前田中務貞道の養子となる
		直棣《なおとし》	三男	宝性院	寛政12年(1800)2月7日～万延元年(1860)10月4日	妙貞	内田氏娘	豊三郎　内記　主鈴	高岡勝興寺住職広済
7代	直時	直良《なおさだ》	長男	本学院	文政3年(1820)10月12日～嘉永4年(1851)4月6日	蝶	本多政礼娘	初丸　内匠　近江守	前田土佐守家8代当主
8代	直良	直信《なおのぶ》	長男	静安寺院	天保12年(1841)閏正月5日～明治12年(1879)9月15日		篠井氏娘	孫之進　三左衛門	
9代	直会								
10代	直信	信兆《のぶかつ》	長男	誠忠院	文久元年(1861)9月8日～大正8年(1919)12月29日	未詳	吉野氏娘	孫八郎	分家
		未詳	次男	桃蕚微笑童子	元治2年(1865)3月4日胎死	銑	玉井貞吉娘		夭逝
		直行《なおつら》	三男	雅相院	慶応2年(1866)9月7日～昭和18年(1943)3月10日	銑	玉井貞吉娘	雅丸	前田土佐守家11代当主

前田土佐守家女子一覧（夭逝した女子は除く）

当主		女子の名前		諱		母の名前･出自等		嫁ぎ先	その他・備考
家祖	利政	種《たね》	長女	理性院	慶長7年（1602）～万治4年（1661）3月14日	籍	蒲生氏郷娘	角倉与右衛門（商人）	
		松《まつ》	二女	長昌院	慶長9年（1604）～延宝8年（1680）9月10日	煙	今村藤次郎娘	四辻公理（公家）	三代加賀藩主前田利常より化粧田賜る
		習《しげ》	三女	月光院	慶長11年（1606）～寛永9年（1632）4月15日	籍	蒲生氏郷娘	竹屋光長（公家）	三代加賀藩主前田利常養女となって嫁ぐ
		鐘《かね》	四女	仏寿院	慶長13年（1608）5月21日～延宝4年（1676）10月1日	籍	蒲生氏郷娘	奥野氏次（加賀藩士）	三代加賀藩主前田利常より化粧田賜る
		胡南《こなん》	五女	見性院	慶長13年（1608）2月12日～慶安4年（1651）正月22日	未詳	津田氏	神谷元易（大聖寺藩士）	
		豪《ごう》	六女	嶺久院	慶長17年（1612）9月15日～寛永13年（1636）6月29日	籍	蒲生氏郷娘	岡島元陳（加賀藩士）	藩祖前田利家七女千世の養女となって嫁ぐ
2代	直之	亀《かめ》	長女		？～承応元年（1652）正月5日	寶（邦）	小幡長次娘	前田寄孝（加賀藩士、3000石）	
3代	直作	梅《うめ》	長女	宝月院	寛文6年（1666）5月24日～延宝8年（1680）閏8月26日	竹	本多政長娘	村井親長（八家）	
		貞《さだ》	二女	浄智院	貞享3年（1686）正月18日～正徳5年（1715）正月12日	未詳		本多政質（八家）	
4代	直堅	千《せん》	二女	涼桂院	正徳元年（1711）10月20日～寛延元年（1748）9月10日	司馬	豊島道徹娘	多賀方清（人持、5000石）	
		充《みつ》	四女	涼窓院	正徳2年（1712）11月26日～明和5年（1768）4月晦日	賀久	吉田氏娘	篠原幸昭（人持、4000石）	
		亀《かめ》	六女	円明院	正徳3年（1713）9月25日～寛延4年（1751）6月25日	遊	吉田氏娘	本多政昌（八家）	本多政質の養女となって嫁ぐ
		熾盂《しゅう》	十女	天真院	享保2年（1717）6月22日～宝暦11年（1761）7月17日	こい	未詳	神谷守周（加賀藩士、1000石）	
		政《まさ》	十三女	心月院	享保3年（1718）閏10月3日～寛保3年（1743）8月20日	津手	土田氏娘	大音厚固（人持、4300石）	
5代	直躬	金《かね》	二女	仙寿院	延享4年（1747）2月3日～明和9年（1772）正月29日	津瀬	舟山氏娘	奥村栄輇（八家）	
		瓊《たま》	三女	月窓院	寛延元年（1748）9月16日～明和6年（1769）9月2日	津瀬	舟山氏娘	前田恒箇（人持、3700石）	

前田土佐守家女子一覧②

当主		女子の名前		諱		母の名前・出自等		嫁ぎ先	その他・備考
5代	直躬	都喜《とき》	四女	梅寿院	寛延3年(1750)正月13日～文化15年(1818)2月3日	曹奴	橋本氏娘	織田益方(人持、3000石)	
		長《ひさ》	五女	法珠院	寛延4年(1751)10月17日～寛政9年(1797)11月19日	曹奴	橋本氏娘	永井正慶(人持、2500石)	
		敏《たつ》	六女	春霄院	宝暦元年(1751)11月12日～明和6年(1769)正月29日	つれ	上杉氏娘	小幡安久(人持、2000石)	嫁ぐ前に亡くなる
		鏗《こう》	七女	梅窓院	宝暦5年(1755)2月11日～文政11年(1828)10月晦日	与女	上杉氏娘	石清水八幡宮新善法寺周清	
		信《もち》	九女	真了院	宝暦6年(1756)12月12日～安永8年(1779)8月晦日	たを	広田氏娘	有賀直一(人持、1600石)	
		疇《かず》	十女	唯常院	宝暦8年(1758)正月14日～文化5年(1808)6月3日	たを	広田氏娘	小幡安久(人持、2000石)	直躬六女敏の死去にともない嫁ぐ
6代	直方	椿《しゅん》	長女	仙窓院	明和5年(1768)9月15日～天明6年(1786)12月2日	留瀬	中吉忠左衛門娘	成瀬正路(人持、2500石)	
		盈《あり》	三女	保性院	安永5年(1776)3月27日～嘉永4年(1851)12月1日	留瀬	中吉忠左衛門娘	前田知周(人持、6000石)	
		熊《ゆう》	五女	熊勢院	天明2年(1782)4月12日～嘉永元年(1848)9月2日	留瀬	中吉忠左衛門娘	村井長世(八家)	
準代	直養	英《ひで》	長女	真鏡院	寛政10年(1798)12月9日～天保4年(1833)6月23日	妙貞	内田氏娘	大野木克誠(人持、1650石)	
		迪《ふみ》	二女	長浩院	寛政12年(1800)2月28日～天保7年(1836)6月15日	蝶	奥村尚寛娘	村井長道(八家)	
10代	直信	重《しげ》	二女		明治元年(1868)4月4日～昭和20年(1945)1月3日	銕	玉井貞吉娘	今井省三	明治18年結婚

(註)「前田土佐守家主要年表」「前田土佐守家歴代当主一覧」「前田土佐守家歴代当主夫人一覧」「前田土佐守家男子一覧」「前田土佐守家女子一覧」は、すべて「前田土佐守家家譜」(前田土佐守家文書 家政84～100)に依拠して作成。

延宝2年（1674）前田土佐守家家臣一覧

	氏名	禄高		身分・その他
1	浅井左内	250石		
2	桜井伝太夫	150石		
3	矢田六郎左衛門	150石		
4	桜井六佑	150石		延宝3年10月19日与力になる
5	平田瀬兵衛	150石		
6	浅尾文左衛門	150石		
7	安村勘右衛門	150石		暇
8	柳沢源兵衛	120石		
9	中村助三郎	100石		延宝3年10月19日与力になる
10	土谷甚十郎	100石		延宝3年10月19日与力になる
11	山本儀兵衛	100石		延宝3年10月19日与力になる
12	馬場次郎左衛門	100石		延宝3年10月19日与力になる
13	大塩六左衛門	100石		
14	生沼吉兵衛	100石		
15	生駒権右衛門	100石		延宝3年10月19日与力になる
16	増戸平助	100石		
17	日比勘左衛門	100石		
18	野口勘六	100石		
19	石黒権左衛門	100石		
20	青木助八	100石		
21	丹羽覚丞	100石		暇
22	河合平四郎	100石		
23	青木伝三郎	70石		
24	間渕弥一郎	70石		
25	平野助丞	50石		
26	今村藤右衛門	25俵1斗	7人扶持	
27	浅井久兵衛	25俵		
28	矢田七兵衛	27俵	2人扶持	中小将
29	柳沢源六	23俵	3人扶持	中小将
30	駒井心休	20俵	3人扶持	茶堂、暇、
31	山田仁休	13俵		つら扶持、他銀40目
32	明石彦四郎	12俵		大小姓
33	嶋田左助	26俵	2人扶持	大小姓
34	西郡八左衛門	25俵	2人扶持	大小姓
35	河村新右衛門	16俵	2人扶持	大小姓
36	安達五兵衛	25俵	2人扶持	代官
37	山本理左衛門	17俵	2人扶持	小者才許
38	坂井長兵衛	18俵	2人扶持	大小姓
39	伊藤又右衛門	30俵	2人扶持	料理人
40	近藤七郎右衛門	22俵	2人扶持	料理人
41	坪内小右衛門	15俵	2人扶持	料理人
42	来間庄八	15俵	2人扶持	中小将

	氏名	禄高		身分・その他
43	湯浅伝兵衛	15俵	2人扶持	中小将
44	山川治兵衛	23俵	2人扶持	算用者
45	大矢次郎右衛門	28俵	3人扶持	大工
46	岡田庄兵衛	20俵	3人扶持	大工
47	桑原弥左衛門	18俵	2人扶持	小者下行
48	室田儀右衛門	25俵	2人扶持	鷹師
49	平尾久太郎	650目	2人扶持	近習、中小姓、外にしきらせ
50	浅尾清三郎	500目	2人扶持	近習、中小姓
51	駒沢庄太夫	360目	2人扶持	近習、中小姓、内80目は母の扶持
52	笹井孫之進	200目	2人扶持	近習、中小姓
53	富地勘七郎	180目	2人扶持	近習、中小姓
54	来間豊太夫	150目	2人扶持	近習、中小姓
55	矢田十三郎	100目		小姓、外しきらせ
56	大野小斎	260目	つら扶持	
57	浅尾儀左衛門	150目	2人扶持	中小姓
58	山本伝七	150目	2人扶持	中小姓
59	沢平佑	180目	2人扶持	大小姓
60	高橋源右衛門	290目	2人扶持	大小姓
61	飯嶋小左衛門	180目	2人扶持	大小姓
62	嶋田太兵衛	230目	2人扶持	大小姓
63	溝江甚五左衛門	200目	2人扶持	大小姓
64	伊藤忠右衛門	180目	2人扶持	大小姓
65	山田源助	180目	2人扶持	大小姓
66	松本半左衛門	180目	2人扶持	大小姓
67	吉田儀右衛門	170目	2人扶持	大小姓
68	野口十郎右衛門	170目	2人扶持	大小姓
69	田中彦兵衛	200目	2人扶持	足軽
70	駒沢四郎右衛門	140目	2人扶持	足軽
71	湯浅茂左衛門	140目	2人扶持	足軽
72	大村覚右衛門	140目	2人扶持	足軽
73	安田次郎兵衛	140目	2人扶持	足軽
74	中村次郎右衛門	140目	2人扶持	足軽
75	下田平左衛門	170目	2人扶持	足軽
76	三輪伝助	140目	2人扶持	足軽
77	河波兵右衛門	150目	2人扶持	足軽
78	直海太左衛門	130目	2人扶持	足軽
79	青嶋与四右衛門	160目	2人扶持	足軽
80	鏑木喜右衛門	140目	2人扶持	足軽
81	田中市左衛門	130目	2人扶持	足軽
82	田中仁兵衛	120目	つら扶持	足軽
83	舟窪七兵衛	120目	つら扶持	足軽
84	吉川小兵衛	140目	つら扶持	足軽
85	河村徳右衛門	240目	つら扶持	足軽
86	久賀	100目	つら扶持	掃除坊主

	氏名	禄高		身分・その他
87	林斎	100目	つら扶持	掃除坊主
88	雲斎	100目	つら扶持	掃除坊主
89	六蔵	170目	2人扶持	草履取
90	喜之助	130目	つら扶持	草履取
91	半助	120目	つら扶持	草履取
92	九郎助	70目	つら扶持	草履取
93	覚蔵	60目	つら扶持	草履取
94	与次右衛門	140目	つら扶持	道具持
95	新兵衛	110目	つら扶持	道具持
96	与作	95目	1人半扶持	乗物かき
97	久助	95目	1人半扶持	乗物かき
98	九右衛門	95目	1人半扶持	乗物かき
99	久内	95目	1人半扶持	乗物かき
100	覚内	95目	つら扶持	挟箱持
101	七助	95目	つら扶持	馬捕
102	宗助	130目	つら扶持	馬捕
103	次郎右衛門	110目	つら扶持	馬捕
104	八兵衛	110目	つら扶持	馬捕
105	徳右衛門	100目	つら扶持	馬捕
106	新右衛門	100目	つら扶持	馬捕
107	宗左衛門	130目	2人扶持内一人指引	石切
108	茂左衛門	100目	2人扶持内一人指引	石切
109	少左衛門	110目	2人扶持内一人指引	小者
110	作蔵	105目	2人扶持内一人指引	小者
111	久助	105目	2人扶持内一人指引	小者
112	五郎兵衛	105目	2人扶持内一人指引	小者
113	九右衛門	105目	2人扶持内一人指引	小者
114	市右衛門	105目	2人扶持内一人指引	小者
115	五郎右衛門	110目	2人扶持内一人指引	小者
116	吉右衛門	110目	2人扶持内一人指引	小者
117	長右衛門	110目	2人扶持内一人指引	小者
118	長兵衛	110目	2人扶持内一人指引	小者
119	加右衛門	110目	2人扶持内一人指引	小者
120	作右衛門	100目	2人扶持内一人指引	小者
121	久右衛門	100目	2人扶持内一人指引	小者綱指
122	仁右衛門	100目	2人扶持内一人指引	小者
123	孫助	105目	2人扶持内一人指引	小者
124	六兵衛	100目	2人扶持内一人指引	小者
125	又助	100目	2人扶持内一人指引	小者
126	竹右衛門	100目	2人扶持内一人指引	小者
127	五右衛門	100目	2人扶持内一人指引	小者
128	弥右衛門	110目	2人扶持内一人指引	小者
129	次郎助	110目	2人扶持内一人指引	小者
130	太右衛門	105目	2人扶持内一人指引	小者

	氏名	禄高		身分・その他
131	徳兵衛	105目	2人扶持内一人指引	小者
132	五助	105目	2人扶持内一人指引	小者
133	孫兵衛	110目	2人扶持内一人指引	小者綱指
134	仁右衛門	80目	つら扶持	荒子
135	彦兵衛	60目	1人半扶持	荒子
136	弥兵衛	60目	1人半扶持	荒子
137	少助	80目	1人半扶持	荒子
138	彦助	80目	1人半扶持	荒子
139	太郎兵衛	90目	つら扶持	板前
140	吉兵衛	90目	2人扶持内一人指引	竹島亭番人
141	与助	60目	1人半扶持	竹島亭弁当所門番
142	長助	70目	つら扶持	当地屋敷門番
143	又助	65目	つら扶持	当地屋敷裏夜番拍子木打
144	孫助	65目	つら扶持	当地屋敷裏夜番拍子木打
145	孫右衛門	48目	1人半扶持	当地下屋敷番人
	女7、8人			寿昌院召仕

（註）前田土佐守家文書 家政595にもとづき作成。

文政8年（1825）前田土佐守家家臣一覧

	宗旨	檀那寺	氏名	年齢	妻	男子 ()内は年齢	女子	父	母	その他家族	小者	下女	居宅
1	禅	浄住寺	浅井平左衛門	52	○	3(26, 12, 5)	2				1	1	下屋敷
2	日蓮	承證寺	今村清右衛門	62	○	1(27)				嫡子妻	1	1	下屋敷
3	浄土	了願寺	矢田源五右衛門	51		2(23, 16)	1				1	1	下屋敷
4	禅	浄住寺	生沼甚左衛門	57	○	1(15)					1		下屋敷
5	浄土	大蓮寺	桜井伝太夫	61	○	1(23)					1		下屋敷
6	一向	照台寺	本間波江	35	○	2(15, 8)					1	1	犀川十三間町 紺屋源二郎方借宅
7	日蓮	常栄寺	山口半兵衛	64	○	1(25)				せがれ妻、子1 同居人2(半井準吉・市川経平)			下屋敷
8	禅	浄住寺	生沼作左衛門	39	○		1	○	○	姉1		1	下屋敷
9	禅	融山院	野口安右衛門	49	○	1(12)	1		養		1	1	下屋敷
10	一向	浄光寺	田中数右衛門	44	○	1(20)	1					1	下屋敷
11	日蓮	実成寺	篠井孫左衛門	36				○		若党1	1	1	下屋敷
12	禅	久昌寺	柳沢弥兵衛	33	○	1(8)	2		○		1	1	下屋敷
13	浄土	成学寺	馬淵与右衛門	53	○	1(30)	2		○	嫡子妻、子1	1		下屋敷
14	日蓮	実成寺	篠井権右衛門	32	○	1(18)	1		○			1	下屋敷
15	禅	高岩寺	永嶋了都	33	○		1	○	○	弟1、妹2	1		下屋敷
16	浄土	法船寺	国分長太夫	47	○	4(25, 10, 5, 2)	1					1	堀川丁定番歩 中島壮兵衛方同居
17	禅	龍雲寺	土屋円九郎	27					○				新竪町二丁目 のとや孫兵衛方借宅
18	日蓮	常福寺	土田朝之丞	45	○	1(18)	2					1	下屋敷
19	禅	高岩寺	駒沢八兵衛	19				養		養父留守居女1		1	下屋敷
20	浄土	法船寺	高橋門内	26					○	弟1			下屋敷
21	日蓮	立像寺	箕浦七之丞	23	○				養				下屋敷
22	禅	瑞光寺	大塩権之助	24									前田権佐様御家中 実兄矢嶋八右衛門 方同居
23	禅	浄住寺	河村観兵衛	34		1(17)			養	姉1		1	下屋敷
24	一向	願祢寺	長田三郎兵衛	39	○	1(2)			○	弟1（32）		1	下屋敷
25	禅	宗徳寺	横井寿伯	40	○	4(21, 17, 15, 5)				妹1		1	桶丁 越前屋文右衛門方 借宅医者
26	日蓮	蓮華寺	永嶋源五郎	47	○	1(18)	1			嫡子妻、孫1		1	下屋敷
27	日蓮	蓮覚寺	土屋進五左衛門	42	○	1(1)	2		○				下屋敷
28	一向	乗善寺	七尾銅次郎	46			1			白尾庄左衛門後家・娘1		1	宗半町定番馬廻組 斉藤金五郎殿方借 地儒者

	宗旨	檀那寺	氏名	年齢	妻	男子 ()内は年齢	女子	父	母	その他家族	小者	下女	居宅
29	一向	聖興寺	石浦桂庵	44	○							1	三社町 実父厚地一得斉方同居医者
30	一向	養楽寺	遠田元準	45	○	3(21, 4, 2)	2			横井柳元(次男16)・妹	1	3	下屋敷 医者
31	日蓮	法光寺	浅尾儀左衛門	56	○	2(15, 10)	2			留田左膳妹			下屋敷
32	日蓮	本行寺	内本頼母	36	○								下屋敷
33	一向	超願寺	河村三郎兵衛	32	○	2			○				浅野下川除町
34	一向	真教寺	岡野友輔	36	○	1(10)	1		○		1	1	南町 畳屋九郎兵衛方同居儒者
35	禅	桃雲寺	青山権之丞	31						妹1			堀川間ノ町
36	日蓮	本法寺	高瀬右仲	39	○			養					清水町
37	禅	太岩寺	半井準吉	21									実父山口半兵衛方
38	浄土		吉田忠蔵	41	○	2(14, 2)	3						下屋敷
39	日蓮	妙泰寺	清水新左衛門	63	○	1(21)	1						木ノ新保割場組屋敷
40	一向	上宮寺	片山他見之助	21					養			1	下屋敷養母は奥女中
41	一向	等雲寺	松島伝兵衛	30	○	1(2)			養				下屋敷養母は奥女中
42	日蓮	本行寺	垣本木太郎	24					養				三社垣根町
43	一向	等雲寺	松岡貞助	34	○			養	養				犀川下川除町
44	一向	慶覚寺	村田順之助	29									岩根町御細工人 西村作兵衛方同居
45	日蓮	本長寺	上杉半之進	26									新竪町四丁目
46	一向	西方寺	大西郡蔵	50									塩屋町禅蕃様御家来 井村与兵衛方同居
47	禅	少林寺	近藤千風	43									居宅泉野寺町真長寺門前 能登屋小太郎方同居
48	一向	長願寺	三河得円	55		1(13)	1			勝手女			下屋敷
49	一向	祇徳寺	皆川忠次郎	33					養				明王院門前
50	一向	智覚寺	堀　津右衛門	46	○	1	1			養妹			大工町
51	禅	献珠寺	中村金八郎	18									下屋敷
52	禅	龍国寺	西坂左近	20					養	姉1、妹2			下屋敷
53	一向	慶覚寺	梅沢備多里	41					○				居宅新竪町四丁目
54	浄土	了願寺	岡嶋慎吾	49	○		2						下屋敷
55	日蓮	妙典寺	田中作兵衛	42	○		1						野田寺町
56	一向	智覚寺	玉越還右衛門	55	○								裏伝馬町
57	一向	浄照寺	大原吉太夫	28	○				○				堀川間ノ町
58	一向	東末寺	小泉丸左衛門	58	○	2(16, 5)	2						図書町
59	一向	慶覚寺	北橋小左衛門	63	○	1(24)							新竪町一丁目
60	一向	浄行寺	作村算次	45					○	姉1、妹1			木ノ新保荒町
61	一向	徳龍寺	青木真澄	58	○								犀川馬場先
62	一向	光専寺	嶋田清蔵	47	○	3(17, 10, 7)	3						藺田町

	宗旨	檀那寺	氏名	年齢	妻	男子 ()内は年齢	女子	父	母	その他家族	小者	下女	居宅
63	一向	照円寺	広田範次	52		1(25)	2						下屋敷
64	一向	浄光寺	早田弥作	32	○				継				木ノ新保須田町
65	禅	真行寺	山本甚作	54	○		2	○					泉野林町
66	一向	等雲寺	太田六左衛門	68	○							1	浅野川下伝馬町
67	一向	西源寺	中村藤六	47			1					1	大衆免井波町
68	一向	乗善寺	下田勘次郎	14					○	妹1			安江町 孀のふ方借宅
69	禅	久昌寺	桐生佐次兵衛	32									木倉町 瀬戸屋孀むめ方同居
70	一向	広済寺	井波唐弥	56	○	1(18)	3						堀川間ノ町
71	禅	放生寺	西村多門	39									中橋町 河合屋与三兵衛方同居
72	日蓮	妙成寺	原万吉	43	○	1(3)	2						堀川間町
73	一向	専光寺	松本篋次	48	○	3(15, 10, 10)	2	○		妹2			犀川中川除町
74	日蓮	善證寺	桑原弥九郎	30						妹1			三社河岸仙石内匠殿家来 吉沢虎三郎方借宅
75	日蓮	承證寺	福島庄兵衛	49	○								折違町
76	一向	慶覚寺	梅沢次助		○								石坂町
77	一向	善福寺	吉野彦四郎	52	○		2						小立野天徳院門前
78	一向	専光寺	西崎伊三次	32	○	1(3)	1						下浅野町
79	一向	善照坊	福　幸沢	46									柳町 福光屋太助方同居
80	一向	瑞泉寺	松田孫六	40	○	1(12)	2						居宅木ノ新保糸倉町
81	一向	智覚寺	太田正市	18									谷町 実父若松宗平方同居
82	一向	祇徳寺	松本美太夫	50	○	1(19)	2						犀川中川除町
83	日蓮	妙応寺	浅井清助	66	○		2						森山町
84	禅	龍源寺	長沖市兵衛	70	○		2			同居人長沖屋仕平			中橋町
85	一向	慶覚寺	戸水登弥多	39		1(16)	2						下屋敷
86	日蓮	真成寺	高尾佐十郎	43						厄介人娘1、同居人1同居人妻1			居宅石浦町
87	一向	蓮福寺	石垣与三太郎	32	○		1			妹1			卯辰八幡町 越中屋清助方同居
88	一向	正福寺	奥田与太夫	65	○								幸町玄光院前組屋敷之内 伊藤与四郎方同居
89	一向	西源寺	笹田和助	53	○	1(19)		養	養	同居人1			犀川川除町
90	日蓮	承證寺	福嶋巨八	36					継				小立野波着寺門前
91	一向	慶覚寺	山田源左衛門	52	○	2(13, 4)	1		○	妹1			下屋敷
92	一向	光専寺	三浦喜助	58	○								木ノ新保新町

	宗旨	檀那寺	氏名	年齢	妻	男子 ( )内は年齢	女子	父	母	その他家族	小者	下女	居宅
93	一向	円長寺	野崎与三太夫	58	○	1(15)							小立野二十人町 割場御足軽 吉田一郎左衛門方 同居
94	一向	専光寺	中西雷蔵	55	○	1(4)	1						堀川渕上町 神谷内屋佐平方同居
95	日蓮	蓮覚寺	木村金太郎	20						厄介人娘1			居宅宗禅寺前田伴 四郎殿家来 安達藤左衛門方同居
96	一向	広済寺	葛葉伊助	48	○	1(14)				同居人1、 同居人妻1、 同居人娘1			大樋町
97	一向	善照坊	桜井長左衛門	33	○	1(3)							居宅泉町
98	一向	専光寺	河村藤吉郎	34									居宅木ノ新保片原町
99	一向	瑞泉寺	山田弥助	44	○	2(8, 5)	1						下屋敷
100	一向	本誓寺	今村純右衛門	41	○	1(8)							法船寺町 鶴屋九右衛門方借宅
101	一向	光専寺	松永宗兵衛	17					継	妹1			宝円寺前 越中屋九八方同居
102	浄土	大連寺	牧　忠蔵	37				○	○				浅野奥出町
103	一向	道林寺	石黒頓太夫	21					○	妹1			石坂河岸
104	一向	善照坊	浅田千之助	20									天神町御弓師足軽 小泉市左衛門方同居
105	浄土	法船寺	水江弥右衛門	28						養祖母、妹1			犀川川除町 種屋喜兵衛方同居
106	一向	祇徳寺	福嶋儀八	58	○	2(32, 20)				同居人油屋 乙吉			吹上町
107	日蓮	本覚寺	藤村太助	45	○	1(3)							高岡町 加藤余所之助殿方 同居
108	一向	照覚寺	小川平吉	44	○								浅ノ水車町
109	一向	光教寺	藤原小三郎	36	○	2(6, 3)							三社祇徳寺前
110	一向	本浄寺	中田助八	37	○	1(9)	1		養				芦中町
111	一向	西福寺	田中専作	21					○	妹3			六枚町 田中屋長兵衛方同居
112	一向	名願寺	杉本庄助	21					○				三社垣根町 津田平左衛門殿家来 吉川庄左衛門方同居
113	一向	浄誓寺	野沢甚右衛門	25				養	養				長田町
114	一向	蓮福寺	平田万吉	20					○	弟2、姉1、 妹1			浅野吹屋町
115	一向	永昌寺	村越鑑左衛門	30					○	弟1			浅野奥出町
116	一向	妙法寺	丸木千株	12						祖母（御屋 敷勤）			大工町 丸屋佐兵衛方同居
117	禅	久昌寺	木村徳三郎	23					継	厄介人おば 1、いとこ1			芦中町
118	一向	乗光寺	友田半左衛門	34			1						木倉町 瀬戸屋孀むめ方同居

	宗旨	檀那寺	氏名	年齢	妻	男子 ( )内は年齢	女子	父	母	その他家族	小者	下女	居宅
119	一向	西源寺	横地意川	11					○	弟1、姉1			大豆田町 御供田屋仁兵衛方同居
120	一向	願念寺	普嶋市十郎	21					○	弟1、姉1、妹1			下屋敷
121	一向	専光寺	能瀬清斉	12					○	弟2、姉1、妹1			三社町 泉与三右衛門方同居
122	一向	聖興寺	大嶋余所八	36	○	1(3)			継	弟			堀川渕上町 若松屋孫助方同居
123	一向	光教寺	塚崎林蔵	39	○	1(5)							犀川川上新町二丁目 森屋又三郎方同居
124	一向	勝光寺	木村小平次	55	○								白銀丁 小松屋十蔵方同居
125	一向	勝満寺	別所権四郎	55	○	2	1						小立野土取場
126	一向	因徳寺	村田善助	55	○	1(19)							新村
127	一向	光専寺	内田惣助	55	○	4(30, 21, 18, 15)				嫡子妻			割出村
128	日蓮	昌柳寺	福田理右衛門	60		1(30)	1			嫡子妻、孫1			沼田町
129	一向	瑞泉寺	岩崎清兵衛	44	○	2(11, 8)							裏金谷町 越中屋元吉方同居
130	一向	蓮福寺	井上彦右衛門	49	○	1(3)	1						浅野川川除町
131	一向	西源寺	中村宇八	39	○	1(4)							浅野川上田町
132	一向	光専寺	井上市右衛門	37	○				○				折違町越中屋市右衛門方同居
133	一向	本誓寺	野村庄八	24					○	弟1			新村
134	一向	円長寺	黒田喜右衛門	30	○		2			妹1			木ノ新保厩町
135	一向	惣善寺	犀川勘右衛門	58	○	2(23, 11)	1						犀川川上新町
136	一向	光専寺	小嶋平右衛門	59	○	1(9)	2						小坂村
137	一向	等雲寺	舘　久蔵	29	○	1(4)	1		○				居宅浅野川川除町
138	一向	光専寺	江村仁右衛門	47	○	3(11, 8, 5)	2						諸江村
139	一向	善徳寺	宮崎武右衛門	52	○	1(3)	1		○				小立野一本松
140	浄土	弘願寺	小野又右衛門	61	○	1(10)	2						犀川川上中野町
141	一向	浄福寺	藤村市郎右衛門	44	○	1(7)							堀川町 一ノ瀬屋常次郎方借家
142	一向	西源寺	中村半右衛門	76	○	2(9, 3)							田町新道
143	一向	慶覚寺	長村五右衛門	35	○		1						御家中 中村金八郎殿方屋守
144	一向	祇徳寺	松本吉兵衛	40	○		2		養				浅野川下川除町
145	一向	林幽寺	岩田沢右衛門	34					○	妹			犀川川上藤棚
146	一向	光教寺	高松又八	64	○	2(20, 12)							浅野川主計町
147	浄土	大円寺	藤江平助	37	○		1						犀川川上松本町
148	一向	柳西寺	浅野丈助	36	○	1(8)	1						小立野上野町
149	一向	超願寺	杉村長兵衛	66	○		3						鍛冶町

	宗旨	檀那寺	氏名	年齢	妻	男子 ( )内は年齢	女子	父	母	その他家族	小者	下女	居宅
150	日蓮	妙玄寺	北島与三兵衛	37	○								三社町九折
151	一向	乗光寺	若松宗平	48	○	6(19, 13, 10, 8, 6, 4)				同居人1			谷町
152	一向	敬栄寺	沢田喜兵衛	51	○	3(19, 16, 14)	2						居宅御供田村
153	一向	名願寺	市嶋長蔵	43	○		2						犀川川上新町
154	一向	本誓寺	岡村金右衛門	36	○			養					犀川上壁屋町
155	一向	徳栄寺	泉　与三右衛門	55	○	1(21)				同居人4、妹1、姉1			三社町
156	一向	知覚寺	森　市兵衛	64	○	3(14, 10, 7)	2						御屋敷表御門裏
157	一向	長福寺	沢村九右衛門	48	○	3(12, 8, 5)			○				新竪町中川除町
158	禅	松月寺	柴野皆吉	17					○	祖父母、弟3、姉1、おば1			中橋町
159	一向	本誓寺	井上栄助	69	○		1						新丁 浅野屋九兵衛方同居
160	禅	玉泰寺	南保太左衛門	76	○	1(47)				嫡子妻、孫4、厄介人1	1	1	芳斉町
161	禅	融山院	伴　巴弥多	44	○	2(15, 3)	1		○		1	1	野町与力町本組与力桜井左膳居屋敷借用
162	日蓮	本妙寺	池田権五郎	42		3(18, 13, 8)				妾1	1	1	図書揚地町
163	日蓮	連昌寺	池嶋弥藤次	48	○	2(18, 4)	2				1	1	三社山口町
164	浄土	極楽寺	高嶋伝吾	28	○				継	祖母	1		元常福寺町白井検校方同居
165	禅	浄住寺	山本仙之丞	23	○				養	養弟2、養妹1			小立野三所町
166	日蓮	蓮昌寺	土谷采女	24	○					妹1	1	1	小立野与力町 奥村源左衛門殿与力 不破由左衛門方同居

（註）前田土佐守家文書 家政600にもとづき作成。

明治3年（1870）前田土佐守家家臣一覧

		氏名	年齢	身分	禄高	居住地	備考	先祖	由来・由緒	土佐守家に出仕した時点		
1	1	桜井有水		御隠居	30石	下屋敷	桜井東摩父					
2	2	南保幽夢		御隠居	30石	下屋敷	南保太郎吉父					
3	3	生沼素行		頭役隠居	5人扶持	下屋敷	生沼健六父					
4	4	土田惣蔵		頭役隠居	3人扶持	下屋敷	土田久之助父					
5	5	野口甚五左衛門	57	家老役	120石	下屋敷	野口右藤次父					
6	6	柳沢弥三兵衛	51	家老役	210石	下屋敷		10世	北條氏家来	直之	7世	
7	7	浅井平太郎		頭役	170石	下屋敷		12世	織田信長家臣	直之	7世	家老
8	8	浅尾文左衛門	35	頭役	60石	下屋敷		7世	神谷式部家臣	直之	6世	給人
9	9	生沼甚左衛門	50	頭役	90石	下屋敷						
10	10	生沼健六		頭役	80石	下屋敷	生沼甚左衛門と同居					
11	11	石黒庄左衛門	42	頭役	70石	下屋敷						
12	12	国分且右衛門	49	頭役	70石	下屋敷	国分又勝父	2世				
13	13	駒沢八兵衛	61	頭役	90石	下屋敷		6世	横山山城守給人	直作	5世	給人
14	14	桜井東摩		頭役	120石	下屋敷		9世	能登浪人	直之		
15	15	篠井冑之介	33	頭役	250石	下屋敷		8世	毛利輝元家臣	直作	5世	家老
16	16	篠井慶次郎		頭役	80石	下屋敷						
17	17	高橋仲之丞	35	頭役	60石	下屋敷		7世		直之	7世	
18	18	田中小源太		頭役	90石	下屋敷	土田惣蔵のおい					
19	19	永嶋九兵衛	26	頭役	100石	下屋敷						
20	20	南保太郎吉		頭役	150石	下屋敷	桜井家、篠井家と親戚	8世	町医者	直方	3世	剣術師範
21	21	野口右藤次		頭役	30石	下屋敷		9世	越後多賀左近大夫家老	直之	6世	家老
22	22	早田衛門	38	頭役	50石	下屋敷		5世	能登浪人	直堅	5世	中小将
23	23	矢田半之丞		頭役	180石	下屋敷		7世	能登出身	利政	6世	側近
24	1	浅尾冉四郎		給人	2人扶持	下屋敷	浅尾文左衛門弟	7世	神谷式部家臣	直之	6世	給人
25	2	生沼甚八郎	14	給人	3人扶持	下屋敷	生沼甚左衛門養子					
26	3	今村丑松	18	給人	180石	下屋敷		9世				
27	4	今村清作	30	給人	6人扶持	三社山田町	今村丑松の親戚	9世		直良	1世	給人
28	5	上杉半之進	37	給人	9人扶持	下屋敷	早田弥作次男	2世	直方弟の妾腹	直方	2世	小将
29	6	内田米太郎	6	給人	5人扶持	下屋敷		2世	祖母は直養側室	直良	2世	給人
30	7	内本惣太夫		給人	30石	下屋敷		7世	本多家家臣	直方	1世	小将
31	8	内本権太郎	14	給人	2人扶持	下屋敷	内本惣太夫嫡子					
32	9	梅沢勝左衛門	57	給人	6人扶持	十三間町太田友之助方同居		2世	町人	直方	1世	歩

		氏名	年齢	身分	禄高	居住地	備考	先祖	由来・由緒	土佐守家に出仕した時点		
33	10	梅沢重左衛門	28	給人	6人扶持	白髭前 高口勇次郎方同居	梅沢勝左衛門弟	2世	町人	直方	1世	
34	11	岡野友輔	55	給人	50石	広岡町	儒者	4世	町人	直時	3世	儒者
35	12	岡野啓蔵	23	給人	2人扶持	広岡町	岡野友輔せがれ					
36	13	垣本虎十郎	24	給人	6人扶持	浅野川並木町		8世		直之		
37	14	河村伝治郎	29	給人	40石	犀川川上松本町 中村勘助方同居						
38	15	河村貞之助	50	給人	30石	浅野町 越中屋仲右衛門方借宅		4世	町人	直躬	2世	足軽→中小将
39	16	河村勇	40	給人	6人扶持	片町 川尻屋平四郎方借宅	医者	7世	富田越後家来 後浪人	直之	7世	
40	17	桑原半左衛門	44	給人	6人扶持	鍛冶町 山室屋与三助方借宅	古き家柄にて	8世	藩お抱え石の目利	直之	7世	小将
41	18	桑原孫左衛門		給人	2人扶持	鍛冶町 山室屋与三助方借宅	桑原半左衛門父	8世	藩お抱え石の目利	直信	本人	給人
42	19	国分又勝	12	給人	3人扶持	下屋敷	国分且右衛門せがれ	2世		直方	2世	
43	20	近藤周蔵	47	給人	50石	犀川中川除町	父は国学者師臣	6世	医者	直方	2世	中小将
44	21	近藤武吉郎	19	給人	2人扶持	犀川中川除町	近藤周蔵嫡子					
45	22	桜沢幡左衛門		給人	6人扶持	十三間町太田友之助方同居						
46	23	桜沢重左衛門		給人	6人扶持	白髭前高田勇次郎方借宅						
47	24	沢田章蔵	68	給人	7人扶持	下屋敷				直信	本人	給人
48	25	沢田勝之進	23	給人	2人扶持	下屋敷	沢田章蔵養子					
49	26	清水粂三郎	27	給人	8人扶持	犀川中川除町 永嶋屋長次郎方同居		4世	町人	直躬	3世	小将
50	27	菅田弥八郎	10	給人	200石	下屋敷	直信兄(妾腹)	本人		直信	本人	給人
51	28	鈴木儀六	44	給人	60石	上堤町 田中屋済吉方借宅	医者	本人	玉井頼母家来嫡子	直信	本人	中小将
52	29	田中九左衛門	52	給人	6人扶持	野町一丁目 越中屋喜太郎方借宅						
53	30	土田久之助	16	給人	110石	下屋敷		8世	前田駿河守家臣	直堅	6世	
54	31	土屋他喜男	19	給人	50石	下屋敷		5世		直躬	5世	給人
55	32	遠田　勝	36	給人	50石	上伝馬町 吉野屋次兵衛方借宅						
56	33	半井順吉	18	給人	50石	玉井勘解由家中 神代武右衛門方借宅		9世		直堅	6世	
57	34	永嶋源五郎	39	給人	60石	観音町		8世	藩御馬・馬乗役	直方	3世	中小将

		氏名	年齢	身分	禄高	居住地	備考	先祖	由来・由緒	土佐守家に出仕した時点		
58	35	永嶋均五郎	16	給人	2人扶持	観音町	永嶋源五郎嫡子					
59	36	七尾　競	60	給人	50石	長田町	儒者	5世	能登浪人	直方	1世	儒者
60	37	七尾三之丞		給人	2人扶持	長田町	七尾競養子					
61	38	西坂文太夫	65	給人	8人扶持	図書町		6世	藩歩組	直作	5世	中小将
62	39	西坂徳進		給人	3人扶持	図書町	西坂文太夫養子					
63	40	野村小矢太	22	給人	8人扶持	下屋敷内堀源左衛門方借宅		3世	町人	直方	2世	歩
64	41	福嶋喜藤次	31	給人	6人扶持	小立野棟達寺門前	居合	4世		直躬	4世	新番足軽
65	42	堀　源左衛門	28	給人	7人扶持	下屋敷		4世	町人	直躬	3世	奉公人
66	43	松岡五左衛門	32	給人	7人扶持	野町六丁目本光寺町		5世	藩割場付足軽	直躬	3世	新組足軽
67	44	松島文左衛門	41	給人	7人扶持	下屋敷		5世	養祖母直方老女役	直時	2世	中小将
68	45	吉田津太夫	41	給人	9人扶持	鍛冶町		9世	江沼郡黒瀬在郷の人	直堅	5世	中小将
69	46	馬淵弥市郎	16	給人	90石	下屋敷		9世	六角氏家来	直之	7世	給人
70	47	皆川与一郎	35	給人	6人扶持	堀川渕上湯涌屋二郎方同居		4世	青山将監家来後浪人	直堅	4世	本組足軽
71	48	箕浦登吉	28	給人	60石	下屋敷		8世	小幡不入家来	直堅	6世	歩
72	49	村田為之助	17	給人	9人扶持	木ノ新保荒町河村藤四郎方同居		7世	前田図書家来	直躬	5世	本組足軽
73	50	矢田放之輔		給人	2人扶持	下屋敷	矢田半之丞弟					
74	1	青木才兵衛	55	給人並	2人扶持	新堅町一丁目二俣屋永吉方借宅		5世	馬廻	直方	2世	小将
75	2	青木吉左衛門	27	給人並	2人扶持	同上	青木才兵衛嫡子					
76	3	青山貞吉		給人並	2人扶持	本多図書家中高木理右衛門方同居		10世	能登浪人	直之	8世	近習
77	4	岡嶋儀右衛門	60	給人並	2人扶持	堀川久昌寺前		5世	町人	直方	3世	給人
78	5	河村左一郎	18	給人並	2人扶持	新堅町一丁目二俣屋永吉方借宅		5世	町人	直躬	3世	
79	6	木村民衛	34	給人並	2人扶持	六斗林鳥居小路内	木村小兵衛嫡子					
80	7	篠田和平	36	給人並	2人扶持	三社祇徳寺前		3世	町人	直方	3世	足軽
81	8	篠田和左衛門		給人並	1人扶持	三社祇徳寺前	篠田和平養父					
82	9	中西宗兵衛	49	給人並	2人扶持	新堀川						
83	10	西村順之助		給人並	2人扶持	木ノ新保須田町油屋徳兵衛方借宅						
84	11	原七兵衛	44	給人並	2人扶持	堀川間ノ町		6世	九郎左衛門様家来	直作	5世	中小将

		氏名	年齢	身分	禄高	居住地	備考	先祖	由来・由緒	土佐守家に出仕した時点		
85	12	松本清之助		給人並	2人扶持	野町一丁目井波屋佐兵衛方同居						
86	13	水橋保之進	33	給人並	2人扶持	下屋敷内堀源左衛門方同居						
87	14	山田新蔵	58	給人並	3人扶持	木町一丁目		6世	割場付足軽、奥村家臣	直方	1世	足軽
88	15	和田元之助	53	給人並	3人扶持	六枚町経海屋亀三郎方同居	医者	2世	町人	直信	本人	中小将
89	16	和田喜三右衛門	29	給人並	2人扶持	六枚町経海屋亀三郎方同居	和田元之助嫡子					
90	1	浅田甚兵衛		小将組		小立野一本松		3世	小将	直躬	3世	小将
91	2	井波源太郎	57	小将組	2人扶持	長少参事家中河嶋勝太郎方同居	武器製作	3世	町人	直方	2世	奉公人
92	3	岩崎利右衛門	53	小将組	2人扶持	下屋敷膳北広岡村請地	大工	2世	町人	直方	1世	新番足軽
93	4	奥田与兵衛	64	小将組	2人扶持	広岡町	武器製作	3世	足軽	直躬	3世	足軽
94	5	友田運蔵		小将組	2人扶持	犀川川上新町一丁目	砲術稽古	3世	奉公人	直方	3世	奉公人
95	6	河村藤四郎	46	小将組	2人扶持	木ノ新保荒町	体術・居合	2世	町人	直時	2世	足軽
96	7	木村源蔵	65	小将組	2人扶持	塩屋町	体術	3世	町人	直躬	3世	歩
97	8	木村小兵衛	62	小将組	2人扶持	六斗林鳥居小路内	砲術	3世	町人	直方	1世	足軽
98	9	嶋田安太夫	58	小将組	2人扶持	野町五丁目千手院門前綿屋小三郎方同居	剣術	7世	豊臣秀頼家臣	直堅	3世	足軽
99	10	戸水六郎右衛門	58	小将組	2人扶持	石浦新町	砲術	4世	農民	直方	3世	奉公人
100	11	西崎酉二郎	26	小将組	2人扶持	下浅野町御所村屋五三郎方借宅	祖父が小将組まで出世	4世	農民	直時	2世	奉公人
101	12	野崎嘉平次	59	小将組	2人扶持	下屋敷		2世	家中奉公人	直方	2世	奉公人
102	13	福嶋重蔵		小将組	2人扶持	下屋敷	体術師範	2世	足軽	直方	2世	足軽
103	14	横地弥兵衛	50	小将組	2人扶持	三社町	砲術	2世	家中奉公人	直方	2世	足軽
104	1	浅井徳次郎		歩組	2人扶持	裏伝馬町						
105	2	浅井吉蔵		歩組	1人扶持	裏伝馬町	浅井徳次郎父			直信	本人	歩組
106	3	浅野丈右衛門		歩組	2人扶持	犀川川上松本町						
107	4	浅野還太郎		歩組	1人半扶持	犀川川上松本町	浅野丈右衛門せがれ					
108	5	五十嵐弥兵衛		歩組	2人扶持	木新保辰町				直信	本人	足軽
109	6	石垣城左衛門		歩組	2人扶持	浅野下川除町芝野屋市郎右衛門方同居						
110	7	井波粂次郎		歩組	1人扶持	長少参事家中河嶋勝太郎方同居	井波源太郎嫡子					
111	8	岩田誠八		歩組	2人扶持	犀川川上藤棚町						
112	9	奥田作次郎		歩組	2人扶持	広岡町	奥田与兵衛嫡子			直信	本人	歩組

		氏名	年齢	身分	禄高	居住地	備考	先祖	由来・由緒	土佐守家に出仕した時点		
113	10	小川吉三郎		歩組	2人扶持	大衆免下牧町				直信	本人	歩組
114	11	北嶋政右衛門		歩組	2人扶持	三社九折町						
115	12	北野又右衛門		歩組	2人扶持							
116	13	木村為平太		歩組	2人扶持	犀川川上松本町						
117	14	木村八十五郎		歩組	2人扶持	木ノ新保糸倉町 嶺牧之助方同居				直信	本人	足軽
118	15	木村源之助		歩組	1人扶持	塩屋町	木村源蔵養子	3世	奉公人	直躬	3世	歩
119	16	葛葉伊兵衛		歩組	2人扶持	浅野吹屋町 小川屋重兵衛方同居		2世		直方	2世	足軽
120	17	国峰佑之助	45	歩組	2人扶持	泉寺町		2世		直時	2世	歩組
121	18	国村頼兵衛		歩組	2人扶持	泉新町 押野屋吉右衛門方同居				直信	本人	歩組
122	19	小泉又三郎		歩組	2人扶持	大衆免亀淵町		5世		直躬	5世	歩組
123	20	越沼為次郎		歩組	2人扶持	十三間町 石井清九郎方同居		5世	大聖寺藩馬廻	直堅	4世	中小将
124	21	越野作之丞		歩組	2人扶持	材木町 越中屋喜作方同居				直信	本人	足軽
125	22	小杉伝七		歩組	2人扶持	卯辰木橋町				直信	本人	足軽
126	23	小原太十郎		歩組	2人扶持	野田寺町 小嶋屋左吉方同居						
127	24	小村久右衛門		歩組	2人扶持	堀川久昌寺前						
128	25	犀川勘左衛門		歩組	2人扶持	犀川松本町						
129	26	桜井左平次		歩組	2人扶持	鍛冶町 七瀬永之丞方同居				直信	本人	歩組
130	27	桜田平之進		歩組	2人扶持	天神町寺坂下						
131	28	沢田権次郎		歩組	2人扶持	石川郡中村						
132	29	芝野善三郎		歩組	2人扶持	中橋町						
133	30	高尾伊三郎		歩組	2人扶持	石浦新町		5世		直堅	5世	歩組
134	31	高桑伊兵衛		歩組	2人扶持	浅野吹屋町小川藤兵衛方同居						
135	32	田村小右衛門		歩組	2人扶持	金石庄町				直信	本人	足軽
136	33	出口与市		歩組	2人扶持	河北郡小坂村 助右衛門方同居				直会	本人	足軽
137	34	中田助左衛門		歩組	2人扶持	芦中町						
138	35	中村　幟		歩組	2人扶持	岩根馬場				直信	本人	足軽
139	36	長村五兵衛	46	歩組	2人扶持	広岡町		3世		直躬	3世	足軽
140	37	野崎虎男		歩組	1人半扶持	下屋敷	野崎嘉平次せがれ	3世		直堅	3世	足軽
141	38	野沢甚平		歩組	2人扶持	長田町						
142	39	能瀬伊太夫		歩組	2人扶持	卯辰之如来寺 能登屋孀ちよ方同居		3世		直方	3世	足軽
143	40	野村小三郎		歩組	2人扶持	泉野新村 勘左衛門方同居						
144	41	氷見条次郎		歩組	2人扶持	堀川下川除町						

		氏名	年齢	身分	禄高	居住地	備考	先祖	由来・由緒	土佐守家に出仕した時点		
145	42	広田武右衛門		歩組	2人扶持	観音町 高岡屋吉右衛門方同居						
146	43	福嶋幾太郎	12	歩組	2人扶持	下屋敷		4世		直躬	4世	足軽
147	44	福田次郎		歩組	2人扶持	犀川馬場光町 中西庄八方同居						
148	45	藤江平太夫		歩組	2人扶持	犀川川上梅枝町 北将屋孀あや方同居						
149	46	普嶋源八	66	歩組	2人扶持	白髭町		2世		直方	2世	足軽
150	47	普嶋徳三郎		歩組	1人扶持	白髭町	普嶋源八せがれ					
151	48	別所権左衛門		歩組	2人扶持	天神町	別所権左衛門嫡子					
152	49	別所権之丞		歩組	1人扶持	天神町						
153	50	牧　忠兵衛	49	歩組	2人扶持	本江寺町		5世	砺波郡村役人	直躬	4世	足軽
154	51	松岡彦三郎	41	歩組	2人扶持	新堀川町 越中屋中屋甚兵衛方同居		2世	町人	直信	本人	歩組
155	52	松田幸四郎	34	歩組	2人扶持	柿木町 松田屋幸助方同居		3世	町人	直信	本人	歩組
156	53	松根甚之助		歩組	2人扶持	三社垣根町				直信	本人	歩組
157	54	丸木重兵衛	58	歩組	2人扶持	北石坂町 宮崎屋常次郎方同居	祖母が奥女中	4世	町人	直時	本人	歩組
158	55	丸木喜兵衛		歩組	2人扶持	北石坂町 宮崎屋常次郎方同居	丸木重兵衛せかれ					
159	56	水江与作		歩組	2人扶持	石浦新町 田中屋常右衛門方同居						
160	57	三輪半助		歩組	2人扶持	木ノ新保荒町				直良	本人	歩組
161	58	森　市兵衛		歩組	2人扶持	中橋町						
162	59	森　新左衛門		歩組	1人半扶持	中橋町	森　市兵衛嫡子					
163	60	山田源助		歩組	2人扶持	本町一丁目	山田新蔵嫡子			直信	本人	歩組
164	61	吉嶋猪之助		歩組	2人扶持	下博労町						
165	62	吉田善四郎	40	歩組	2人扶持	下安江町 割出屋次兵衛方同居	下安江町 割出屋弥兵衛方同居	3世	割出村百姓	直方	2世	足軽
166	63	吉野順蔵	32	歩組	2人扶持	小立野土取場永町		4世	町医者	直方	2世	足軽
167	64	若松助左衛門		歩組	2人扶持	木ノ新保厩町						
168	65	和田保左衛門	32	歩組	2人扶持	上野田寺町	和田太兵衛養子			直方	2世	足軽
169	1	安達与右衛門		兵卒歩組	1人半扶持	河北郡安江村 与助方同居				直信	本人	足軽
170	2	荒井清右衛門		兵卒歩組		河北郡割出村 清右衛門方同居				直信	本人	足軽

		氏名	年齢	身分	禄高	居住地	備考	先祖	由来・由緒	土佐守家に出仕した時点		
171	3	石黒熊太郎		兵卒歩組		柳町 北市屋はる方 同居						
172	4	市嶋市三郎		兵卒歩組		犀川川上平野町						
173	5	市嶋五三郎		兵卒歩組	1人扶持	犀川川上平野町				直信	本人	足軽
174	6	市嶋久次郎		兵卒歩組		母衣町	市嶋市三郎父					
175	7	井上彦太郎		兵卒歩組		宗江寺町 上田屋外次郎 方同居						
176	8	上田助次郎		兵卒歩組	1人半扶持	河北郡割出村 助右衛門方同居						
177	9	上田清左衛門		兵卒歩組	1人半扶持	河北郡割出村 八郎兵衛方同居						
178	10	太田次助		兵卒歩組		石川郡割出村 次兵衛方同居						
179	11	岡田儀六		兵卒歩組		卯辰西養寺前						
180	12	奥田小左衛門		兵卒歩組		本堀川町						
181	13	押野源之丞		兵卒歩組	2人扶持	小立野石引町 押野屋孀ひな 方同居				直信	本人	足軽
182	14	乙崎小三郎	39	兵卒歩組	2人扶持	河北郡乙丸村 八左衛門方同居		2世		直方	2世	足軽
183	15	乙村武十郎	17	兵卒歩組	1人扶持	河北郡乙丸村 八郎右衛門方 同居	乙村武兵衛 せがれ	4世		直信	本人	足軽
184	16	乙村武兵衛		兵卒歩組	1人半扶持	河北郡乙丸村 八郎右衛門方 同居		4世		直方	4世	小者
185	17	小野又五郎		兵卒歩組	2人扶持		小野又太夫 嫡子					
186	18	小野辰之輔		兵卒歩組	2人扶持							
187	19	加藤良左衛門		兵卒歩組	2人扶持	新堀川町				直信	本人	足軽
188	20	金村惣之丞		兵卒歩組	1人扶持	象眼町 金村惣次郎方 同居	金村惣次郎 養子					
189	21	北村甚蔵		兵卒歩組	1人半扶持	白髭前						
190	22	黒田喜三郎		兵卒歩組	2人扶持	鍛冶町 折石屋利右衛 門方同居		3世		直方	3世	小者
191	23	崎田常郎平		兵卒歩組	2人扶持	河北郡浅野村 忠兵衛方同居						
192	24	新保清次郎		兵卒歩組	2人扶持	木ノ新保竹町				直信	本人	足軽
193	25	高木佐兵衛		兵卒歩組	2人扶持	河北郡高柳村 八左衛門方同居				直信	本人	足軽
194	26	高桑丹次郎		兵卒歩組	1人扶持	石川郡割出村 久右衛門方同居	高桑久右衛 門次男					
195	27	田川学男		兵卒歩組	1人半扶持	柳町 高岡屋作兵衛 方同居				直信	本人	足軽
196	28	田川余三吉		兵卒歩組	2人扶持	白髭前						
197	29	田中茂兵衛		兵卒歩組	1人扶持	河北郡田中村 与兵衛方同居	田中与兵衛 せかれ					
198	30	玉越彪八郎		兵卒歩組	2人扶持			2世		直方	2世	歩組

		氏名	年齢	身分	禄高	居住地	備考	先祖	由来・由緒	土佐守家に出仕した時点		
199	31	塚崎林之丞		兵卒歩組	2人扶持	犀川川上新町 二丁目 塩崎林庵方同居						
200	32	半田勝助		兵卒歩組	2人扶持	浄住寺前						
201	33	東崎助太夫		兵卒歩組	1人半扶持	石川郡割出村 三右衛門方同居				直信	本人	足軽
202	34	東崎三次郎		兵卒歩組	2人扶持	石川郡割出村 三右衛門方同居						
203	35	久村六右衛門	41	兵卒歩組	2人扶持	田町品川町		2世	百姓	直時	1世	足軽
204	36	松永安太郎		兵卒歩組	1人半扶持	新堀川町 疋田伊兵衛方同居				直信	本人	足軽
205	37	松本貞吉		兵卒歩組	1人扶持	浅野川下川除町 松本幸八方同居	松本幸八嫡子					
206	38	三浦喜太郎		兵卒歩組	2人扶持	小立野欠原町 中越屋平兵衛 方同居				直信	本人	足軽
207	39	三上次兵衛		兵卒歩組	1人半扶持	河北郡三口村 順兵衛方同居				直信	本人	足軽
208	40	宮崎善兵衛		兵卒歩組	2人扶持	大衆免七日 能登屋権太郎 方同居		2世		直時	2世	足軽
209	41	宮田伊三郎		兵卒歩組	2人扶持	河北郡神宮寺村 作兵衛方同居		3世	町人	直会	2世	小者
210	42	宮村吉郎右衛門		兵卒歩組	2人扶持	河北郡神宮寺村 文直方同居						
211	43	宮村岩五郎		兵卒歩組	2人扶持	浅野水車町						
212	44	村本久五郎		兵卒歩組	2人扶持	新堀川町 乙丸屋多吉方 同居						
213	45	元田若之丞		兵卒歩組	2人扶持	中橋町				直信	本人	足軽
214	46	安田市次郎	25	兵卒歩組	2人扶持	河北郡安江村 次兵衛方同居		4世		直方	2世	足軽
215	47	安田徳太郎	22	兵卒歩組	1人扶持	鱗町 安田五郎兵衛 方同居	安田五郎兵衛せがれ					
216	48	山下庄左衛門		兵卒歩組	2人扶持	河北郡小坂村 勘兵衛方同居						
217	1	石川庄助		足軽	2人扶持							
218	2	伊藤新作		足軽	1人半扶持	石川郡南新保村 八郎兵衛方同居						
219	3	江村与左衛門		足軽	2人扶持	木ノ新保竹町						
220	4	大村文次郎		足軽	2人扶持	河北郡割出村 間兵衛方同居						
221	5	金村惣左衛門	62	足軽	2人扶持	象眼町		2世		直方	2世	足軽
222	6	神田与之助		足軽	1人半扶持	河北郡神宮寺村 宗兵衛方同居						
223	7	坂井甚右衛門		足軽	2人扶持	河北郡百坂村 新右衛門方同居						
224	8	神保初三郎		足軽	1人半扶持	河北郡神宮寺村 市右衛門方同居				直信	本人	足軽
225	9	高倉伊左衛門	60	足軽	1人半扶持	石川郡割出村 権七方同居				直信	本人	足軽
226	10	高桑久右衛門		足軽	2人扶持	河北郡割出村 久右衛門方同居				直信	本人	足軽

		氏名	年齢	身分	禄高	居住地	備考	先祖	由来・由緒	土佐守家に出仕した時点		
227	11	田中与三兵衛	56	足軽	2人扶持	河北郡田中村与兵衛方同居				直良	本人	小者
228	12	徳田吉右衛門		足軽	2人扶持	石川郡上野新村新右衛門方同居						
229	13	徳田吉太郎		足軽	1人扶持	徳田吉右衛門嫡子				直信	本人	足軽
230	14	中野太左衛門		足軽	1人半扶持	河北郡中村田左衛門方同居				直会	本人	足軽
231	15	橋爪伝六		足軽	2人扶持							
232	16	疋田伊右衛門		足軽	1人半扶持	新堀川町				直信	本人	足軽
233	17	松尾弥助		足軽	1人半扶持	河北郡松寺村伊助方同居				直信	本人	足軽
234	18	松本幸八		足軽	2人扶持	浅野川下川除町						
235	19	三浦喜右衛門		足軽	2人扶持	小立野欠原中坂越中屋平兵衛方同居						
236	20	宮本伝右衛門		足軽	2人扶持	河北郡神宮寺村佐兵衛方同居				直信	本人	足軽
237	21	安田五兵衛		足軽	1人半扶持	鱗町				直信	本人	足軽
238	22	安村権次郎	17	足軽	2人扶持	河北郡安江村五右衛門方同居		2世		直方	2世	足軽
239	23	山下長右衛門		足軽	1人扶持	山下庄左衛門父（小坂村）				直信	本人	足軽
240	24	山本熊之助		足軽	2人扶持	泉野寺町				直良	本人	足軽
241	25	和田太兵衛		足軽	2人扶持	上野田寺町		3世	織田左近家臣	直良	2世	足軽

（註）1. 前田土佐守家文書 家政604～607、金沢市立玉川図書館近世史料館加越能文庫「先祖由緒幷一類附帳」などにより作成。

2. 「先祖由緒幷一類附帳」の記載に従い、明治3年の当主から数えて1世＝父　2世＝祖父　3世＝曽祖父　4世＝高祖父…としている。

あとがき

不思議なことに、これまで前田土佐守家資料館では、一〇周年、一五周年といった大きな節目には必ず、いろいろな偶然・幸運が重なって、ふがいない学芸員・竹松一人ではとても無理！と思われる周年事業を遂行してきた。本書刊行もその一つとなるであろう。

そもそも本書刊行の話は雑談から生まれた。開館一五周年翌年の平成三十年（二〇一九）、金沢大学大学院博士後期課程に在学中であった林亮太さんの学芸員実習を担当することになり、休憩中か何かの雑談のなかで、次の開館二〇周年記念事業には前田土佐守家についての論集刊行がよかろうと大いに盛り上がったものの、当時、当館では新たな学芸員の採用予定はなく、林さんも他館に就職する可能性大だったので、「他の館で働いててもお手伝いしてくれる？」といなし、論集刊行の話も、日常の雑務にまぎれ、頭のかなり隅の方に追いやられていた。そして令和二年（二〇二〇）梅春頃からの新型コロナウイルス感染症拡大により、博物館の諸活動も制限されるなか、特別展をはじめ二〇周年記念の大きな事業ができるのか危ぶまれつつも、予算要求の時期を迎え、そういえば…と、くだんの論集のことを思い出し、半分苦し紛れに予算の要求をした。これまでの経験からすると、とても予算がつくとは思えず、要求したことすら忘れかけていたのであるが。

しかし蓋を開けてみると、しっかり予算がつき、本書巻頭でも述べたように学芸員増員という僥倖があり、これまた不思議なご縁で林さんが採用されて着任、約束通り「二〇周年記念論集」の執筆分担と編集とりまとめをやってもらい、無事刊行に至った次第である。大変長くなったが、以上が刊行の経緯である。

本書では、従来、複雑であるがゆえに、ぼんやりと説明されることの多かった「年寄衆八家」について明快に解説されており、一読すればこれまでのモヤモヤが氷解し、気分爽快になること請け合いである。また、竹松・林の両学芸員とも大の苦手とする分野、江戸時代初期の前田土佐守家成立時のこと、幕末から明治にかけての前田土佐守家のことは、この二人しかお願いできる人はいないということで、岡嶋大峰さんと宮下和幸さんに執筆を依頼した。二人とも本務で大変多忙にもかかわらず、快くお引き受けくださり、おかげさまで、成立から近代以降も含む、前田土佐守家全史を網羅した、二〇周年にふさわしい論集が出来上がった。なお、本書を完成させて、林学芸員は石川県立歴史博物館へ転出した。まさに実習の時にかわした約束を果たすために当館にやってきたという、ちょっとかっこいいカタチでの締めくくりとなった。

本書刊行にあたっては、折々的確に助言をくださり、テキパキと作業を進めてくださった能登印刷（株）の吉田智史さんに感謝申し上げたい。とりわけ校正作業では、最後の最後まで何かと迷いが多く、無用なご苦労をおかけしたことをお詫びする。

続く前田土佐守家資料館二五周年、三〇周年にも、これまでのように不思議な「何か」が舞い込むよう、次を担う岡野有里香学芸員とともに、日々研鑽を積んでゆく所存である。

令和五年五月

前田土佐守家資料館副館長（学芸員）　竹松　幸香

執筆者紹介

岡嶋 大峰（おかじま ひろたか） 第1章
一九八五年、石川県金沢市生まれ。金沢大学大学院人間社会環境研究科博士後期課程単位取得退学。現在、大阪城天守閣学芸員。
「戦場における大名前田家の統制と加賀藩士の自律性―大坂の陣を事例として―」（『加賀藩研究』一一、二〇二一年）
「「寛永諸家系図伝」編纂における加賀藩の系譜情報収集」（加賀藩研究ネットワーク編『加賀藩政治史研究と史料』岩田書院、二〇二〇年）

林 亮太（はやし りょうた） 序章・第2章
一九八五年、石川県白山市（旧鶴来町）生まれ。金沢大学大学院人間社会環境研究科博士後期課程修了。博士（文学）。現在、石川県立歴史博物館学芸主任（元前田土佐守家資料館学芸員）。
「加賀前田家年寄の御用番勤め―「類聚御用番記」の検討から―」（加賀藩研究ネットワーク編『加賀藩政治史研究と史料』岩田書院、二〇二〇年）
「加賀藩前田家の鷹匠と鷹の飼育・療治」（木越隆三編『加賀藩研究を切り拓くⅡ』桂書房、二〇二二年）
「「御家」形成と由緒―年寄村井家の養子相続と前田綱紀の意志」（『北陸史学』七一、二〇二三年）

宮下 和幸（みやした かずゆき） 第3章
一九七五年、石川県羽咋郡志賀町生まれ。金沢大学大学院社会環境科学研究科博士課程修了。博士（文学）。現在、金沢市立玉川図書館近世史料館学芸員。
「加賀藩の政治過程と前田慶寧」（明治維新史学会編『明治維新史論集1　幕末維新の政治と人物』有志舎、二〇一六年）
『加賀藩の明治維新―新しい藩研究の視座 政治意思決定と「藩公議」―』（有志舎、二〇一九年）
「幕末政治史と藩研究」（『歴史評論』八七五、二〇二三年）

竹松 幸香（たけまつ ゆきこう） 第4章
一九六八年、石川県金沢市生まれ。金沢大学大学院社会環境科学研究科博士課程修了。博士（文学）。現在、前田土佐守家資料館副館長（学芸員）。
『近世金沢の出版』（桂書房、二〇一六年）
「前田土佐守家文書にみる加賀藩主の御親翰」（加賀藩研究ネットワーク編『加賀藩政治史研究と史料』岩田書院、二〇二〇年）
「奥村栄通筆「読候経書雑本等記」―加賀藩年寄衆八家の部屋住庶子の読書記録―」（木越隆三編『加賀藩研究を切り拓くⅡ』桂書房、二〇二二年）

加賀《かが》藩《はん》年寄《としより》 前田《まえだ》土佐守《とさのかみ》家《け》

2023年6月20日　初版第一刷発行

編　集　前田土佐守家資料館

発行者　能登健太朗

発行所　能登印刷出版部
〒920-0855
金沢市武蔵町7番10号
電　話　(076)222-4595
FAX　(076)233-2559
URL　https://www.notoinsatu.co.jp/

印刷・製本　能登印刷株式会社

ISBN978-4-89010-821-3 C0021